城市人民公社研究资料选编
学术顾问委员会

湖南科技大学学术著作出版基金资助项目
湖南科技大学马克思主义学院学术著作资助项目

Chengshi Renmin Gongshe Yanjiu
Ziliao Xuanbian

城市人民公社研究资料选编

资料选编

第 2 卷

李端祥 编著

人民出版社

编著说明

即将出版的《城市人民公社研究资料选编》(8 卷本,下称《选编》)是 2012年度国家社会科学基金重点项目《城市人民公社文献的收集、整理与研究》两项结题成果《城市人民公社文献选编》(12 卷本,主结题成果)与《城市人民公社运动再研究》(专题论文集,副结题成果)的精选部分。它是集"编"与"著"为一体,融"史"和"论"于一身的大型学术著作。编入本《选编》的文献共 572篇(其中专题研究论文 15 篇,档案资料 264 篇,报刊资料 293 篇)。其卷本构建如下:

《城市人民公社研究资料选编》

第一卷:《城市人民公社运动再研究》

第二卷:《城市人民公社档案资料》(甲)

第三卷:《城市人民公社档案资料》(乙)

第四卷:《城市人民公社档案资料》(丙)

第五卷:《城市人民公社档案资料》(丁)

第六卷:《城市人民公社报刊资料》(甲)

第七卷:《城市人民公社报刊资料》(乙)

第八卷:《城市人民公社报刊资料》(丙)

本《选编》第一卷《城市人民公社运动再研究》,之所以如此命名,自然包含着与本人第一本拙著《城市人民公社运动研究》(国家社科基金一般项目《乌托邦思想与城市人民公社研究》的最终成果,下称《研究》)的联系与区别。就研究主题而言,是《研究》的延伸与拓展。就研究内容而言,是《研究》中未曾涉及与深入的问题。此卷中的 15 篇专题论文,自著 11 篇,本人指导的硕、博士研究生论文 4 篇(编入本书时作了压缩与修改)。按各自论文发表或刊载先后为序,编入本卷。

第二、三、四、五卷为档案文献资料,共收录此类资料 264 篇。第二卷收录的是中央部委级(包括协作区)文献资料,以文献制作时间为序,将其依次编排。第三、四、五卷收录的是地方文献资料,从社至省各级都有。以文献制作者为分层标准,将其分成省市(地)级、区(县)社级两个层次,各个层次的文献按时间顺序编排。需要说明的是,由于第三、四、五卷内的文献源自多个省市,而有些文献在标题中并未标明文件的适用范围,所以在编入本书时,编者在文献标题前加注了文献的产地,放在括号内以示区别,如《(上海市)关于积极准备条件,建立城市人民公社的工作规划(草稿)》。这样,能使读者一目了然,便于查阅。

第六、七、八卷为报刊文献资料,共收录 1958 年至 1962 年间几十家官方报刊上的城市人民公社文献 293 篇,以报刊名称为单位,按每种报刊文献刊出的时间为序编排。值此,有两种情况需要说明,一是"(十八)《人民公社好》",不是报纸,也不是期刊,而是书名。当年由中共哈尔滨市委办公厅编辑出版的一本小册子,收集于旧书摊,因为就一本,只能将其编入报刊类。二是有多种报刊的文献篇数较少,将其统一编排在"其他报刊"条目内。

还需说明的是,整理编辑中为保持文献内容原貌,哪怕是读者明显感觉到的疑惑之处,也未作更改。比如文献原件中的数字一般有汉字和阿拉伯数字两种表达方式,在本书中均保持原样,未按统一要求予以处理。在尽量保持文献内容原意的同时,也作了一些必要的修改和添加:(1)对档案文献中一些涉及个人名誉、隐私的人名,本书只标姓,名字用××代替;(2)政治敏感性内容作了技术处理,用□□代替被删除的文字;(3)原文中没有文件名的,编入本书时加了标题,并作题注;(4)对一些文献作者(地厅级及以上人员)作了注解;(5)档案文献来源,应档案馆要求,仅注"原件现存于×××档案馆";(6)每篇文献题目下行居中有一个用汉字表达的日期(文献制作时间)为编者所加;(7)制作日期仅标明月、旬的部分文献,一般放在该月、旬的最后面;(8)文献中涉及的方言,在其后的圆括号内加了注释。

另外,原件中的错字、别字,或不规范的字,本书中分别在〈〉内校正;缺字和不能辨认的字加□号;原文中的通假字、旧式引号,本书都未校改。

城市人民公社研究资料(包括档案资料与报刊资料)是反映城市人民公社历史事件的文字史料,是城市人民公社历史研究的基础。由于城市人民公社是"左"的错误的一种表现,历史已证明,建立城市人民公社为最初探索社会主义建设道路的一次不成功尝试。所以,本书所收录的史料,适宜研究参考使用。正因为如此,对资料的整理编辑提出了更高要求。在工作中始终坚持严谨作风,一丝不苟,力求电子稿与纸质原件高度一致;体例力求清晰,为的是便于读者查阅利用,更准确地了解把握城市人民公社历史原貌。即便这样,疏漏与错误依然在所难免,敬请读者批评指正。

值此《选编》付梓之际,本人深感本书关于资料收集、整理研究、编辑出版任务之艰难。一路走来,离不开单位、师长、同事、学生以及家人的帮助与关心。一桩桩,历历在目;一件件,感恩不尽。

师恩浩荡,大爱无疆。把本套书比作一艘在学海中从此岸到彼岸的航船,启航者是我的研究生指导老师湖南省委党校雷国珍教授,而导航者当属北京大学原副校长梁柱教授、湖南省社科院院长刘建武教授、湖南科技大学党委书记刘德顺教授、湖南科技大学校长朱川曲教授、湘潭大学校长李伯超教授、湖南科技大学副校长李琳教授、中共福建省委党校郭若平教授、湘潭大学谢起章教授,护航者则是国家社会规划办、中央党史研究室、人民出版社、湖南科技大学。

新史料是史学研究创新的根本动力,也是成就本套书稿最基础、最关键、最根本的要素。感谢中央档案馆及北京、上海、天津、黑龙江、吉林、辽宁、河北、河南、湖北、湖南、江西、广东、广西、福建、江苏、浙江、四川、云南、贵州、山西、陕西、甘肃、青海、内蒙古、宁夏、新疆等省会城市档案馆的领导和工作人员,在资料收集时所提供的大力支持与无私帮助。特别要感谢上海市、湖南省、福建省、陕西省、宁夏回族自治区、广西壮族自治区、河南省、沈阳市、南京市、合肥市、哈尔滨市、南昌市、福州市、南宁市、银川市、长沙市、湘潭市、株洲市、长沙市岳麓区、湘潭市雨湖区等档案局(馆)的领导与工作人员,因其受崇尚学术、敬畏历史、共享宝贵资源等崇高精神的驱动,还将已查阅的馆藏城市人民公社资料予以授权出版。倘若没有他们的博大胸怀,本套书远没有现在这样丰富。

常言道："一个篱笆三个桩，一个好汉三个帮"。感谢《城市人民公社文献的收集、整理与研究》课题组成员吴怀友教授、许彬博士、邹华斌博士、米晓娟老师为课题研究所作的努力与贡献；感谢马克思主义学院徐德刚教授、吴怀友教授、廖和平教授、廖加林教授、吴毅君教授、米华教授、赵惜群教授、刘大禹教授、毛小平教授、李连根教授、朱春晖教授、罗建文教授、尹杰钦教授、宋劲松教授、黄利新教授、杨松菊博士、刘敏军博士、戴开尧副教授、谢忠教授、刘正妙博士、黄爱英博士、韩平博士等对课题研究与本书出版的大力支持。感谢马克思主义学院中共党史硕士点、中国近现代史纲要教研部的专家学者们对课题研究与本书出版的鞭策鼓励及人文关怀。其中李秀亚老师整理本书稿时反映出的扎实的专业功底、精益求精的职业操守、一丝不苟的治学精神、任劳任怨的劳动态度，令人敬佩。另外，由衷感谢湖南科技大学党校副校长彭雪贵先生，在本书整理、出版最需要时候的竭诚相助，有些甚至是雪中送炭。愿好人一生平安。

感谢湖南科技大学马克思主义学院中共党史专业与中国近现代史基本问题方向的硕士研究生为资料整理所付出的艰辛劳动。与此同时，特别感怀我指导的研究生刘洋（博士）、姚二涛（博士）、张家勇、汪前珍、付彩霞、米晓娟、钟俊、盘林、肖楚楚、阳文书、万建军、钟原、李鑫、刘璐、姜陆同学，因其怀有对稀缺历史资源的好奇与敬畏，不惜为本套书各个环节的工作挥洒甘露般的汗水。

本套书能在人民出版社成功出版面世，离不开该社崔继新先生、刘江波先生的独具慧眼、运筹帷幄，离不开高华梓博士为本套书编辑所付出的艰辛劳动。在此，深表谢意。

感谢我的妻子肖金玉，完成本职工作外，包揽了所有家务，让家庭环境井然有序、生活温馨和谐，为的是让我有舒畅的心情、旺盛的精力、充足的时间从事城市人民公社资料的收集、整理与研究工作。常言道，一个成功男人的背后，必定有一个贤慧女人。我算不上成功男人，但背后妻子的贤慧却是不折不扣、名符其实。还有我的儿子李博，虽然学的是金融专业，从事金融工作，但对历史问题，尤其对中国历史感兴趣并有感悟。对我的研究工作很是支持，提出的意见诚恳而宝贵，有些甚至是建设性的。

所有这些,都使我深深感到,本套书能够以现在的面貌出版,其中蕴含了多少人的聪明才智,也凝聚了很多人的辛勤劳动。在此,再次对已提及和未提及的单位和个人,表示诚挚的谢意。

李端祥

2018 年 6 月 20 日

目　录

城市人民公社档案资料（甲）

城市人民公社档案资料（甲）

关于侨眷归侨加入人民公社后
几个具体政策问题的请示报告*

（一九五八年十月四日）

中央：

　　广大侨区人民公社已经建立起来,百分之百的侨眷归侨加入了人民公社,这是工农业划时代大跃进和侨眷归侨思想觉悟提高的必然趋势。工农业大跃进的形势,促进了侨眷归侨的思想革命,克服了侨眷归侨的消极面,发扬其积极面,先进人物比过去任何时期都多也突出,连刚回国不久的华侨和从不参加劳动的侨眷,也大赶先进,跃进居先,投入了工农业生产大跃进,大搞一万至三十万斤的试验田,大闹技术革命和文化革命,成为当地多面红旗中的一面红旗。过去那些落后、闹特殊向国外亲人叫苦的人,受到了跃进的深刻影响,一变过去的态度,主动向国外亲人报告大跃进的情况。在公社的高潮中,侨眷归侨普遍地提出"迟不如早,慢不如快"。有的提出:"办起公社生产大发展,日子更美好,不走这条道路,还等什么呢?"公社美好的明天对侨眷归侨是极大地鼓舞,他们普遍满意:一、公社工农商学兵,生产大发展,劳动好安排。二、公社生老病死有保障。三、公社粮食解决了,副食品增加了,用不着为物资供应发愁。四、公社生活集体化,劳动无后顾之忧。广大的贫农下中农对公社实行粮食供给制、工资制、吃饭不要钱,尤其满意。但由于公社建立发展得迅速,少数的侨眷归侨思想一时跟不上,存在一些顾虑:怕房屋、投资、侨汇归公,上层人士怕加入公社后,劳动更紧张。为了既促进人民公社的发展,又要考虑到国外斗争的情况,既促进集体所有制向全民所有制的过渡,又要考虑到侨眷归侨的特点,利于生产,对于

---

　　*　原件现存于银川市档案馆。

— 3 —

侨区建立人民公社后,产生的一些具体问题提出如下意见:

侨眷归侨加入公社以后,对生产资料、生活资料的处理,应按中共中央关于在农村建立人民公社问题的决议和当地党委统一的规定处理。除了将私有的生产资料应当转为公社所有,个人生活资料坚决不动外,对华侨房屋问题的处理,应服从公社的统一规划。在目前尽可能做到:一、侨眷归侨仍在原房屋居住,多余的必要时可借出或调整;二、华侨新村仍保证由归侨侨眷居住;三、对分散建筑在农田,但价值较高、对生产妨碍不大的华侨房屋,尽可能不拆除;四、不管调整或借用,都必须加强侨眷归侨的思想政治教育,树立他们我为人人、人人为我的共产主义风格,同时也应注意方式方法、工作步骤,减少他们思想上的抵触;五、以后华侨回乡,由公社以入社社员看待,安排住房,使他们归有所宿。

人民公社建立后,仍要执行一九五五年二月国务院关于保护侨汇的命令。侨眷归侨的侨汇和银行的存款,仍属个人所有;信用社改为人民公社的信用部后,仍维持三保,即"保密、保送、存取方便"。侨眷归侨入公社前投资于农业社的资金,由公社负责偿还;利息和还本期限,由公社和侨眷归侨本人协商处理。投资利息高于人民公社信用部者,按人民公社信用部的存款利息处理,也可以低利或无利。

建立公社以后,必须大大加强侨眷归侨共产主义的教育,强调前途美景、劳动、共产主义风格的教育。揭破谣言,解除侨眷归侨的顾虑,减少国外华侨的怀疑以至不满。

关于建立公社以后,侨务机构的基层组织,根据地方的意见,侨眷归侨占公社总户数四分之一或五分之一的,可在公社内设立侨务工作部,以生产单位或生产队选出的侨眷归侨代表作为侨务工作的具体执行者;如侨眷归侨少于社员总户数五分之一的,可在公社管理委员会中设侨务委员,隶属于公社的有关民政、政法等部,下选代表。有事即开代表会,无事不开。

以上意见,是否妥当,请即批示,并请批示各省人委在处理上述问题时作参考。

侨委党组

一九五八年十月四日

河北省委关于城市人民公社问题向中央的报告[*]

（一九五九年十二月十七日）

中央并天津、唐山、张家口市委，各地（市）委：

我省城市人民公社是在党的社会主义建设总路线光辉照耀下开始萌芽的。第一支幼芽一九五八年六、七月间在天津市河北区天津路鸿顺里首先出现。居住在鸿顺里的四十二户职工家属，在总路线的鼓舞下迫切要求参加生产，参加劳动，要求从琐碎的家务中解放出来，为社会主义建设贡献力量。在少奇同志指示下，迅速从生产上、生活上组织起来，建立了我省第一个"城市居民合作社"。群众称赞他们是"社会主义大家庭"。他们组织了加工生产小组、缝纫拆洗小组、生活日用品服务站，建立了公共食堂、托儿组、幼儿班，还有专人做会计、管卫生、美化等工作，做到了"人人有事干，事事有人管，户户无闲人，家家闹生产"，人人精神振奋、心情愉快。

鸿顺里"社会主义大家庭"的出现，对于天津市和我省其他城市产生了很大影响，接着党中央公布了"关于在农村建立人民公社的决议"，农村人民公社风起云涌，更加鼓舞了城市居民组织起来的积极性，因此，我省各城市在党的领导下，掀起了试办城市人民公社的工作，截至一九五八年十二月底止，邯郸、石家庄两个新兴的工业城市，就先后采取了群众运动的方法实现了全市公社化。天津、唐山、秦皇岛、保定、张家口等城市也都建立了数量不等的公社试点。

一九五八年十一月间，省委确定建立城市人民公社办公室以加强对城市

人民公社问题的研究和试点工作的指导。一年来,先后召开了三次座谈会,第一次座谈会专题研究了我省建立城市人民公社的方针、步骤及若干政策问题,第二次是现场性的座谈会结合参观着重研究了城市人民公社的优越性,最近一次座谈会专题将人民公社这个社会基层单位与一般街道办事处进行了分析比较。

现将当前城市人民公社工作的情况和一些意见报告如下。

一

我省共有八个大中城市。在一九五八年十二月以前,各市共试办各种类型的公社七十八个,到一九五九年八月第二次城市人民公社座谈会时试点公社数量减为二十六个,这是因为建社初期以机关、企业、学校为单位的小社比较多,在组织生产和安排生活上都有很多困难,因此,各市都把这种小社进行了必要的调整或合并,虽然公社数量减少了,但是入社人口并没有减少,全省各市入社人口已达一百四十余万,占全部城市人口的百分之二十五点零四。

目前城市公社的类型有四种:第一种,以原来的市辖区为单位,适当划入一部分农村,组织包括工农商学兵在内的大型人民公社。如石家庄市以原来的桥西区、桥东区、长安区为基础建立起来的三个人民公社就是这种形式。第二种,围绕大厂矿结合附近农村、街道、商店、学校组织的公社。如天津市围绕着天津造纸厂建立的灰堆人民公社,唐山市围绕着马家沟砖厂和开滦马家沟煤矿建立的开平人民公社。第三种,围绕着大学结合农村、街道组织的公社,如唐山市铁道学院人民公社。第四种,在原来街道办事处的基础上加以扩大(如天津市鸿顺里人民公社)或划入一部分农村(如秦皇岛市海阳路人民公社)组成的人民公社。

除了以上四种类型的试点公社以外,天津市为了适应街道生产的发展,还以居民委员会为基础,普遍地建立了生产服务合作社(共四百四十九个),通过这种合作社,把街道居民的生产、生活和居民工作统一了起来,实际上已形成了城市人民公社的一种初级形式。

我省城市人民公社规模最大的有十余万人口,如石家庄以区为单位建立的三个公社都在十万人以上,但是也有几千人的公社,如唐山铁道学院人民公社只有八千三百四十八人,一般的公社都有三、五万人左右。每个公社都举办了生产、生活、集体福利事业。较大的公社下面设有分社。如天津市和平区兴安路人民公社是在原来兴安路街道办事处辖区基础上建立起来的,共有三万六千多人,其中社员六千九百人,下设十个分社,有五金、化工、皮毛、缝纫等生产车间七十六个,厂房二百六十多间,各种机器三百六十二台,组织起来参加各种劳动的二千七百一十五人,占公社现有劳动能力人员的百分之八十九。有公共食堂十八个,托儿所二十二个。此外还有拆洗缝纫组、小学校、业余学校、俱乐部、敬老院、保健院、产院、传染病院等。

城市人民公社的建立大大促进了生产的发展,我省开始试办城市人民公社时,正在大跃进高潮和总路线深入人心的时候,群众觉悟空前提高,尤其是广大的家庭妇女再也不能满足于往常的生活,纷纷要求走出家庭为建设社会主义服务,人民公社依靠群众的这种积极性,把百分之五十、六十,甚至百分之八十、九十的闲散劳动力组织起来,发动大家千方百计地寻找生产门路,到处搜集破铜、烂铁、废工具,从大工厂借到了长期不用的破旧机器,腾出自己的房屋或院子,点起了烘炉,摆起了生产摊子或者建立起工厂、车间,在"苦战三个月不要报酬"的口号下,用白手起家的办法,迅速地建立起自己的事业,扩大了集体所有制经济,有的地方还将一部分原来的区管工业下放到公社,初步建立起人民公社的经济基础。没有试办公社的街道,根据中央关于全党全民办工业的号召及省委第一次城市人民公社座谈会大搞街道工业的具体要求,也普遍地发展了生产。特别是加工生产和小商品生产,有力地支援了大工业和国家建设,活跃了市场,补充了国营工业之不足,据不完全统计,全省有五千五百多个公社和街道工业生产单位,从业人员十九万多人,一九五九年一至十月份总产值(包括加工收益)达二亿六千九百余万元,到年底预计可达四亿元,积累三千六百六十多万元,到年底预计可达四千七百多万元。在产品方面,仅天津就有六百多种,其中属于市场急需的小商品即达四百余种。在包括农业的城市公社中都注意了农副业(特别是蔬菜养猪)的生产,并为实现机械化、水利化、电气化、化学化提供了有利的条件。

目前城市人民公社的工业和一般街道工业已经经过初步整顿,进一步明确了为工农业生产服务,为人民生活服务的方针,端正了生产方向,有的开始纳入了国家计划,已经成为大工业的有力助手,成为我省工业体系中的一个组成部分,成为我国社会主义建设中一支不可忽视的力量。

在体制问题上,为了便于调动各方面的积极性,各公社都实行了统一领导、分级管理、分级核算的办法。规模较大的分社,一般的实行了三级管理三级核算,即公社、分社(有的地方叫管理区)和较大生产单位。规模较小的公社实行两级管理两级核算。不进行核算的小生产单位也建立账目,日清月结。城市公社的农业生产队,执行了农村公社的规定,生产队是基本核算单位。

在积累分配问题上,城市人民公社采取了既有利于生产发展又照顾社员收入和发展集体生活福利事业的原则,初期是多积累少分配,初具基础后,又略微提高了分配比例。但总的原则是根据盈余情况,盈利多的多积累,盈利少的少积累,积累的一部分用于扩大再生产,一部分用于集体生活福利事业。城市人民公社一般的都是工资制,只有个别单位(如邯郸市和平路公社运输队)根据工资总额不降低,不降低职工实际收入,有利生产和团结的原则,试行了工资制和供给制相结合的分配制度。社办工业工人的工资水平均低于地方国营同工种工人,目前平均工资一般为二十五至三十元。

随着公社生产事业的发展和大批闲散劳动力的就业,城市居民的收入水平普遍提高,全省城市公社和街道生产单位一至十月份共发放工资四千多万元。据天津市鸿顺里调查,每户每月平均增加收入二十点八元。由于居民收入增加,依靠社会救济的人大大减少,全省八个大中城市,今年一至十月份仅开支社会救济费二十三万一千元,而一九五八年全年是一百二十点五万元(一九五八年比过去已大为减少了)。

随着生产的发展和巩固,群众的集体生活福利事业也有了很大的发展,据不完全的统计,城市公社和街道中,已经巩固的食堂达一千二百多个,托儿所、幼儿园一千七百多个。群众自己举办托儿所、幼儿园的成绩特别显著,以天津市为例,过去十年来全市建立的托儿所、幼儿园共收容孩子四万多名,而人民公社和街道在去年一年中办起的托儿所、幼儿园所收容的孩子,就达到六万多名,几乎为过去十年来的一倍半。此外,还举办了澡堂、理发馆、卫生院、敬老院和生活服务站等。

二

城市人民公社虽然目前还处在试点阶段,但较之不建立公社的街道组织已经看出显然的不同。原来的街道办事处是区的派出机构,它的任务,按城市街道办事处组织条例规定是:(一)办理市、市辖区人民委员会有关居民工作的交办事项;(二)指导居民委员会的工作;(三)反映居民意见和要求。而城市人民公社则是既管政治思想教育,又管生产、生活,又管居民工作的政社合一的社会基层组织,它是组织城市中的居民、职工家属向社会主义、共产主义过渡的最好组织形式。正如中央八届六中全会"关于人民公社若干问题的决议"中指出的"城市中的人民公社将来也会以适合城市特点的形式,成为改造旧城市和建设社会主义新城市的工具,成为生产、交换、分配和人民生活福利的统一组织者,成为工农商学兵相结合和政社合一的社会组织"。因此,城市人民公社与原来的街道办事处有着本质的不同。

全民大办工业以后的街道办事处,已经突破了原来的三项任务,开始把群众的生产、生活组织和领导起来了,而且后者已经成为街道办事处的主要工作,这就使原来的街道办事处起了质的变化。但它与人民公社比较仍然有着根本性的不同点。

第一,城市人民公社的建立,带来了所有制的改变——生产关系的改变。人民公社把原来街道办事处领导下的若干个自负盈亏的小集体(生产服务合作社或生产社、组)变为大集体,并且兴办了公社工业,使原有的集体所有制扩大了和提高了,由于国营企业对于公社生产的支援及一部分区工业下放,使公社经济一开始建立就带有了若干全民所有制成分,在人力、物力、财力等产品安排生产调度上比之小集体有更大的优越性。

第二,人民公社是政社合一的社会基层组织,是社会主义政权组织的基层单位,它可以集中地行使上级规定的一切行政职权,这一点与街道办事处不同。如派出所与街道办事处是同级，成立人民公社后派出所是公社的一个武装保卫部门。公社又是经济组织，是生产、交换、分配和人民生活福利的统一组织者，这与一般的组织领导生产、生活、指导居民委员会的工作显然不同。特别在组织原则上，人民公社是民主集中制的，与街道办事处反映居民的意见和要求更有原则的区别。人民公社比街道组织更便于发扬民主，广泛地吸收广大群众的意见，集中广大群众的智慧，调动各方面的积极因素。公社的主要干部都是由社员选举产生的（数目也比街道干部多，部分干部参加生产，由生产开支），因此，对社和社员的责任感很强，社员对干部也亲切爱护，干群关系更加密切。干部作风也有很大的改变，强迫命令、官僚主义减少了，群众路线的工作方法增多了。因此工作更加深入，各种工作都更好推动。

第三，人民公社在群众的观念中与街道组织有着截然的不同。人民公社更为广大群众所向往，因为它使群众更清楚地看到将来幸福的远景。它不仅是社会主义政权组织的基层单位，而且将是共产主义社会结构的基层单位。因此，对广大群众有着强烈的吸引力和号召力，给群众带来了很大的鼓舞和力量，更便于加强群众的组织观念和集体主义思想，群众考虑问题不仅是个人、家庭了，他们开始较多考虑集体和国家，社里如何如何，已经成了公社社员的习惯语汇。有的群众说："公社的牌子一挂，集体主义、共产主义思想就来了"，从精神面貌上、从世界观上人民公社给群众更多的启示。

由于人民公社与街道组织有着以上几个基本区别，所以在组织领导群众的教育、生产、生活和推动居民工作中的作用显然不同。街道组织虽然起过很大作用，但已看出了再前进一步的局限性。人民公社则显示了更多的优越性和更伟大的前途。主要表现在：

（一）城市人民公社的优越性，集中表现在它能够高速度地发展城市的生产力。如从石家庄市公社化前后两年对比看，今年（一九五九年）比一九五七年手工业社、组时，生产单位数增加了三点三倍，职工总数增加了三点六倍，产值增加了八十倍。唐山市由原来六个街道办事处组成的三个城市人民公社今年一至十月份总产值为七百六十多万元，而另外未组织公社的十七个街道办事处居民生产总值为五百三十多万元，这些都有力地证明了人民公社较之街道有更大的号召力。从生产关系上看，由于它一大二公的特点，还能够在更大范围内安排人力、物力,调剂资金设备,更有力量扶植和带动落后单位共同前进,如天津市兴安路人民公社今年统一使用资金四十五万元,抽调了三百五十八名劳动力支援了公社的重点分社重点单位的生产,以三万元帮助了生产基础薄弱的分社建立了五金车间,使整个公社的生产得以全面迅速地发展。在贯彻公社工业为工农业生产服务,为人民生活服务的方针问题上,由于公社公有化程度高,经济力量大,一般地都可以做到保证国家和人民需要第一,盈利第二,能够踊跃地接受那些费工多,短期内盈利不多的任务。这些,都是一般街道生产所难以办到的。

(二)在组织人民生活方面,人民公社发挥了更大的优越性。一年来,随着生产的发展,各人民公社一般的都有了几十万到几百万的积累,如石家庄市桥西人民公社今年一至十月份的积累即达八百四十五万元,年底预计可达一千三百多万元,除用于扩大再生产之外,有力量兴办国家暂时不能兴办的集体福利事业,现在举办的就有食堂、托儿所、幼儿园、小学校、澡堂(有的社每月发澡票)、卫生院、产院、传染病院、敬老院、公社俱乐部、图书馆和生活服务站等等,其中以生活服务站发展得最为普遍,它从生活琐事的各个方面初步满足了人民的需要。天津市有的人民公社今年第四季度即可基本上做到家务劳动社会化,这是彻底解放劳动力特别是妇女劳动力的物质保障。天津市兴安路人民公社新建的产院管接管送,不收住院费,只收接生费,产妇的其他孩子需要照看,产院还有临时小型托儿所,这不仅减少了国家医院的拥挤现象,而且也便利了群众。这些生活福利事业不仅服务于本社社员,而且对国营企业职工也一视同仁,有的公社还开始逐步接管了国营企业的生活服务单位。石家庄市桥东人民公社大兴分社对食堂、托儿所的经费补助每月即达一千九百多元。今后随着生产的发展,对集体生活福利事业的补助将会更加增多,这一切虽都萌芽初办,但对未来的社会主义、共产主义生活是有启示的,是引人深思的。

(三)人民公社使广大群众特别是妇女群众的精神面貌有了显著变化,它进一步提高了城市妇女在经济上、政治上的社会地位,为城市妇女运动展开了新的一页,从城市人民公社的从业人员看,百分之九十左右都是原来的家庭妇女,公社建立后,她们走出了家门,参加了社会生产,在劳动中得到了锻炼,掌握了技术知识或管理知识,经济上有了收入,政治上有了提高,涌现了不少工作上的干将,生产上的能手。由于公社中政治文化教育抓得较紧,有比较系统的政治思想教育制度和较为健全的民主生活制度,因此,她们进步很快,如有的单位实行"六二""七一"制,即六小时工作、一、二小时学习的制度,实际是半工半读的形式,既满足了妇女的学习要求,又做到了生产、学习、工作、家务四不误。她们不仅由消费者变为生产者,由个体走向集体,而且由缺乏文化技术到逐步掌握文化技术,由不大过问政治到关心国家大事,她们的政治觉悟、精神面貌有了显著的改变,热爱劳动、热爱集体、互敬互爱的新风尚正迅速成长。一年来,各个试点公社都不断听到爱公社夸公社的群众赞语,同时也出现了"人人谈生产、户户谈学习"的新局面,"是非坑"变"团结院",夫妇、婆媳、妯娌之间由不和睦到互敬互爱,到竞赛比武,有的社员说:"我们已不再是家庭妇女,应当用工人阶级来衡量自己了。"

(四)人民公社的建立,加强了工农商学兵各部门之间的共产主义大协作,更加密切了公社与国营企业与农业、商业之间的关系,未建公社以前,在大跃进的形势下,街道生产单位与各个部门之间已经自然地出现了一些协作关系,但这种协作往往是自发性、局部性的,不巩固、不经常。现在的协作是由公社统一组织,有计划的、有合同的、更大范围的、更高一级的共产主义大协作。因此,不但有力地支援和发展了公社的工农业生产和多种经营,而且更好地保证了国营企业生产任务的完成。如公社根据国营企业的生产需要,组织了卫星厂或各种原料、零件的加工生产,在劳力方面当国营企业需要人的时候,公社就有组织地供应,当生产任务变化人员需要减少时,公社就广泛地容纳。石家庄市、天津市有的公社还试办了将国营企业中部分生活福利事业交公社统一管理,减轻了大厂的负担。国营企业也从原料上(主要是下脚废料)、技术上和设备上支援了公社工业。过去群众对商业上的意见最多,公社化后出现了新气象。人民公社为了搞好社员的生活,就必然要与商业部门密切结合,主动帮助商店搞业务,特别是遇到节日,公社帮助组织运输力量、找临时仓库、发动社员帮助打包打捆,做保卫工作。因此,不少的公社在节日里不但保证了副食品的及时供应,减少了损耗,而且减少了排队现象。

(五)在社会主义改造方面人民公社也发挥了更大的力量。人民公社是一级经济组织,所以有力量把分散生产的小业主、个体手工业者、小商小贩等组织起来,堵塞了他们走向资本主义的道路。对散居于街道的地、富、反、坏、右、顽伪流杂等社会渣滓,街道组织过去对他们只能进行一般的监督改造。人民公社把他们有计划地安排到各个生产单位(所谓"十红夹一黑"),把他们置于公社组织和广大群众的监督之下,对他们在经济上同工同酬,政治上区别对待,群众由过去的间接监督变为直接监督,这样既可以利用其技术和劳力,变消极因素为积极因素,又可以加强对他们的管制和改造。

(六)人民公社比街道组织更为有力地推动了各项居民工作。人民公社是政社合一的组织,它可以把教育、生产、生活及各项居民工作统一领导,全面安排,步调一致,互相推动。而且由于社员的觉悟较高,组织性、纪律性较强,所以各项居民工作更好推动了。如过去街道组织领导扫盲工作有很大成绩,但由于居民生活在家庭的小圈子里,应用不广,而且因家务牵累,要求不够迫切,所以扫盲工作不好推动,而且有些人扫了盲学了文化结果又忘了。现在由于参加了生产,生产本身就要求有文化有技术,因此,学习的要求更加迫切了。同时又组织了各种生活福利事业,解除了家务牵累。生产学习时间统一安排,在经费上公社又有力量给予补助,各种条件都具备了。所以现在扫盲而又复盲的现象几乎没有了。再如调解纠纷问题是街道组织一项很繁重的任务,公社建立之后,变个体为集体,消费者变为生产者,共产主义觉悟提高,人与人的关系改变了,纠纷事件自然减少了。即使有一点小纠纷,通过生产生活组织自己就解决了。其它如推销公债,组织义务劳动等工作,一声号召很快即可完成。因此可以这样说:政社合一的人民公社组织,在政权工作方面不但没有削弱,而是更加加强了。

总之,城市人民公社好处很多,有着无比的优越性。由于人民公社的建立,就为迅速改变城市面貌,建设社会主义新城市提供了有利的条件。

三

从一年来城市人民公社试点工作中,我们对于建立城市人民公社问题有以下几点体会。

第一，城市人民公社的出现，同样是我国经济和政治发展的产物，是党的社会主义建设总路线和一九五八年社会主义建设大跃进的产物。在全党全民大办工业的群众运动中，民办工业如雨后春笋，大部分有劳动能力的职工家属和城市居民纷纷走上了生产和服务事业的工作岗位。退休老工人、退伍军人和街道积极分子成了街道生产的骨干，聋、哑、盲、残也以一技之长投入生产，运动规模空前，促进了生产力的发展。

这些民办工业的兴办，有的是国营企业拿出一部分资金或生产资料，有的是大家凑钱搞起来的，有的是开始没有资金和设备，靠双手苦战几昼夜搞起来的。这些工业在性质上既不是国营，更不是私营，也不是手工业者的联合组织，而是广大城市居民在党的领导下组织起来的。因此，在公社建立前具体领导这些生产组织的任务，就自然而然地落在街道办事处的身上，这样就使街道工作发生了质的变化。直接组织群众的生产、分配和集体生活，实际上已成了街道工作的中心任务。在农村人民公社建立之后，群众也感到自己所走的正是人民公社化的道路，同时从自己的体验中也深深感到组织城市人民公社的必要，纷纷要求建立公社。我省各市就是在此种情况下，根据群众的要求在群众大办生产、生活组织的基础上建立了不同类型的人民公社。一年来的试点经验证明，人民公社是统一领导城市居民生产、生活、教育的最好形式，是组织领导尚未按社会主义原则组织起来的广大城市居民向社会主义共产主义过渡的最好组织形式。那种认为城市中建立人民公社没有群众基础，不适合社会主义建设发展要求的观点是错误的，认为城市中全民所有制经济已是主要形式，机关、厂矿、学校都按社会主义原则组织起来了，看不见尚有大量未组织起来的群众，因此不需要建立人民公社的看法是错误的。事实证明，党的八届六中全会关于人民公社若干问题的决议是完全正确的。

第二，建立城市人民公社应该贯彻积极有步骤发展的方针。这是城市的客观情况所决定的。首先由于城市的情况比农村复杂得多，如还有相当数量的城市居民、职工家属没有组织起来，其中不少的人没有劳动习惯；资本家和资产阶级知识分子、民主党派成员多集中在城市；有相当数量的流动人口；居民来自全国各地，还有少数民族和外侨，生活习惯不同；收入水平悬殊；行业复杂，部门繁多，隶属关系上至中央下至街道居民委员会，上下左右关系复杂。

在城市中建立人民公社以及城市人民公社的日常工作中都必须考虑这些复杂情况和要求。

但是城市也还有另外一个方面,即建立人民公社的有利方面。首先是先进的工人阶级集中在城市,一般中等城市职工总数约占总人口的百分之二十左右,工人阶级的组织性、纪律性、道德品质对各阶层都有很大影响;其次是工矿企业、机关、学校已按照社会主义原则组织起来了(根据唐山西山地区调查,这部分人约占总人口的百分之三十八),尚未组织起来的人,大部分是职工、干部家属,他们的觉悟水平一般也比较高;第三,社会主义的全民所有制已经成为所有制的主要形式,石家庄市全民所有制的产值占全市工农业总产值的百分之九十五点五七,唐山市占百分之九十一点三八。这些都是兴办城市人民公社的有利条件。

正是由于存在着上述有利方面和复杂方面,所以在建立城市人民公社问题上,也存在着两种不同的看法:一种是看不到有利的一面,看不到大跃进以来,城市形势的新变化,过多强调了城市复杂的一面,因此对城市人民公社抱着消极的态度;另一种则忽视了城市的复杂性的特点,要求过急。我们首先批判了上述两种片面观点,确定"城市人民公社必须采取积极的、有步骤发展的方针,继续进行试点"。一年来,我们根据这个方针已经稳妥地迈出了第一步。即从现实出发首先从集体所有制搞起,把未组织起来的城市居民,按社会主义原则组织了起来,从生产入手,相应地组织了群众生活,初步打下了人民公社的经济基础,积累了建立城市人民公社的初步经验。第二步在进一步发展生产的基础上大力发展公社所有制经济。根据力量更多地兴办了一些集体生活福利事业,并逐步地分期分批地将公社范围内的国营企业、国家机关职工的生活福利统一由公社管理起来。现在我省有的试点公社已开始试办这一步。我们设想第三步当公社所有制经济更加稳定,群众觉悟水平更加提高的适当时机,可以稳步地过渡为全民所有制,并逐步将公社范围内的生产(包括若干国营企业的生产)、交换、分配和人民生活福利事业统一由公社管理,全面实现党的八届六中全会决议中对城市人民公社所提出的要求。但各个城市的具体情况和复杂程度不同,所以具体的工作步骤和各个阶段的工作重点也不能完全一样,必须因地制宜,并且一定要掌握积极而又稳步的方针。

第三,发展生产是办好城市人民公社的中心环节。"生产、分配、交换和消费是统一的,其中起决定作用的是生产"。事实证明,如果搞不好生产,即使建立起公社来也办不了大事,有的试点公社在建社初期虽走过一段小小的弯路,没有紧紧抓住"生产"这个中心环节,而在公社形式上、分配方案上下了不少的功夫。结果是越搞越感到内容贫乏。后来办好了生产,分配交换才有了丰富的内容,建立了公社的经济基础,社员的生活福利事业也更多地举办起来了,使广大社员更清楚地看到了公社化的远景。另外,一年来的经验说明,也只有通过组织生产和相应地组织群众的集体生活,才能把城市中闲散的居民按社会主义原则组织起来,更好地接受党的教育。

在城市人民公社和街道是否发展工业,在初期的看法上是不一致的,经过一年实践证明,不仅可能,也是十分需要的,大跃进中需要有为大工业服务的加工工业和群众日常必需的小商品生产,在综合利用物尽其用的口号下,大量的下脚废料是无穷无尽的原料,广大的城市居民职工家属是可靠的劳动力资源。发展公社和街道工业,既可物尽其用,人尽其才,解决社会需要,又消灭了资本主义社会无可奈何的"失业"现象,这是全党全民大办工业之花,是大搞群众运动之果。

目前公社发展生产已经进入到第二个阶段,是要生产得更好些,一方面千方百计开辟生产门路,一方面大搞群众运动,大闹技术革新、技术革命,装备和改造自己,提高劳动生产率,提高产品的质量、品种,促进更大的跃进,为公社经济奠定稳固的基础,为向全民所有制过渡准备有利的条件。

第四,随着生产的发展,组织人民的集体福利事业,逐步实现家务劳动社会化,是城市人民公社的一项重要任务。党的八届六中全会决议指出:"人民公社是人民的生产和生活的组织者,而发展生产的根本目的是最大限度地满足全体社会成员日益增长的物质和文化生活的需要。党在领导公社工作的时候,必须注意全面地抓思想、抓生产、抓生活。必须关心人,纠正那种见物不见人的倾向。"这一点已经引起各个城市人民公社的注意。目前人民公社所组织的食堂、托儿所、幼儿园均已经过整顿巩固下来。满足社员日常生活需要的生活服务站也已广泛的建立,其业务达数十种,如拆洗缝补,零星修配,代办各种事务,如买东西、办户口、护理病人、请医生、找临时保姆、粉刷清扫房屋等等,初步满足了劳动群众的需要,受到热烈欢迎。一年来,在举办群众集体生活福利事业上取得了四条经验:(一)必须坚持政治挂帅,树立高度为人民服务的思想,不断提高他们的政治思想觉悟,同时要注意提高服务人员的政治地位,彻底扭转社会上对服务人员的轻视看法。(二)必须注意群众当前的生活水平和要求,不能脱离当时的实际情况一味地追求高级和正规,既要注意普及又要注意提高,在规模和形式上要多种多样,以便吸引不同需要的人入餐入托。(三)随着生产的发展,积累的增多,逐步更多更好地组织集体福利事业,以更好地服务于生产,广泛解决劳动人民的需要。过去在公社刚刚建立、家底薄的情况下,我们对食堂托儿所会提出争取经费自给的要求,这在当时是需要的。今后随着生产的发展,集体福利事业必须相应地逐步加以发展和提高。公社在这方面的补助也应逐步增多。在国家集中力量进行建设的情况下,公社应把举办集体福利事业摆在较为重要的地位。但必须贯彻勤俭办一切事业的方针,加强管理,加强经济核算,建立制度,杜绝浪费。(四)在生活服务部门同样必须开展技术革命、技术革新运动。逐步实现机械化半机械化。如食堂炊具的机械化,不仅节省了大批的劳力,大大减轻炊事人员的劳动强度,而且还能调剂品种,改善伙食。

第五,关于城市人民公社的形式和规模问题。

在城市中建立什么形式的人民公社比较适合城市特点,是一个很复杂的问题。一年来我们在城市人民公社的形式规模问题上采取了广泛试验的方针。从试点的初步经验看,前述四种类型的公社各有特点,各有好处,石家庄市按行政区划以原来的区为基础,划入一部分农村,建立包括工、农、商、学、兵五位一体的大型人民公社,它的优点是规模较大,活动范围较广,可以更有效地充分动员和合理安排物资劳力,组织协作,可以兴办规模比较大的建设事业,但因规模较大领导不够方便,因此在公社之下建立了分社,并加强分社的领导,把工作重点放在分社一级,弥补了这个缺点。我们认为中等城市以区为基础建社也是可以的,如果区过大必要时还可适当划小。有的市还可以在区以下建社。人民公社无论现在或将来都是社会基层单位,因此规模不宜过大,以免变为上层机构。

在街道组织的基础上建立的人民公社,便于领导,在组织生产生活上有很大作用,特别是大城市更适合这种形式。但由于有些公社规模较小,举办较大的事业有一定局限性,因此也可以适当并几个街组成公社。围绕一个或几个大工厂结合农村、街道、商业、学校组织的人民公社和围绕大专学校组织的人民公社,在组织协作上发挥了一定的作用,对于生产促进是有好处的,但在组织形式上有的公社实行政、社、企合一,目前是不适宜的。这样作大厂矿和大专学校党政领导一般感到负担过重,难以全面照顾。目前这种形式的公社已有所改变。

另外,由于城市比较复杂,即令在基层公社化之后,我们认为大中城市的市一级和区一级暂时可不建联社。

第六,城市人民公社化运动,是一次深刻的社会主义革命,是对城市的又一次全面的彻底的社会主义改造,它有助于堵塞走向资本主义的道路,可以不断扫清资本主义的影响。因此,在建立和巩固人民公社的整个过程中,都贯串着两个阶级、两条道路的斗争,先进思想和落后思想的斗争。今年上半年各市整社工作中就撤换了很多窃居领导地位的资本家,小业主,地、富、反、坏分子(仅天津就有五百多人),同时人民公社建立后,大批家属和城市居民从不劳动到劳动,从分散劳动、分散生活到集体劳动、集体生活,对这一部分人来说也是一个很大的变化,对于资产阶级及其知识分子更是一次深刻的革命。因此在城市公社试点初期,资产阶级及其知识分子发生了极大地震动,党的六中全会决议公布后,这些人对人民公社的某些顾虑有些消除,但是对他们的改造还需要相当长的时间,这是一个长期的复杂的阶级斗争。因此城市人民公社工作中必须坚持贯彻党的阶级路线,依靠工人阶级,以工人阶级为领导,团结劳动人民,争取资产阶级中的进步分子(目前不急于吸收资产阶级及其家属入社),使公社领导权稳稳地掌握在劳动人民的手里,不断地进行两条道路的斗争直到最后胜利。

四

党的八届八中全会进一步增加了我省建立城市人民公社信心,为了更好地贯彻党的八届八中全会和八届六中全会决议,使城市人民公社逐步"成为改造旧城市和建设社会主义新城市的工具,成为生产、交换、分配和人民生活福利的统一组织者,成为工、农、商、学、兵相结合和政社合一的社会组织",我们认为今后城市公社工作还应继续贯彻积极地有步骤试验和发展的方针。为此:

第一,在试点已经取得初步经验的基础上,有必要根据各个城市的具体情况,经过详细研究,制定出建立城市人民公社的工作规划。制定建立城市人民公社的规划时,最好和改造旧城市的规划一起考虑,这样就可以更好地发挥城市人民公社在改造旧城市方面的作用,体现城市公社的优越性。例如,依靠社员群众逐步扩建或改建住宅区,修建马路,不断改善城市人民的居住条件,按照生产生活相结合的原则,对散居的职工家属由公社按企业或按地区归口安置,增设各种公共福利事业,做好绿化等工作。各个城市公社也应当经过群众讨论制定公社的远景和近景建设规划。

第二,目前的工作重点还应当放在继续办好公社试验工作,以便进一步解决公社的组织形式,机构设置,领导方法,经营管理,公社与各方面的关系等问题。同时也需要在试点工作已经取得初步经验的基础上进一步扩大试点范围,特别在一些矿区应当尽快地组织起来。首先把无组织的城市居民、职工家属组织起来,把城市人民公社工作向前推进一步。

第三,在城市公社的各个单位中,应深入进行反右倾、鼓干劲和两条道路的斗争,持续地开展增产节约运动,大搞群众运动和技术革新技术革命,对于广大的社员群众应加强社会主义和共产主义教育,不断提高他们的觉悟水平,动员一切积极因素和一切可以动员的力量,投入社会主义建设事业,应该定期地普遍地召开社员代表大会或代表会议,宣传党的总路线,宣传十年建设的伟大成就和大跃进的成就,审查和修订公社社章,总结和宣传公社的优越性,使公社不仅成为生产、生活的统一组织者,而且成为社会主义共产主义的学校。

第四,发展公社生产并相应地办好群众的集体生活福利事业是城市人民公社的长期中心任务。发展生产必须根据国家统一计划和因地制宜的原则,首先发展为国营大工厂、大企业服务的生产,进行原料加工,零件制造;其次根据原材料和销路情况发展小商品生产,有条件的地方还要发展为出口服务的生产;第三发展服务性的行业。已经建立的生产单位也应该根据上述方针不断进行整顿、巩固和提高。公社的农业生产要充分利用城市的有利条件尽快实现机械化、电气化、水利化、化学化,并首先发展蔬菜和副食品生产。

第五,城市人民公社是一个新的社会基层组织,公社建立后,在组织领导,工作方法,公社内部外部各方面的相互关系等问题上已经出现了许多新问题,如城市公社和街道工业纳入国家计划问题,商业下放问题,税收问题,城市公社编制和体制等。因此,省委拟进一步注意和研究解决一些带有根本性的问题。并责成各市各系统也考虑城市公社发展的形势,注意改变自己的工作方法和领导方法,帮助公社解决各种具体问题,通过各方面的工作使城市人民公社得到进一步巩固和提高。以上意见是否妥当请批示。

河北省委

一九五九年十二月十七日

关于街道工业的情况*

（一九六〇年一月）

一、情 况

街道工业在 1958 年国家经济大跃进的形势下，迅速发展起来。在各地的党委领导下，一年来经过不断地整顿，已经逐渐巩固，并已具有相当的规模，据北京、天津、上海、哈尔滨、武汉、广州、西安、重庆、沈阳、南京等 22 个大、中城市在 1959 年秋季不完全的统计，街道工业经过整顿后共有 19,563 处，参加生产人员 752,257 人。其中妇女约占参加生产总人数的 76%，最多的是北京占 95%，天津占 90%，石家庄占 87%，哈尔滨占 66%。

一年来街办工业在党的领导下根据统筹兼顾，全面安排的精神，贯彻整顿、巩固提高和稳步发展相结合的方针，从组织人民经济生活，拾遗补缺的要求出发，更好地以为工农业生产、为人民生活服务为方向进行了整顿。首先根据有利于发展生产进行了统一安排和调整布局：把一部分改为地方国营，原来为国营工厂加工的有些并入国营企业，有的因原料缺乏停办了，有的同一性质的合并了，还抽调了一部分劳力支援农业生产。

在整顿过程中，还着重解决了集中生产和分散生产的问题，克服了某些人只喜欢搞集中生产而不愿搞分散生产和只注意搞分散生产不注意集中生产的思想。

其次是整顿企业内部：贯彻集中领导和大搞群众运动相结合的方针，弄清

---

* 原件现存于福建省档案馆。

街道工业的任务,端正经营思想作风,加强党在街道工业中的领导,对于生产人员进行了社会主义教育。端正了劳动态度,加强了劳动纪律,并打击贪污、违法分子和清除领导队伍中的五类分子及未经改造的资本家和小业主。仅据哈尔滨市道外区 280 个街办工业中就有 320 个五类分子窃取了车间主任以上的领导职务。在整顿中大部分都已撤下来。

街办工业经过整顿以后,规模较前扩大,设备有很大改善,据北京市四个城区不完全的统计,现有各种车床、电动机、捣子、缝纫机、冲床、打眼机、纺织机等各种电动和手工操作的大小机器共 6,000 多台,其中电力动力机 505 台,缝纫机 4,841 台,有的厂已实现了半机械化。如天津市兴安路人民公社的社办工厂已拥有电动机 44 台,吹风机 16 台,4 尺以上刨床 10 台,刀子机 78 台,缝纫机 183 台(内部分是社员的)。武汉市,武昌区和硚口区共有 394 个街办厂,实行机械化和半机械化的已有 175 个。在劳动条件方面也有所改善,如修建了厂房,增添了劳动防护用具,以及一些必要的安全设备。

街道工业在整顿以后特别是在贯彻八届八中全会决议以后,以增产节约运动为中心内容的社会主义劳动竞赛也轰轰烈烈地开展起来,生产获得了全面跃进,产值直线上升,如天津市十月份总产值和加工收益达 8,400 多万元,等于七月份的两倍左右。北京市 10 月份街办工业的总产值和加工费 11,813,223 元。11 月份增至 20,282,511 元,增加 8,469,288 元。在产品的产量和质量方面不断提高,如天津市小关街喷漆车间残次品由 45% 降低到 15%。质量方面据 24 种产品的分析,运动前和运动后由 85% 提高到 95%—98%,同时还降低了原材料消耗。又据天津巨龙分社三种产品的统计一般都降低了 4%—10%,出勤率也大大提高。如北京、天津在去冬今春出勤率一般在 60%—70%,目前一般能达到 90%—95% 或以上。特别是在争取 1960 年开门红中,妇女的劳动热情更高,干劲更足,不少的厂子都做到出满勤,有不少人放弃了回乡过年和过春节的机会,照常上班。很多厂子都提前超额完成生产计划。武汉市宝庆街街办厂,13 天就完成了一月份产值计划。

技术革新和技术革命运动也在街办工业中蓬勃地开展起来。破除了妇女技术低不能搞技术革新的迷信思想,提出了大量的革新建议。据天津市兴安路人民公社六个生产单位十月份统计就提出了一千多件革新建议。实现了

500 多项。开封市团结人民公社社办工厂仅三、四天的时间就提出合理化建议 810 条,革新建议 76 条,该社各厂都成立了技术研究小组,该社鞋厂除纳底、绱鞋二道工序外,其他工序都已实现了半机械化。又据洛阳市三个区 128 个社办工厂 12 月的统计:7,126 名妇女中参加技术革新的有 4,275 人,占女工总数的 60%,提出合理化建议 7,091 条,实现 2,191 项,占总数的 30.9%,一个月的时间有 23 个厂实现了半机械化、机械化,如三八服装厂二天提出合理化建议 26 项,苦战 4 天实现了 14 项,缝纫、剪裁、倒线等主要工序,实现了半机械化和自动化,分别提高工效 2—47 倍。北京市二龙路 15 个街办工厂共有妇女 2,844 人,在一个星期以内就提出革新建议 7,150 项,其中综合厂、电气厂、喷漆厂的妇女 100% 的提出革新建议。

街道工业随着工农业继续大跃进而进一步地发展,才能适应社会主义建设事业不断发展的需要,也才能更好地发挥家庭妇女在建设社会主义中的积极作用。因而进一步组织更多的家庭妇女参加街道生产或服务事业仍是今后一个时期内的重要工作之一。那种认为潜力已经挖尽的说法是没有根据的,如北京市 1958 年街道妇女参加民办工厂和服务事业的有 140,000 多人,1959 年增加到 166,000 人,石家庄市 1958 年参加街办工业的 2.7 万人,1959 年增加到 5.4 万人,哈尔滨市到 12 月底全市共办 2,919 个工厂,新吸收 23,316 人参加生产,其中妇女占 95.9%。武汉市在党的八届八中全会以后发动了八万四千多名妇女参加街办工业和服务性行业。芜湖、太原、昆明、杭州等市妇女参加社会劳动的都有增加。关于劳动潜力,各地情况不同,据北京市七个区 1958 年底的调查共有劳动力 297,376 人,到 1959 年 10 月已参加劳动的 155,255 人,占劳力总数的 52.2%,尚有 142,121 人没有参加生产,占 47.8%,天津市还有 38%,沈阳市还有 23.4%,南京市只有 12%。

以技术革新和技术革命为中心的增产节约运动在街道工业中虽已迅速地开展起来,也已取得了一些成绩,但仅是一个开始,街道工业的大规模的技术革新和技术革命的群众运动必将进一步地发展。首先是由于街道工业中设备简单,操作方法比较落后,绝大部分是手工操作,劳动强度较大。据天津市南头窑街两个分社的调查,手工操作占 89%,半机械化占 10.3%,机械化生产仅占 0.2%。又据洛阳市街办工厂的调查,手工操作占百分之七十,因而劳动潜力很大。今后在街办工业中大力开展技术革新和技术革命,提高劳动生产率,向半机械化和机械化方向迈进,是街办工业当前的重要任务之一,目前有些城市已提出在街办工业中实现半机械化或部分机械化。如沈阳市要在 1960 年第一季度在原有半机械化 15% 的基础上,实现手工操作工具化 60%,半机械化 40%。如哈尔滨市计划 1960 年要使街道工业生产有 40% 左右以机械化代替手工操作,并根据需要和可能逐步实现产品定型化,扩大对国营工业和国营商业的订货,使街道生产间接纳入国家计划等。

二、妇女参加生产以后的变化

广大妇女在走出家庭参加街道生产和服务事业以后,在劳动中得到了实际的锻炼,因而进步很快,很多妇女反映她们自从参加生产以后心情特别舒畅。在短短的一年多当中,不论在精神面貌、社会地位、技术水平等方面都发生了深刻的变化:

(一)精神面貌发生了深刻的变化。广大妇女通过实际劳动和集体生活的锻炼表现有更高的社会主义、共产主义的觉悟;更加热爱党,听党的话,党指向哪里就奔向哪里;劳动观念和集体主义思想加强了,组织性和纪律性也在不断加强,许多妇女爱厂如家,过去不少妇女在生产时谈闲话,上街站队买菜买糖,回家添火迟到早退等现象都已逐渐消灭。出勤率大大提高。狭隘、自私、不团结的现象正在逐步克服,打架斗殴的现象基本消灭。

(二)学会了本领,提高了技术。一年来很多妇女经过在生产中的锻炼,由外行变成了内行,不仅成为生产战线上的能手,有的还成为多面手。据郑州市 15 个街办厂的调查及西安市的反映,有 90% 的妇女学会了技术,能独立操作。有的还学会了几门技术并已达到技术工人的水平。沈阳市红旗公社社办工业中的妇女有 60% 达到三级工的水平,有 90% 以上能独立操作。妇女还积极参加技术革新和技术革命,提出大量的革新建议,据武汉市宝善街 41 个工厂的调查,1959 年妇女提出的革新建议仅占革新建议总数的 22.7%,今年一月上旬统计妇女提的革新建议达到 50%。

在管理生产方面,很多在民办工业中担任生产管理工作的妇女,已经逐步熟悉了业务,学会了管理生产的知识,很多人都能掌握国家政策,保证生产质量,也学会了怎样做思想工作。

(三)家庭地位发生了深刻的变化。妇女们参加生产后与男的一样劳动,分担家庭部分的经济开支。增加了家庭收入,家庭地位也随之提高。妇女们普遍反映过去丈夫回家什么也不干,还要伺候他。自从参加生产以后,丈夫能经常主动地帮助搞家务,态度也变得谦虚和蔼,从此有了共同的语言,婆婆的态度也比过去好多了。

家务负担大大减轻。有的妇女反映,过去在家整天搞家务,累得要命,还不落好,整天不是婆婆骂,就是丈夫吵,不是小孩哭,就是大孩子闹。现在呢,婆婆帮助看孩子、做饭,丈夫还帮助买菜、扫地、洗衣服,已是普遍现象。特别是集体生活福利事业的发展,对减轻妇女家务负担起了很大的作用。

(四)妇女的社会地位大大提高。政治情况也在不断发生变化,先进人物不断出现。妇女在参加生产以后,不仅扭转了不少人轻视妇女的思想,改变了社会舆论,社会地位日渐提高,如政协委员、人民代表中妇女比例较前增加;政治情况也发生很大的变化,如天津市兴安路人民公社,秋天新吸收 18 名党员,就有 15 名是妇女。该社 247 名先进生产者当中,妇女占 207 名,其中有市级 14 人,区级 4 人,省级 1 人,女红旗手 68 人。积极分子不断增加,据该社皮毛车间 54 名妇女调查,原来表现先进的 22 人,占 41%,现在上升为 28 人,占 52%。中间的由 19 人占 35% 上升到 22 人占 41%,落后的由 13 人占 24% 下降到 4 人占 7.4%。

三、当前存在的问题

(一)在街办工业中有些市,如沈阳、天津等市实行了"六二""七一"制,使生产人员能经常保证学习,适当地照管家务和休息。但有些市街道工业生产时间较长的问题未能解决,如石家庄市有些街办厂生产时间长达 10—12 小时,又据武汉市硚口区三个街的调查,自从大战八、九月以来,街办厂星期天就不休息,只在元旦休息了一天,每天生产时间都在 12—13 个小时。芜湖市也曾反映过街办工业生产时间较长的问题。

(二)有些市反映,参加街道生产的妇女,家务负担还较重,主要是孩子拖累,如武汉市宝善街牙刷厂一个车间 15 名女子有 43 个孩子,送托的 14 个,家里有人看的 14 个,没人看管的 15 个,占三分之一,该厂女标兵陈多英四个孩子都在家没有送托,也没有人看管。又据南昌市二个点的调查,抚河区筷子巷街,已参加生产的妇女有七岁以下的孩子 2,374 人,已入托的 288 人,占 12.13%,在家有人带的 1,583 人,约占 66.7%,没人带,大孩子看小孩,或妈妈们生产把孩子带在身边的 511 名,占 21.5%。该市西湖区,击马椿街 1,385 名妇女调查有七岁以下儿童 1,870 人,已入托的 210 名占 11.23%,除了有人看管的,尚有 209 名没有人看管,占 11.12%,随妈妈带到生产车间的 222 名占 11.9%。又据西安市妇联今年元月份的材料反映,不少厂社对女工特殊问题未得到适当解决,致使妇女有因劳累过度而小产或得月经病的。个别社女工因孩子、家务不能妥善安排,影响了出勤率,如碑林玩具工厂,40 个女工中绝大部分有孩子拖累,迟到早退约占 20%。

一九六〇年一月

哈尔滨市香坊人民公社的发展情况*

（一九六○年二月二十二日）

香坊人民公社是在哈尔滨市原香坊区的基础上，以哈尔滨轴承厂等若干大中工厂为主体建立起来的。这个公社自一九五八年九月成立以来，在党的总路线照耀下，坚持政治挂帅，根据中央和省、市委关于在城市中试办人民公社的方针，经过一年多的努力，在发展生产和组织群众的生活、教育等方面取得了很大的成绩，创造了不少的经验，得到了人民群众的热烈拥护和称赞。我们在今年一月，对这个城市人民公社的发展情况做了一些调查。现仅就其特点和组织形式，组织生产大协作，社办工业、集体生活福利、农业等方面发展的情况报告如下。

一、公社的特点和组织形式

香坊是哈尔滨市的一个工业区。全社有三个国营工厂，十五个地方国营工厂，四十二个社办工厂；九个农业生产大队；一百四十五个商业和服务业网点；十个中学（内三个中专），十六个小学，二十四个医疗单位，十二处文化娱乐场所。全社居民二万五千七百一十户，十三万八千人口。其中职工四万九千七百七十三人，约占总人口的百分之三十六；职工及其家属共十一万二千三百六十三人，约占总人口的百分之八十一点七；农业人口一万六千五百二十四人，约占总人口的百分之十二；此外，还有资产阶级和资产阶级知识分子一百

---

*　原件现存于湘潭市第二档案馆。

一十九人；小业主和小商小贩四百七十二人；五类分子二百一十五人。公社就是根据这个区大工厂多和职工及其家属占人口绝大多数的特点，按照"工农商学兵相结合""政社合一"和省委提出的"以工人阶级为领导、以全民所有制为主体、以发展生产为中心"的原则建立起来的。

公社在市区内设管理区和居民委员会，在农村设生产大队（相当于管理区）和生产队。另外，公社以和平糖厂为核心，包括周围三个农业大队，还建立了一个和平分社。

公社党委会和公社委员会是在原香坊区委和区人委的基础上，吸收了几个国营大厂的领导人组成的。社内最大的工厂哈尔滨轴承厂的党委第一书记和厂长分别兼任公社党委第一书记和社长，原来区委的几个负责同志任公社党委的专职书记、副社长和委员，其他大厂的一些负责人也参加了公社党委和公社的行政领导工作。在党的关系上，哈尔滨轴承厂等三个国营大厂受市委和公社党委的双重领导，属于生产计划和方针政策方面的重大问题，由市委直接指示，公社党委在这方面起保证、监督作用；属于经常性和地区性的工作，由公社党委统一领导。大厂在行政上仍受原上级主管部门领导，管理体制不变。

管理区是在原街道办事处的基础上，围绕着一个或几个国营工厂、地方国营工厂建立的。管理区党委领导管理区办的工厂和本区范围内的小学及商业、服务业网点。居民委员会也有自办的小工厂和服务站。管理区和居民委是公社下组织居民群众生产、生活、教育和管理街道工作的两级组织。

居民委办起了小工厂、服务站以后，为了统一领导居民的生产和生活，采取了居民委、民办工厂和服务站三结合的组织形式。居民委的正副主任兼工厂厂长和服务站站长。这样就使街道行政工作和组织居民生产、生活的工作结合起来，密切了领导和群众的关系，充实了街道工作的内容。

二、组织生产大协作

香坊人民公社建立后，为了连续实现生产大跃进，在组织生产大协作方面做出了很突出的成绩。

在一九五八年大跃进的形势下,社内的主要大厂急需补充大量劳动力和解决辅助性生产的协作问题;刚刚兴办起来的社办工业,也急需获得原料、设备和技术指导。各方面都要求寻找新的协作关系,以适应客观形势发展的需要。公社党委本着"保证重点,带动一般"的原则,以国营大工业生产为中心,大力地组织了协作。公社建立了每月一次的协作会议和各种专业协作会议的制度,使过去小量的、分散的外部协作,逐步形成为经常的、有组织的社内大协作,充实了协作的内容,收到了良好的效果。在一九五九年一至八月份,他们通过协作会议即解决了二千三百个协作项目,比一九五八年公社化以前的同一时期增加了十三点三倍,而且协作的项目由原材料的供应和加工件的配套,发展到技术设备、电力和劳动力的调配。最近,在公社党委领导下又成立了生产协作委员会,使这种社内的大协作更加发展和扩大起来,十分有力地推动了工农业生产和各项工作的全面大跃进。以下许多事实就是充分的说明。

(一)大中小工厂之间取得了相互支援。例如,哈尔滨轴承厂在一九五八年根据国家要求须生产一千五百万套轴承,可是辅助性的生产跟不上去,外地的协作关系也有一部分中断了,任务十分紧张。公社党委不仅为该厂补充了三千二百六十名劳动力(按该厂一九五九年劳动生产率计算,这一部分新工人共为该厂创造产值三千七百零七万多元,而且由于这些新工人绝大部分是职工家属,不需要增建宿舍,这一项为该厂节省一百一十多万元),并且发动了中小厂的工人全力予以支援,结果保证轴承厂提前三天超额完成了国家的生产任务。与此同时,公社的卫星轴承、建新机械、翻砂等中小厂,也在材料、设备、技术等方面得到了大厂的很大帮助,而迅速地发展起来。这些中小厂发展起来后,对大厂又起到积极的支援作用。例如,一九五九年社办工厂为哈尔滨轴承厂制造各种工具五十多万件,翻砂三百五十多吨,糊纸盒二十四万多个等等,不仅保证了轴承厂生产的连续大跃进,而且比在外地为该厂加工节约了六十四万多元。

(二)大厂与大厂之间加强了协作。过去,哈尔滨轴承厂、轧钢厂、啤酒厂之间虽只一墙之隔,但因隶属关系和生产性质不同,一直很少往来。组织在同一公社内之后,便成了"老邻新友"。例如,一九五八年轴承厂生产任务紧张时,轧钢厂便帮助他们锻造半成品。轧钢厂因缺电影响生产,啤酒厂便用自己的发电设备给他们送电。啤酒厂的糖化锅牙轮坏了，找别处修理要停产一个月，轧钢厂工人苦战一昼夜便为他们突击修好。现在，这些工厂之间的协作关系已搞得非常密切。

（三）公社内部的就地协作，大大加强了经济效果。从前，轴承厂与外地的十多个厂有协作关系，大跃进后，各地任务加重，协作件往往不能及时供应。公社内部的协作就不同了。不但可以及时互相支援，克服困难，而且协作手续简便，降低了运输和加工费用，还可以在质量和进度上得到保证。例如，去年轴承厂有八台机床因缺刀杆势将停工，按过去协作关系，最快要半个月才能解决，而在公社建新机械厂协作下，几个钟头就交了货，保证了该厂生产的急需。这个社办工厂一九五九年共为轴承厂加工了四十九万把刀杆，每把加工费比外厂还少两角，共节约九万多元。

（四）工农业生产取得了密切协作。为了贯彻党的工农业同时并举的方针，公社党委采取"厂队挂钩，以厂带队"的办法，分别把全社的工厂同各个农业生产大队结合起来，开展了经常性的工农业大协作。在农忙季节有突击任务时，公社就组织工人对农业进行大力的支援。一九五九年在公社的大力支援下，促使蔬菜获得了空前大丰收，并且还帮助生产大队建设了五万平方米的温室。在公社的统一筹划下，工厂利用一部分农村土地办起了畜牧厂；畜牧厂建立后，工厂便在农村架设了高压电线，从而也就帮助了农业大队开办工厂，有利于促进农业的电气化。又如，一九五九年一月时，和平糖厂运来了大批甜菜，不能及时入库，公社立即组织了农业大队三百多个劳动力和一百二十多辆大车，突击了四、五天，使甜菜全部入了库。在糖厂开机生产时需要大批劳动力，生产大队又抽调出数百农民劳动力及时进厂参加生产。

（五）统一进行共同性的基本建设，更大地发挥了投资效果。一九五九年，公社调动各方面的力量，修建了马路，建设起容量二百多万斤的大菜窖。最近又正在进一步对全社电力网进行技术改革，实行"四合一"环形送电，使动力用电与照明用电合一，公用电与民用电合一，大厂用电与小厂用电合一，厂内电网与公用电网合一。仅这一措施，就在不需要投资的条件下，增加了四千千瓦的供电能力。抽调下来的大量电气设备，又可以用来支援农村电气化。这样，便在同样条件下，使各项基本建设真正做到了多快好省，既有利于国家，又有利于群众。

香坊人民公社在党委统一领导下,由于大力组织了生产大协作,使社内隶属于不同部门的大中小企业在生产上密切结合起来;使工业生产和农业生产达到互相支援,从而大大促进了工农业生产连续不断地大跃进。

三、社办工业的发展

一年多来,香坊人民公社的社办工业有了很大的发展。到一九五九年底,已从无到有、从小到大办起中、小工厂四十二个,工人达到四千零四十人,固定资产一百八十七点七万元。一九五九年创造产值二千一百一十三点八万元。产品有轴承、圆锯、各类电器开关、蜡纸、服装、布鞋等二百多种。一九五九年十二月,在市委大办工业的号召下,又办起七十四个小厂,增加了工人二千一百四十人。一九六○年社办工业的计划产值,市里下达的任务是八千万元,公社自己计划完成一亿三千万元。

社办工业在短短一年多的时间内,所以能够这样迅速地发展,首先,是由于公社党委坚持了政治挂帅,大搞群众运动,全民办工业的方针,认真贯彻了省委指示的就地取材、自力更生,为大工厂服务、为农业服务和为人民生活服务的方针。在生产上主要是依靠群众,因地制宜,充分利用大厂的边材废料和为大厂加工配套等办法,解决供产销的问题。在该社社办工厂中即有二十二个厂是以大厂的边材废料为其原材料的主要来源,十六个厂直接为大厂进行辅助性的生产。

其次,是本着"保证重点,带动一般"的原则,使大中小企业相结合,大厂带动和群众创办相结合,广泛发动群众采取白手起家、因陋就简的办法,大搞社办工业。例如,公社化初期,兴办起的一百三十多个小工厂,就是群众凑集资金和大厂支援帮助下建立起来的。小工厂有了一定发展后,再分出若干小厂。如轧钢管理区的钟表修理厂从七十六名工人中分出十七人,就地吸收了二十多名家庭妇女,就又办起了汽车修理、电器修配、制钉、五金和木型等五个小厂。这样就使社办工业星罗棋布地大量发展起来。大厂对小厂的帮助,一般除按等价交换的办法给以物力(边材废料、零星工具、陈旧设备等)支援外,对专为大厂加工的社办工厂,还实行了"四包"的办法,即包边材废料的供给,包必要的设备(两本账),包技术指导,包企业管理的指导,以及派去少数干部和技术工人去帮助组织生产。如公社的卫星轴承厂、电器厂、金属铆焊厂、建新机械厂等,在哈尔滨轴承厂的帮助下,已经发展成为数百人的中型工厂,生产水平也接近于地方国营工业的水平了。这些工厂已成为社办工业的骨干,并且基本上纳入了国家财政计划。

第三,公社对已经兴办起来的许多分散的小工厂,采取"合并、转厂、编辫子"等办法,进行了不断的整顿、巩固和提高,使之从小到大、从土到洋,逐步发展起来。随着生产的发展和工厂的扩大,一些主要的社办工业已由居民委、管理区领导逐步改由公社领导。例如,电器厂,原来是三个钟表匠白手起家的民办小厂,经过巩固提高,现在已经发展到拥有十几台机床、四百六十多名职工,能生产小型电机、高压互感器的中型工厂了。又如公社的卫星轴承厂,原来是只有十万元固定资金,生产草麻绳的手工业社,在公社的领导下,由于轴承厂的大力帮助和利用残废产品,经过一年来的努力,现在已成为有五十万元固定资金、六十多台机床、年产十万套轴承的中型工厂,在生产上已能满足黑龙江省及其他地方对轴承的部分需要。

社办工业的管理制度,就目前四十二个工厂的状况看,基本上可分为社直营和管理区(相当于街道)经营两类。

十五个社直营厂中,六个是在原来手工业社的底子上发展起来的;两个是公社和市里共同投资建立的;七个是由民办工业发展起来的。这些厂一般规模较大,产值较大(占一九五九年社办工业总产值的百分之八十八);利润较高(占一九五九年社办工业利润总额的百分之九十四点五);固定资金除少部分是手工业转厂时带来的以外,绝大部分是公社投资;供产销都已经基本上纳入了国家计划。目前利润的分配,除交国家所得税外,由原手工业转厂的和市、社共同投资办的八个厂,以百分之八十上交市,百分之八交公社,百分之十二留厂作为企业基金。其他社直营的七个厂,利润百分之八十八上缴公社,百分之十二留厂作为企业基金。根据上述情况,公社认为这些厂已经是或基本上是全民所有制的企业了。

　　管理区经营的二十七个小厂的生产资料,少部分是群众集资,大部分是公社投资和大厂支援的。这些工厂一般规模较小,生产还不够稳定,工人流动性也较大,基本上还都是手工操作;产值较小(一九五九年产值二百二十一万元,占社办工业总产值的百分之十);利润也比较低些(一九五九年利润为十七点五万元,占社办工业利润总额的百分之五点五),而且目前基本上是用于武装自己和补助街道的集体福利事业。根据上述经济条件看来,我们认为目前这些工厂在经济上基本上还是公社集体所有制性质的。它还需要经过进一步的发展和提高,才能逐步地过渡到社直营工业和地方国营工业的水平。

　　社办工业的工人队伍,主要是职工家属和街道居民,但与国营企业比较,其成分要复杂一些。不但有手工业工人、初中和小学学生,而且还有一少部分小业主、资本家及其家属,以至五类分子等。这种情况说明,加强社办工业职工的政治思想教育还是十分重要的。

　　社办工业工资的形式多样,参差不齐,公社根据市劳动局的规定,在调整工资和福利待遇方面做了不少工作。目前,除个别管理区营的工厂的工资水平较高外,各社办工厂工人的工资水平已基本上趋于一致。社直营各工厂职工的基本工资平均为四十元左右。(根据目前这些工厂的生产条件和工人的技术条件看来,这个水平已经不低了。)

四、集体生活福利事业

　　随着工农业生产的连续大跃进,香坊人民公社先后共解放劳动力一万四千余人(妇女占百分之九十以上),输送给国营和地方国营工厂八千七百人,现已基本上做到了社内无闲人。由于广大妇女参加了生产,社会劳动和家务劳动的矛盾突出了,许多职工因为没有人帮助处理家务感到很多不便;由于各国营、地方国营工业和社办工业的迅速发展,也迫切需要大量举办生活福利设施。为了逐步实现家务劳动社会化和生活集体化,公社在一九五八年大跃进以来,在抓生产的同时,在居民区新办起公共食堂二十四个(工厂办的除外),托儿所、幼儿园一百一十三处,服务站三十四个,参加服务的人员三千零一十七人。

公社的集体生活福利事业，基本上都是以社办和厂办相结合的方法组织起来的。有的是工厂和公社联合举办；有的是公社办起后，为了便利生产，便利群众划归了工厂领导；有的是管理区举办，工厂在设备等方面给予帮助；有的是把工厂办的移交管理区领导，向街道居民开放。今年公社还准备用社办工业的一部分积累和各大厂的部分福利费用，办几个规模较大、设备较好的幼儿园。这样就使公社内的集体生活福利事业不断巩固和迅速地发展起来。

公社的服务站建立以后，本着为生产服务为群众服务的原则，做了很多工作；同时也把子女较多、家务较重、体力较弱的一部分劳动力，按其可能组织了起来。它一方面为工厂服务（如给工厂洗补工作服、晒干菜等）；另一方面又成为商业部门和粮食部门的助手。例如协助商业部门合理分配一些按计划供应的商品，为粮食部门加工若干主食。特别是为职工群众和广大居民办理了许多家务，如拆洗缝补，代买粮、煤，供应蔬菜，打扫卫生，看护病人，看管孩子，照料产妇，直到美化家庭，等等，几乎是无所不管。服务站这种新生事物的好处很多，它进一步挖掘了劳动潜力，替参加生产的妇女承担了家务劳动，并充实和推动了居民委的工作。领导、群众和工厂、商店等各方面都对它非常满意。

随着生产大跃进和集体生活福利事业的大发展，公社内的职工家属、街道居民已经基本上从生产和生活方面组织了起来。群众参加工作后，家庭收入也普遍增加了。一九五九年五月份调查，公社街道每户居民的平均收入比一九五八年提高了百分之二十五。据安埠街八千三百三十户一万九千二百零一人调查，建社以前每人每月平均收入十一点六六元，现在达到十四点九四元；过去依靠政府救济的有七十七户，现在只有五户了。人们参加社会劳动后，在生产和集体生活中得到了教育和锻炼，同时也参加了各种学习，提高了政治思想觉悟，居民区出现了"人人劳动，互相关心，家庭团结，邻里和睦"的新的社会风尚。

五、农业生产及其过渡

公社为了贯彻党的工农业同时并举的原则，在农业生产上，根据以菜肉为纲、为城市服务的方针,组织了工农业之间的大协作,使农业生产也获得了空前的大丰收。一九五九年农业总收入比一九五八年增长百分之四十八,蔬菜产量达到七千九百四十四万斤,比一九五八年增产百分之四十六点二,不仅自给有余,而且支援了北京三百万斤。猪由二千头发展到一万七千六百头,增长八倍。此外,在其他农副业方面也都有成倍的增长。大部分的生产队实现了机耕,非田间作业基本上已全部机械化、电气化。在发展生产的同时,农民生活也有了很大的提高,一九五九年平均每个劳动力的收入比一九五八年增长了百分之二十。

公社党委研究了农业生产发展的情况,认为目前的农业生产大队基本所有制,已经不能适应农业生产迅速发展的新形势。(一)生产大队的基本所有制与公社统一组织规划生产有矛盾,多种经营与专业管理有矛盾;(二)农业生产大队与公社的全面发展有矛盾,公社要求多积累,农民要求多分配,调拨商品和进行农业的基本建设往往受到阻碍;(三)生产大队规模小,资金少,影响到扩大再生产。公社党委认为必须改变现有的生产关系,才能进一步推动生产力的发展,针对目前公社直属的六个生产水平比较高的农业大队和和平分社的三个生产水平稍低的农业大队所处的不同情况,制定了下列两种不同的过渡办法,并已向市委做了报告。

公社党委认为,目前上述六个农业大队已具备了过渡的条件:(一)机械化、电气化、水利化程度较高。除田间管理外,基本上已经实现了机械化和电气化。(二)劳动生产率较高。一九五九年平均每个男劳动力创造价值已达二千元(一九六〇年计划可达三千元)。(三)生产比较稳定。在现有的二千九百名劳动中,长年搞温室、蔬菜生产、运输、畜牧等业的有二千人,占百分之七十。(四)在固定资产中,公社所有部分已约占到百分之七十以上。(五)农民收入有了很大增加。一九五九年平均每个男整劳动力年收入达到了四百元,已相当于城市三级工的工资水平;每户平均收入五百六十五元,生活接近城市一般居民水平。按长年固定生产的劳动力看,全年总分配额约一百八十万元,仅六个生产大队的汽车、胶轮马车搞运输一项,全年收入就有一百万元,过渡后要维持农民现有收入是不成问题的。(六)广大农村社员在党的领导下,经过大跃进和公社化运动、社会主义教育运动,思想觉悟有了空前提高。同时,在这六个农业生产大队里,党的领导力量也比较强。党员二百四十九名,团员四百七十六名,共占劳动力的百分之二十;领导骨干也多是土改时期的干部,这一切都是实现过渡的经济基础、思想基础和组织基础。关于过渡的形式问题,公社党委确定将六个生产大队组成为香坊公社农场,下设三十个分场,分场下设生产小队,实行"公社所有、统一领导、分级核算、各计盈亏、包工包产"的原则。分场为一级核算,生产小队实行包工包产、超产奖励的办法。过渡后的分配形式,基本上仍然是实行"按劳付酬、多劳多得"的原则,实行固定基本工资、记工评分、包工包产、超产奖励的办法。在工资水平上也还照顾各分场之间的某些差别。为在分配方面逐步适当增加共产主义的因素,粮食供给制仍然保留。根据一九五九年分配情况,初步计划过渡后一九六〇年的基本工资平均每月不超过二十元(超产奖励在外)。其他有关政策问题,仍按国家规定不变。如农民入社的生产股金仍不退还,自留地、自养家禽和生猪仍属个人。从生产大队基本所有制过渡到公社所有制是农业方面一次有重大革命意义的变革,因此公社党委确定采取积极而又稳妥的步骤进行。在保证生产继续全面大跃进的前提下,尽可能不过急过多地改变现有的生产组织和分配制度,不采取敲锣打鼓搞运动的方法,以免群众感到突然。

此外,对于和平分社的三个农业大队的过渡问题,他们确定以和平糖厂为中心建立甜菜基地,使糖厂生产和甜菜生产结合起来,通过季节性生产中的变工,逐步实行亦工亦农的办法,把集体所有制的三个农业大队逐步过渡到全民所有制。

六、一九六〇年的规划

这个公社经过一年多的巩固和不断提高,已经深入人心,站稳了脚跟,走上更加健全发展的道路。根据市委的统一安排,他们已经制定了一九六〇年更大跃进的发展规划。其主要内容是:

在工业方面,除保证国营工业总产值比一九五九年翻一番外,社办工业总产值要求翻三番到五番,即由一九五九年的二千多万元增长到八千万元到一亿三千万元。广泛地开展以技术革新和技术革命为中心的增产节约运动,在全社大中小企业内实现二十个自动化车间、二百条生产自动线、二千台单机自动化。在全社范围内除实现"四合一"环形供电和环形供水外,还要建立全社共同使用的热电站和煤气站。社办的汽车修配厂在其他工厂的协助下,今年要为公社制造二百辆三轮卡车,实现社内短途运输三轮卡车化。扩建社办的电器、制锯、卫星轴承等工厂。完成氧气和耐火材料厂的基本建设。每个农业大队建立一个小型农具修配厂,并进一步发动群众,再建立起一批小工厂。

在农业方面,继续以菜肉生产为纲,本着自力更生为主的方针,大力发展养猪、种菜,并使农、林、牧、副、渔全面发展。农业总产值计划比一九五九年增长百分之五十四左右。增建温室十万平方米,做到长年生产,四季供应,每人每天合六斤菜。计划养猪十五万口,做到平均每人一口猪。大力发展甜菜生产,在两、三年内建好和平糖厂甜菜基地。进一步加速农村的机械化、电气化,使百分之七十的耕地实现水利化。

在城市建设方面,除市的投资外,依靠公社和工厂单位共同筹集的资金,计划将社内重要交通干线改成柏油路;分期、分批建筑楼房住宅六万至十万平方米和一万平方米的一座百货大楼。

在文教卫生方面,继续贯彻党的教育方针,大闹文化革命,进一步办好现有的各种学校,增设社办小学,把现在小学的二部制逐步改为一部制;建立香坊中心医院、业余的综合大学、文化宫等。此外,还要发动群众,继续大力举办社内工厂区和居民区的公共食堂、托幼组织和服务站,等等。

为了实现上述规划,在公社党委领导下,成立了生产协作委员会、科学技术委员会、文化教育委员会和经济生活委员会,并设有专职机构,进行各项工作的统一规划,加强大协作的领导,推动社内各项工作的全面大跃进。目前全社人民正在市委和公社党委的领导下,鼓足干劲,力争实现一九六○年的全面跃进规划。

从香坊这个城市人民公社一年来发展的情况和取得的成绩看,在大、中城市的工业区,在党的统一领导下,大、中工厂以适当形式参加公社,依靠广大职工及其家属,把城市人民充分组织起来,更好地贯彻党的总路线和各项方针政策;对调动全社范围内的一切积极力量,以大工厂为骨干,组织大、中、小企业之间、工业和农业之间的共产主义大协作；对生产、生活、教育等各项工作的全面迅速发展；对解决公社范围内的共同性的城市建设事业，都有很多好处。这样，就更便于按照工人阶级的思想和要求改造城市各个阶层的人；就为加速对旧城市的改造和社会主义新城市的建设创造了极为有利的条件。由于城市情况比农村复杂，由于一些大、中工厂企业都是全民所有制的经济，领导关系又有属于中央、属于省、市的不同，因此，在组织形式和厂社关系问题上，香坊人民公社根据省、市委的指示，对大、中工厂参加公社采取了"入而不归""体制不放"和实行"两本账"的办法。我们感到目前这种作法是符合既积极而又稳妥的原则的。实践证明，只要领导上对公社发展的方向明确，政策思想界限清楚，又注意正确地处理局部和全局的关系，就可以既发挥大、中工厂参加公社的上述好处，又可以避免所谓"揩油""沾光"和"依赖大厂"的现象。他们这样做的结果，不但密切了厂社关系，充分调动了广大职工及其家属的积极性，迅速地发展了生产、生活、教育等各项事业，而且使人们的精神面貌也发生了巨大的变化。群众充分组织起来了，集体观念加强了，人们把公社当成是自己的大家庭。"先整体、后局部，先集体、后个人"已逐渐成为人们做工作、看问题时自觉遵循的思想原则。全社的人们紧密地团结在一起，共同跃进，在工作上呈现出干劲十足、生气勃勃的新气象。

　　总之，我们感到，在一年多的时间里，这个城市人民公社已显示出巨大的生命力和无比的优越性。它为大、中城市的工业区建立人民公社提供了很宝贵的经验。可以预期，正如党的八届六中全会决议所指出的那样，它不但是工农商学兵相结合、政社合一的社会组织，而且随着进一步的提高和发展，必将更加成为改造旧城市、建设社会主义新城市的工具，并进一步发挥其作为生产、交换、分配和人民生活福利的统一组织者的作用。

全总城市人民公社组

一九六〇年二月二十二日

河南省委关于城市人民公社巩固和发展情况的报告[*]

（一九六〇年二月二十八日）

中央并报主席：

一

一九五八年八月间，在农村实现人民公社化的同时，我省各城市也都迅速实现了人民公社化。目前全省十四个市共有人民公社六十九个（不包括郊区公社），入社人数达到应入社人数的百分之九十以上。每社平均三万九千一百七十六人，最大者为十六万七千人。这些公社是以居住区域为主组织起来的，大体上可以分为三种类型：以街道居民为主的四十六个，以厂矿、企业职工家属为主的十九个，以机关干部和学校、教职员家属为主的四个。

以街道居民为主建立起来的公社，一般都在旧市区，它包括街道市民和住在这个区域内的机关、工厂、学校、商店等公共单位的家属。街道人民公社，由于原来底子薄，"一穷二白"，群众的干劲大，发展生产的要求迫切，一旦组织起来，就立即表现出集体生产的巨大力量，加上政府和国营工厂、企业、机关、学校的支持，生产发展得很快，成绩也特别显著。目前，街道人民公社的性质，是集体所有制，但是它比农村人民公社具有更大程度上的全民所有制性质，它和全民所有制的关系非常密切，百分之八十以上的原料，是由国家直接或间接

* 原件现存于湘潭市第二档案馆。

供应,绝大部分产品是商业性生产;可以根据国家和市场的需要进行生产,分配普遍采取了工资报酬的形式,并且受国家工资政策的约束。只是公社的积累未纳入国家积累计划,经营上是公社统一自负盈亏。

以国营厂矿、企业为中心建立起来的人民公社,是以一个或几个大的厂矿、企业的职工家属为中心,和周围的学校、商店的家属,街道居民,以及附近的农村建立起来的。这一类人民公社,是以全民所有制带集体所有制,以大厂带小厂,互相支援,发展也很快。国营厂矿、企业在原料、设备、资金、技术、房屋、干部等方面,对社办工厂给以大力支持;社办工厂利用大厂的下脚料、废料、废物,根据大厂的需要进行加工生产,协助大厂更好地完成生产任务,有一部分社办工厂很自然地形成了大厂的"卫星工厂"。以厂矿企业为主建立的人民公社,集体所有制的成分很小,可以说基本上属于全民所有制的性质。因为社办工厂的生产资料,几乎全部是全民所有制支援的,生产所需的原料大部分是从大厂来的和由国家统一分配的,产品又主要是为大厂加工,生产基本上纳入了国家计划,只是公社还是一个单独的经济核算单位,还是在公社的集体里进行分配。但是,公社的积累和分配,除了一部分用于再生产和扩大再生产外,其余绝大部分是为发展国营企业的职工福利事业服务的。

以机关、学校为中心建立的人民公社,一般是在机关、学校比较集中的地方,以干部、教职人员家属为主建立起来的。机关、学校建立公社后,使分散的职工家属生产、生活走向集体化,在机关、学校的扶持下,搞起来一些为职工生活服务性的生产和副食品生产,解决了家属的就业问题;使广大干部、教师、学生在公社内更有计划地参加体力劳动锻炼,使理论与实际相结合,使工作、学习与生产相结合;同时也有利于对资产阶级知识分子的思想改造。以机关、学校为中心建立的公社,和厂矿、企业类型的公社一样,集体所有制的成分很小,也可以说基本上属于全民所有制的性质。

一年多来,我们对于城市人民公社进行了一系列的整顿巩固工作。一九五九年春季,贯彻执行了毛主席的指示和中央两次郑州会议精神以及党的八届六中全会、七中全会的决议,进行了城市人民公社优越性的教育,实行了分级管理、分级核算、按劳分配、等价交换的原则,清算了账目,解决了管理体制,纠正了工作中的某些缺点,改进了干部的作风,整顿了社办工业和公共食堂等集体福利事业。九月以后,认真贯彻执行了党的八届八中全会的决议,开展了反右倾、鼓干劲、大搞增产节约的群众运动。社办工业和集体福利事业获得巨大的发展。城市人民公社已经走上了巩固健全发展的道路。据四个市的统计,公社共办工厂二千四百一十三个,一九五九年工业总产值达到了二亿零六百九十五万元,有公共积累一千九百一十四万元。随着生产发展的需要,共建立公共食堂三千三百五十五个,幼儿园、托儿所一千八百八十多个,敬老院一百零一个,医院、门诊部共一百四十九个,妇产院一百八十七个,红专学校五百六十一所,小学校二百一十一所,中学三十六所。不少公社发展了服务行业,建立了服务站,有的公社还实行了半公费医疗等。广大社员的收入普遍增加,一九五九年共发工资二千七百零八万元,生产工人平均月工资二十多元,生活有显著的改善,全省城市基本上消灭了救济户。广大社员精神面貌也发生了很大变化。一年多的实践充分证明,在城市建立人民公社是完全必要的,它是改造旧城市建设社会主义新城市的正确道路。

二

我省城市人民公社化的实现不是偶然的,它是一九五七年全民整风运动和一九五八年工农业生产大跃进的产物,是贯彻执行党的社会主义建设总路线的结果,是广大劳动群众的迫切要求。过去街道消费人口多,生产人口少,大多数居民生活贫困。解放以后,随着国营工业的恢复和发展,就业的人员日益增多,同时我们在城市的社会救济工作中,也发展了许多手工业生产合作组织。一九五八年大跃进中,在全党民办工业的高潮形势下,城市街道工业像雨后春笋一般,蓬蓬勃勃地发展起来。由于生产发展的需要,要求家务劳动社会化,因而出现了"社会主义大院""社会主义大家庭""家务劳动互助组"等组织形式,举办了一部分食堂、托儿所,这就是城市人民公社的雏形。当毛主席向全国人民指出"人民公社好"的方向以后,城市广大人民就立即响应了这个号召,迅速实现了人民公社化。通过这个组织形式,很快就把街道市民和职工家属组织起来,进一步挖掘了城市的生产潜力,群众自愿集资、兑料、腾房子,苦战三个月不要工资,举办了大批的工厂和集体福利事业,迅速地改变着城市的面貌。城市人民公社虽然只有一年多的历史,但是却充分显示了它无比的优越性和强大的生命力。

第一,城市人民公社化运动,对城市是一次全面的彻底的社会主义改造,进一步广泛地消灭了生产资料私有制的残余。城市实行"三大改造"之后,还有一些个体手工业者、小商小贩和房屋出租者没有得到改造,人民公社化的实现,彻底挖掉了生产资料私有制的根子,切断了他们发展资本主义的道路。人民公社的建立,把城市街道上的大量闲散的没有固定职业的劳动力组织起来,变成了集体的、工厂化的、固定的生产者,解决了过去城市中没有完全解决的就业问题(国营工厂吸收工人有年龄、文化、政治条件的限制,有不少劳动力,特别是妇女劳动力,还没有就业),使城市大量的消费者变成生产者,大大发展了生产力,这对改变城市的面貌,增强城市的建设力量,稳定市场,都具有深远的意义。人民公社的建立,改变了原来街道办事处的性质。它是既管生产、生活福利又管居民工作的政社合一的社会基层组织,是工农商学兵五位一体的组织。人民公社的建立,扩大了集体所有制,增加了全民所有制,使社会主义的全民所有制和集体所有制完全代替了复杂的各种经济成分。这样,就大大促进了社会生产力的高速度发展。

第二,人民公社化以后,大大地发挥了城市的潜力,促进了生产的大发展,推动了社会主义建设事业的全面大跃进。首先,解放了大批劳动力。据全省十四个市的统计,共解放出劳动力二十三万余人(妇女占百分之八十左右),其中输送到国营企业的六万多人,安排在社内搞工业、农业生产和生活福利的十七万人。这就出现了"街街巷巷搞生产,家家户户无闲人"的新局面。其二,贯彻执行了"六主"(以本身积累资金为主,以自有原料为主,以综合利用原材料为主,以现有技术为主,以自制设备为主,以小型化为主)、"四服务"(为国家建设服务,为农业生产服务,为人民生活服务,为出口服务)的方针,利用城市的各方面有利条件,挖掘物资潜力,开展综合利用,使生产迅速发展,产品品种大大增加。拿郑州市来说,社办工业产品一九五八年下半年为一百一十三种,一九五九年增加到七百一十九种。在七百一十九种产品当中,为国营工厂服务的一百五十二种,为城市建设服务的一百六十五种,为农业生产服务的七十九种,为城乡人民生活服务的三百二十六种。由于公社工业的发展,大大减少了国营工厂在生产中加工的困难,补充了国营工厂生产之不足,对大工厂生产有极大的好处。郑州市纺织机械厂,一九五九年八、九月间,生产中缺少锉刀,公社锉刀厂的工人大干二十六昼夜,生产了锉刀两万五千把,供应了大厂的需要。东太康路公社无线电器材厂从去年三月建厂到八月份,为国营无线电制造厂生产了纱包线四点五吨,和小变压器等多种零件。其三,由于大中小相结合,国营工业和社办工业相结合,机关、学校和社办工厂相结合,公社的技术力量生长得很快,大大提高了劳动生产率。郑州市红旗人民公社,一九五九年每个劳动力平均产值达到三千元,比一九五八年提高二十倍。同时,还充分挖掘了城市的技术潜力(开封市共挖掘出电工、钳工、锻工、塑料和美术工等五百二十四人),把旧城市原有的各种可以利用的技术力量,都利用起来为社会主义建设服务。

第三,随着生产的发展,普遍举办了公共食堂、幼儿园、托儿所等集体福利事业。把广大妇女从繁琐的家务劳动中解放出来,走上了彻底解放的道路,参加了生产劳动和社会活动,不仅使街道居民生活困难逐步得到了解决,而且大大减轻了干部、职工、教职人员的家务负担,使他们能够更好地集中精力进行工作、生产、学习,提高了工作、生产效率。

随着生产的发展,广大社员的收入增加了,生活改善了。据郑州市调查,一年来各公社共发工资三百五十余万元,社员平均工资,一九五八年九月为九点七元,一九五九年五月为十六元,十二月份达到二十一元。另据西太康路二百五十九户一千三百七十四人的调查,公社化前每人每月平均收入十三元,公社化后每人每月平均收入十六元,增长百分之二十。开封市人民公社一九五九年十个月发放工资二百八十万元,社直属工人平均月工资二十元左右,较一九五八年十二月份提高了百分之二十五以上。由于广大社员的收入增多,生活改善,一九五九年国家节省了社会救济费约一百万元,工会和劳动部门的劳保费结余了三分之二。

第四,由于生产的大发展和集体福利事业的大量举办,群众的集体主义思想和共产主义道德品质正在迅速地提高,人们的精神面貌发生了深刻的变化,改变了人与人之间的关系。打破了几千年来遗留下来的封建家长制,出现了民主团结的新家庭。在少数民族杂居地区,消除了旧社会遗留下来的民族隔阂,出现了民族关系空前团结的新气象,民事纠纷也大大减少了。随着生产的发展和群众政治思想觉悟的提高,出现了群众性的学文化、学技术的高潮,促进了文化教育事业的大发展。据郑州市的统计,现有中、小学校四百四十六所,较公社化前的四百二十七所增长百分之四点四,在校学生人数为十四万七千四百五十三人,较公社化前增长百分之十九,举办红专学校一百零六所,参加学习的二十九万六千二百五十二人,较公社化前增长百分之六十三,还举办了二百二十六个文化宫、俱乐部,二百二十六个图书馆(室),五个广播站,一个电影放映队。

第五,城市实现了公社化,更便利于党对资产阶级分子及其家属的团结教育改造。"三大改造"之后,对资本家实行了定息,安排在公私合营企业里进行改造,但是,对其家属的改造工作,基本上没有很好进行。当人民公社化高潮到来时,对他们的震动很大,他们的顾虑是:怕取消定息,怕降低薪金,怕得不到安排,怕参加体力劳动,怕入公共食堂,怕送孩子入托儿所,怕入社不能当社员等。但是,当广大劳动人民纷纷加入公社时,他们感到孤立,在形势促使下,他们也要求参加了公社,这就加速了他们由剥削寄生生活,改造成为自食其力的劳动者的进程。据全省六千零三十九户资本家的调查,公社化以前有劳动力八千三百二十九人,参加生产的占百分之五十八;公社化以后,参加劳动生产的已经上升为百分之九十。现在绝大部分定息和薪金收入较少的资本家的劳动收入,已经占了家庭总收入的主要部分。这些人的思想面貌随着公社生产、集体福利事业的发展,也发生了明显的变化。

第六,人民公社的建立,进一步巩固了人民民主专政。在公社化以前,城市街道居民是分散生产,分散生活,互不了解,敌人易于趁机潜伏,进行破坏活动,对于五类分子的改造也缺乏有组织的监督。公社化后,由于政社合一,公社统一组织生产和生活,出现了生产、生活集体化。这样,就有利于依靠广大群众,加强对敌斗争,改造五类分子,改变了过去那种单纯依靠专门机关和搞突击运动的做法,变成了有组织的群众性的经常性的工作。这样,就迫使五类分子在群众监督之下进行劳动改造,悔过自新。据郑州市统计,五类分子中一九五九年比一九五八年,守法的由百分之二十三上升为百分之三十三;基本守法的由百分之四十五点六六上升为百分之五十点七八;半守法的由百分之二十四点六五下降为百分之十二点二四;不守法的由百分之五点六下降为百分之二点九七。同时,公社化后,偷盗案件也大大减少了。郑州市,一九五八年上半年共发生偷盗案件二百八十九起,一九五九年上半年下降到一百四十一起,减少百分之五十一点三。愿意学好的人,是越来越多了。

公社化以后,实现了全民皆兵,劳武结合,在推动生产、保卫生产建设、维持社会治安等方面,都发挥了巨大作用。

三

城市,是一个政治、经济、文化都比较集中的有机体。社会主义的全民所有制已经成为主要形式,先进的工人阶级集中在城市,他们的组织性,纪律性,道德品质,对于各阶层都有很大影响,这是基本的方面。但是,城市的情况比农村复杂得多,资本家和资产阶级知识分子、民主党派成员多集中在城市,地、富、反、坏、右各类分子也比农村中的多;抚养人口多;流动人口多;各阶层的生活水平悬殊;除社会主义经济外,资本主义经济,还有属于个体所有制的小商小贩和其他独立劳动者。在实现了社会主义"三大改造"之后,城市阶级情况和经济情况发生了根本变化,但是,由于旧城市长期形成政治经济的复杂性,社会主义改造的遗留问题还很大。人民公社在城市出现之后,便负担了改造旧城市和建设社会主义新城市的任务,它是彻底实现社会主义改造任务的唯一正确的组织形式。因此,必须进一步巩固和发展城市人民公社,充分发挥公社工农商学兵相结合,政社合一的社会基层组织的优越性,高速度地发展生产,逐步提高社员生活水平,不断提高社员的政治思想觉悟,使它真正成为生产、交换、分配和人民生活福利的统一组织者。

(一)发展生产是办好城市人民公社的中心环节,是改造旧城市和建设社会主义新城市的物质基础。事实证明,哪个公社搞得好,哪个公社就显得生气勃勃,各项工作都获得飞快的发展,反之,公社的巩固发展工作,就遇上了许多困难。今后应该坚持贯彻执行以生产为中心、生产生活一齐抓的方针,充分利用城市发展生产的有利条件,大力搞好生产。最主要的有利条件是全民所有制的经济力量很雄厚,可以扶植和带动公社经济的发展,废物、废料、下脚料多,便于综合利用;生产门路比较多,技术潜力大,可以更多地发展商品生产。因此,社办工业生产,应该在全市统一规划、合理布局的前提下,在全民所有制的经济扶植下,坚决贯彻执行"六主""四服务"的方针,依靠群众,勤俭办社,因地制宜,因陋就简,大搞群众运动,以全民所有制带集体所有制,以大厂带小厂,大办小型工厂,多办综合性工厂,发展多面手,以适应原料供应不经常和小量原料加工的特点,组织综合性生产。并且要创办一些较大的骨干工厂,充分挖掘人力,互相支援,共同发展,以弥补大厂生产之不足。同时,要根据需要积极组织交通运输队和建筑队。广泛地与国营工厂、企业、机关、学校、基本建设单位、商业部门以及农村人民公社搞协作,通过多种方式直接间接地把产、供、销纳入国家计划。大闹技术革新和技术革命,逐步实现生产半机械化和机械化;开展比先进、学先进、赶先进和帮后进的运动,总结交流先进经验,提高操作技术水平;开展劳动竞赛,建立评比奖励制度;加强以作业计划为中心的企业管理,建立健全企业管理制度,以提高产品质量,增加产品的花色品种,降低原材料消耗,降低成本。公社的农业也应该充分地利用城市的有利条件尽快实现机械化、电气化、水利化,积极发展以蔬菜为主的农业生产和以养猪为首的家畜、家禽饲养业,建立商品生产基地。大搞服务性的生产,多设点、站,尽量做到便利群众。

(二)广阔地发展集体福利事业,彻底挖掘劳动潜力,保证生产大发展。现在我省城市中约有百分之四十左右的人还没有在公共食堂就餐,约有百分之六十左右的儿童还没有入托。我们必须根据城市特点进一步发展和提高集体福利事业。适当满足各种人的不同要求,食堂伙食标准和托儿所收费标准,应该有高有低,不必强求一致。不能脱离实际情况去追求高级和正规,既要普遍又要提高,在规模和形式上要多种多样,以便吸引不同需要的人就餐、入托。对于现有的食堂、托儿所等集体福利事业,要加强领导,积极办好。同时,要广泛宣传生活集体化的优越性,要积极扩大就餐和入托人数,有计划地增加一部分公共食堂等福利组织。工厂的福利事业,应该逐步走向社会化,在目前还没有经验的情况下,可采取重点试验或先交出一部分,由公社管理,仍为工厂服务,这样有利于把福利事业办好,更有利于集中力量管好工厂生产。要贯彻执行勤俭办福利事业的方针,加强服务人员的政治教育,不断地提高他们的政治觉悟,树立高度为人民服务的思想;公共食堂要进行炊具改革,逐步实现机械化半机械化,节约劳力,减轻炊事人员的劳动强度;加强管理,加强经济核算,建立健全制度,杜绝浪费。随着生产的发展,逐步降低食堂、托儿所的收费标准,先做到伙夫费、保育费由公社解决。逐步实行半公费医疗和公费医疗,对生活困难的社员,在生活、医疗及儿童入托等方面,应该给予适当补助或免费。社办工厂的生产工人的粮食供应标准太低,应该在原来市民的供应标准基础上每人每月增加五斤,不同工种之间可以适当加以调整。对住宅问题要在全市范围内进行统一规划,积极地有计划地改善城市居民的居住条件,分期分批逐步建筑一些新的厂房和住宅。对于旧有房产,应该逐步由市交给公社管理,以利于改造旧住宅组成新的居民点。在进行城市基本建设布局和设计工作时,应该考虑到人民公社化后的新特点。根据城市人民的需要,积极地有计划地举办文化教育和卫生事业,普及社办小学,巩固发展业余红专学校,增添卫生医疗设备等。随着生产的高度发展,在一个相当长的时间内,逐步地做到福利事业社会化、福利事业全部免费。

(三)做好分配工作,规定适当的积累与社员消费比例,正确处理国家、公社和社会之间的关系。积累与社员消费的比例,一般应该采取由公社统一领导,分级核算,统一盈亏;个别新建生产单位亦可分别计算盈亏,社员工资水平,在一个公社范围内,同工种、同技术水平的工人工资,应该逐步达到统一,但是一般不应该超过当地国营企业同工种工人的工资水平。工资形式应该以计时工资为主(固定工资加奖励,即:工资中百分之八十为工资,百分之二十为奖金),在生产、收入不固定的行业,也可采取计时工资制。积累的比例,应该是多收入多积累,少收入少积累。在积累部分中,用于扩大再生产的部分,一般不应该少于积累的百分之五十;用于集体福利事业部分,一般不应该少于积累的百分之二十至百分之三十;其他管理费应该占百分之五;厂留(奖励、机器的维修费等)占百分之五至百分之十;上缴区社联百分之十。以保证高速度地发展生产,并且逐步扩大社员集体福利事业。

(四)资产阶级及其家属参加了公社的集体生产和集体生活之后,开始体会到自食其力的好处,工作态度发生了变化,积极的更加积极了,不积极的也积极起来了。但是,他们中间还有不少人鄙视劳动,厌恶集体生产、集体生活,不愿意受公社组织的约束,有意模糊阶级界限。他们说:公社化,参加劳动,和劳动人民一样了,不需要改造了。有的参加公社和我们争夺领导权,造谣破坏,挑拨离间。甚至有的逃避改造,根本不参加公社生产。安阳市灯塔人民公社、洛阳市洛北人民公社,有资本家和小业主家属一千三百九十五人还没有参加公社生产,有的小企业还没有改造,有的进行黑市投机。因此,必须充分利用人民公社这一组织,加强对资产阶级分子及其家属的社会主义改造。在劳动生产中,对他们要有表扬有批评,又团结又斗争,促使其逐步改造成一个自食其力的劳动者。对现在还没有参加公社生产的,要通过劳动光荣、剥削耻辱的教育,利用积极分子召开各种会议,动员他们参加公社生产。可以用抓典型、树标兵的办法来加强对他们的改造。对资产阶级上层人士和年老的高级知识分子及其家属参加公社生产劳动和集体生活方面,要有所等待,允许他们有一定的自由,但是等待是为了改造。现在查出还有个别资本家是"三大改造"的漏网户,对这些人,查清阶级,是资本家的,一律戴上帽子。对漏网没有改造的小业主,必须组织他们参加公社生产。对进行黑市投机者必须坚决取缔。资本家要求入社当社员,应当允许,但是入社后不取消定息,不摘掉资本家帽子,不得担任领导职务。

对于散居在街道的地、富、反、坏、右五类分子,人民公社对他们进行清查登记,有计划地安排到各个生产单位,把他们置于公社组织和广大群众的监督之下,强制劳动改造,在经济上实行同工同酬,工资照发,在政治上只有劳动义务,没有社员权利,教育他们在生产中立功赎罪。这样,既可以利用他们的劳动和技术,又可以加强对他们的管理和改造。

（五）关于人民公社的形式、规模和管理体制问题。在城市中建立什么形式、多大规模的人民公社比较适合城市的特点,是一个比较复杂的问题。城市是集中统一的有机体,工厂、企业、机关、学校和市民,在生产、生活上自然形成了居民点,新建的大厂矿在它的周围也形成了一些新的居民点。因此,对于城市的生产、建设和人民生活,需要实行统一规划、统一管理。同时,为了便于领导,便于管理,便于彻底改造旧城市和建设新城市,还必须按照居住区域建立基层人民公社,在市的集中领导下,实行分级管理。根据这种情况,在二、三十万人口以上的城市,每个区里可以建立几个基层人民公社,区成立联社;十万人口左右的城市,可以以区为单位建立人民公社;基层人民公社下,可以设管理区。市一级不忙于成立人民公社。小城镇,可以一镇一社。基层公社规模不宜过大也不宜过小,过大了势必设置分社,增加领导层次,不便于管理和改造城市,规模过小又不容易发挥公社"一大二公"的优越性。因此,对于规模过大过小的公社,可以适当地加以调整。人民公社必须包括工农商学兵,才能更好地发挥它的优越性。当前有些公社因为缺商,已经影响了发展生产和全面安排人民生活。国家商业部门,要有计划地配置一些商业网、点,交由公社管理,以便更好地组织生产和生活,更有利于加强市场管理,取缔黑市。城市人民公社,应当吸收在公社附近的几个农业生产队入社,这样既可以很好地发展副食品生产,解决对社员副食品的供应问题,也可以大大减轻对市场供应的压力。城市人民公社的全民所有制成分大,主要是商品生产,分配上是工资形式,它与农村人民公社不同,因此,在体制上,应该实行公社所有制;郊区人民公社,目前仍应实行三级管理,以生产大队为基本核算单位。城市人民公社,必须实行政社合一,街道办事处和居民委员会应该撤销,其工作移交公社办理,原居民委员会干部的津贴和办公费,由公社统一使用,本着节约的原则,可以适当增加干部编制,不足部分,由公社积累中解决。必须建立健全公社的组织机构,建立健全社员代表大会制度,配备坚强的领导骨干。各市委要有一个书记和一、两个常委,负责城市人民公社工作;要设立管理城市人民公社的机构,以加强党委对人民公社的领导。

(六)城市人民公社化后,对全面彻底地完成社会主义改造,造成了极为有利的形势,但是,要彻底完成社会主义改造这个任务,进一步巩固发展人民公社,还是相当艰巨的。这是因为公社化后,两个阶级、两条道路的斗争,还是相当复杂的、曲折的。因此,必须坚持贯彻执行党的阶级路线,以工人阶级为领导,依靠工人阶级和劳动人民,团结资产阶级中的进步分子,把公社领导权稳稳地掌握在劳动人民的手里,不断地进行这条道路的斗争,不断地巩固提高人民公社。

在今年上半年,各市应该拿出两、三个月时间,对城市人民公社认真地进行一次整顿巩固提高工作,在整社中应该以社会主义和共产主义教育为纲。从总结城市人民公社化以来的成绩和经验入手,大张旗鼓地宣传城市人民公社的优越性,广泛深入地开展社会主义和共产主义教育运动,彻底批判鄙视劳动、剥削寄生、自由散漫等资产阶级思想,树立劳动光荣、集体主义和热爱公社、热爱国家、热爱劳动的新风尚。在提高觉悟的基础上,适当调整公社的规模,整顿发展公社的生产和集体福利事业。同时,要整顿公社组织,纯洁干部队伍,总结办社经验,提高领导水平,改进干部作风。建立健全党团组织,大力进行建党工作,充分发挥党的基层组织的领导作用。通过整社使城市人民公社得到进一步巩固和提高。

以上报告是否妥当,请指示。

中共河南省委

一九六〇年二月二十八日

各地城市人民公社试办的情况[*]

（一九六○年二月）

据各地妇联及有关部门的材料看，从 1958 年下半年开始，河北、河南、黑龙江、吉林、辽宁、山西、四川、江西、山东、湖南、北京、武汉、宁波、呼和浩特等省市都试办了城市人民公社，其中河南、河北、黑龙江三省试办得比较普遍。河南省各城市、黑龙江所属大小城镇，还有沈阳、石家庄、景德镇等市已经基本上实现了人民公社化。河北省入社人数占城市人口总数的四分之一，黑龙江省的八个大中城市入社人数，占这些城市人口的一半以上。这些城市建立起的人民公社，对发展生产，改造城市、改善人民生活等方面，都显示了极大的优越性。但是各地有关党委认为，城市人民公社目前还在试办阶段，对城市人民公社的组织形式，对象、性质及领导关系等问题究竟怎样为好，还需要进一步研究。

一、城市人民公社的类型、规模和管理体制问题

目前城市人民公社大体有四种类型：

（一）一市一社。如黑龙江省的鹤岗、双鸭市，这些城市的人口绝大多数都是煤矿职工和其家属，人口总数较少。

---

* 原件现存于福建省档案馆。

（二）以区为单位包括所在地的工厂商店，并划入一部分农村组成（石家庄市）。

（三）以一个大厂、企业或学校为主，吸收本单位家属及附近居民和部分农民组成。如哈尔滨和郑州市铁路人民公社。

（四）以街道居民为主，大体在一个或几个办事处辖区建立一个公社。有的也吸收一部分小工厂和农民。如沈阳、北京、天津及郑州部分公社。

城市人民公社的规模，大的有 20 万人，小的一万多人，一般的约四、五万人左右。

在管理体制上大都是政社合一的，一般都是三级所有制，三级管理三级核算。郑州市的公社上面有区联社，下有分社（或农业生产队）；石家庄市的公社上面没有区联社，即公社、分社、农业生产队三级，公社所有制是基本的。黑龙江省的公社，一般分两级，公社下面分三个管理单位，即：城市管理区、农业管理区、公社直属企业和文教单位。沈阳市也是公社和分区（综合厂）两级。

对以上各种类型的城市人民公社，各地都有不同体会和看法：黑龙江省委认为：城市人民公社应以大的工矿、企业为主建立，因这些工矿、企业是城市人民经济的主体和骨干，这样建社便于围绕大厂生产统一调配劳动力，也便于组织工农业间直接互相支援，使国营大厂和公社的关系由过去外部协商变成社内统一领导下的密切协作。

沈阳市委认为：以城市街道居民为主建立公社较恰当。既能保持原有政权体系，又便于密切联系群众，也便于更好地贯彻自力更生因陋就简，从小到大地组织群众生产的方针。以厂矿企业为主建立公社有以下问题：1. 社办工业只能为国营工厂服务，不利于社办工业三服务（为工业生产服务、为农业生产服务、为城市居民生活服务）方针的贯彻。2. 社办工业容易产生依赖国营工厂企业的思想，有损于全民所有制。3. 国营工厂是全民所有制，社办工业是集体所有制，两种所有制不宜混在一起。关于相互支援问题，市委认为协作可以解决。4. 容易分散国营工厂的领导力量。

哈尔滨市委还认为城市是一个统一的整体，以一市建一社或建立市联社较好。

二、城市人民公社的组织
对象和领导关系问题

目前有两种意见：

第一种意见是：工矿、企业、机关、学校的所有成员都要入社，这样会使公社更好地统一安排他们的生活，但这种社员和街道居民社员不同，不能按居民社员要求，只能实事求是地规定其权利和义务，他们的生产、学习、福利待遇、文娱活动仍由工厂负责。在领导关系上一般是国营工矿企业中的党组织接受市委和公社党委的双重领导，但具体做法上有所不同：哈尔滨是大厂党委书记、厂长兼任公社党委书记和社长。石家庄是从各大厂抽调一名党委委员脱产参加公社党委工作，有的是由大厂和街道合组一个公社党委。

此外，关于厂矿、企业、机关、学校成员在哪里入社问题。黑龙江省也有两种做法：一种是按户口入社，户口在哪里即在哪里入社；一种是按工作所在地区入社，究竟哪种做法较好，尚须进一步研究。

第二种意见是：工矿、企业、机关、学校的成员都已按社会主义原则高度地组织起来，他们的工作、生产、学习、生活主要由机关、企业、学校负责，就不需要再加入公社了，公社主要对象应是原街道居民和职工家属。在领导关系上，以原市属区为单位建立的公社，大体上以原区委和区人民委员会为基础组成公社党委和公社管理委员会；以原街道为单位建立的公社，实行公社和街道办事处、派出所合而为一的办法。河北、河南、沈阳市大体都属于这一种。

三、关于城市人民公社的性质问题

黑龙江省委提出城市人民公社的性质，肯定是全民所有制，或者基本上是全民所有制。根据是：（一）多数公社是以全民所有制的大企业为核心和骨干；（二）社办街办工业都执行国家计划上缴利润，产品由商业部包销，部分材料由国家供给;(三)资金来源群众集资只占很少部分,这种集资不是入股,等于借钱办工厂,生产发展后有的已经偿还,因而社员也不按股分红,完全是实行工资制,有的生产单位国家还有部分投资。

石家庄市委也认为基本上是全民所有制性质,但为便于发挥群众的积极性,避免他们依赖国家,减少国家投资,并为使福利待遇逐步提高目前以集体所有制为宜。

沈阳市委认为:街道公社是社会主义的集体所有制,但带有若干全民所有制成分。因为:(一)社办的一切企业、事业是由群众集资或白手起家兴办的,即使有部分国营工厂曾支援社办企业一些工具设备,但是帮助性质,不是国家投资,并采取了折价记账,逐步偿还的办法。(二)社办工业产品绝大部分由国家收购包销,但不能直接调拨。全民所有制成分是:政社合一所管的部分如储蓄所、卫生所等,还有社兴办的超过一社范围面向全民的市政建设、文化福利事业等。

四、关于集体生活福利事业的
统一领导问题

目前也有两种意见:一是认为今后公社福利事业随着生产的发展,应当面向全社会,准备接替国家举办的许多福利事业,准备替机关企业办家务,使国家和机关企业领导上集中力量搞好更大的事情(石家庄市、沈阳市);另一种意见是机关企业的福利事业由本单位的行政领导统一管理,便于直接为生产服务;同时各机关企业和社办生产单位的积累福利情况不同,目前还不便拉平。作为今后发展方向是可以的。

五、城市公社的妇女组织形式问题

有如下几种情况:(一)设立公社妇联:有北京、辽宁省辖各城市、哈尔滨、呼和浩特、景德镇、焦作等市,社妇联下具体组织情况又有不同:第一种是公社妇联由生产单位、生活福利单位、居民片（原居委会）分别产生妇女代表，由妇女代表大会产生公社妇联委员会。下面以厂为单位组成妇女工作委员会（北京、哈尔滨等城市）。第二种是吸收生产单位、生活单位以及居民片各单位的妇女负责人组成公社妇女委员会（天津、北京、石家庄、呼和浩特市）。

（二）成立公社妇代会，在分社、工厂设妇女代表小组，在百人以下的厂，只设妇女代表进行妇女工作（郑州）。

（三）在公社内成立妇女工作委员会或设妇女部，由民办工业、商业、生活福利单位，居民中的妇女委员，组成妇女工作委员会。

此外，石家庄市委和北京有些区委要求妇联在社办街办工厂中起到工会的作用。

一九六〇年二月

有关城市人民公社的概况[*]

（一九六○年四月二日）

中央：

　　为了研究城市人民公社的问题，遵照中央指示，最近我们在各省、市、自治区党委的支持下，对于城市和有关城市人民公社的若干基本情况作了一次调查，并会同公安部、内务部、全国妇联、国家统计局、工商管理局、新华社等有关部门进行了研究整理，特报中央参考。

一、城市的若干基本情况

　　到一九五九年底全国共有设市制的城市一百八十四个，其中市区和近郊区人口在一百万以上的十五个，五十万至一百万的十七个，三十万至五十万的三十三个，三十万以下的一百一十九个。这一百八十四个市共有人口七千三百万。这次我们调查了二十五个省、市、自治区（缺新疆、云南）的一百六十八个市，共有人口六千七百一十二点八万。其中：全民所有制企业、事业及机关的职工二千二百七十多万，合作化企业、事业人员一百七十七点六万，社办和街办生产、福利和服务事业的从业人员二百七十四点六万，大、中、小学在校学生一千二百八十四点八万，七岁以下的儿童一千四百六十五点七万。在这些城市中，据不完全的统计，有独立劳动者六十五点五万；小业主三十八点七万；资本家二十五点五万；五类分子三十七点八万（缺上海、青海等）。这些人大

---

　　*　原件现存于湘潭市第二档案馆。

部分已参加了劳动。

二、城市人民公社的概况

一九五八年大跃进以来,全国各省、市、自治区,都先后试办了城市人民公社。据三月末统计,上述二十五个省、市、自治区已建立五百九十八个城市人民公社,公社人口达一千八百八十九点九万,占被调查的一百六十八个城市人口总数六千七百一十二点八万的百分之二十八点二。有些省、市比较普遍地以公社形式组织了城市人民的生产和生活。如河南各市公社人口占城市总人口的百分之十以上,河北占百分之五十,黑龙江占百分之九十八。其他城市也用街道(里弄)委员会等形式,组织城市人民的生产和生活,这实际上也是街道公社的形式。参加街道生产和集体福利事业的人员有一百六十四点八万。

各地城市人民公社的组织形式,基本上有三种类型:以大型国营厂矿为中心,以机关、学校为中心,以街道居民为主体组织起来的。已建立的五百九十八个城市人民公社中,以大型厂矿为中心建立的一百四十一个,占百分之二十三点六;以机关、学校为中心建立的三十四个,占百分之五点七;以街道居民为主体建立的四百二十三个,占百分之七十点七。

上述城市人民公社和街道组织,已组织二百七十四点六万城市居民参加了社办和街办的生产、生活、文化、福利等事业单位的工作。

上述各城市共办有公社工业和街道工业单位五万六千四百八十八个;从业人员一百八十九点七万人,相当于全国国营、地方国营工业职工二千零六点八万人的百分之九点五。

城市人民公社工业和街道工业已成为我国工业战线上一支重要新生力量。公社和街道工业一九五九年的总产值共为三十六点七亿元,相当于一九四九年全国地方国营工业总产值八点六亿元的四倍多;一九五九年的纯利润共为三点三亿元。城市人民公社工业和街道工业在一九五九年大跃进的基础上,今年又有了更大的发展。根据上述二十五个省、市、自治区初步统计,公社和街道工业一九六〇年一、二月份实际完成的产值是十五点二亿元,一九六〇年全年计划产值预计为一百六十七亿元,比一九五九年实际产值三十六点七亿元增长四倍半。

这些公社工业和街道工业生产了许多种产品。每个大中城市一般都在一千种左右到二千种左右。其中有为国营厂矿服务的(包括加工配件),有为城市建设服务的,有为农业生产服务的,有为城乡人民生活服务的。

城市人民公社和街道组织在大抓生产的同时,大力举办了公共食堂和公共福利事业,全面地组织城市人民经济生活。公社和街道举办了食堂五万零三百一十一个,占上述城市全部食堂(不包括商业部门的营业食堂)总数十三万一千二百三十四个的百分之三十八点三,就餐人数五百二十二万,占城市全部食堂就餐人数二千三百五十六点六万的百分之二十二点一五,占城市人口的百分之七点八。例如重庆、哈尔滨、天津、郑州、石家庄等城市参加食堂人数(包括机关、学校、企业食堂)已占市区人口的百分之五十左右。公社和街道举办的托儿所、幼儿园共有四万二千八百九十一个,占上述城市全部托儿所、幼儿园总数六万六千二百二十二个的百分之六十四点八,入托儿童一百二十四万,占上述城市全部托儿所、幼儿园入托儿童总数二百六十二万的百分之四十七点三,占上述城市七岁以下儿童一千四百六十五点七万的百分之八点五。公社和街道还举办了服务站六万六千零七十一个,工作人员四十四万零三百三十六人。服务项目一般都有上百种之多,主要是缝洗拆补、代购物品、打水做饭、接送儿童、清洁卫生等等。服务方式灵活方便,极受群众欢迎。

从一九五八年大跃进以来,上述城市共解放了劳动力和半劳动力六百二十七点五万(妇女占百分之八十以上),占城市闲散劳动力八百六十四万的百分之七十二点六三。其中:输送到国营企业、事业的三百四十点五万,参加社办和街办生产、事业单位的二百六十五万,其他方面二十二万。尚有百分之二十七点三七的人没有参加劳动,其中除孩子多、身体弱的职工家属及劳动妇女外,还有一部分资本家家属和思想有顾虑而不愿参加劳动的人。

公社和街道的生产单位和事业单位从业人员的劳动报酬,都是工资制。工资形式目前尚不尽统一。有计时工资和计件工资等。工资水平一般都低于地方国营企业。多数城市月平均工资二十五元左右。黑龙江较高,月平均工资四十点七元;湖南省较低,月平均工资十五元。

随着生产的发展,城市居民参加劳动后,收入有很大增加。据几个城市的典型调查,北京、天津、沈阳、哈尔滨、郑州等市,平均每户收入增加百分之二十至百分之三十五。例如哈尔滨香坊公社安埠街八千三百三十户一万九千二百零一人的调查,建社以前每人每月平均收入十一点六六元,现在达到十四点九元,增加了百分之二十六点八。

关于县镇的情况,待调查完毕后再报。

全国总工会党组

一九六〇年四月二日

有关城市人民公社情况统计表*

（一九六〇年四月二日）

表一　按市区和近郊区常住人口分组的城市情况

	总数	按城市常住人口分组的城市数			
		100 万人以上	50 万—100 万人	30 万—50 万人	30 万人以下
城市数	184	15	17	33	119
比重	100	8.15	9.24	17.93	64.68

表二　城市居民情况　　　　　　　　　　　单位:万人

	168 个城市常住人口	其中						在城市居民中包括的			
		全民所有制企业、事业及机关的职工人数	合作化组织的人员数	社办及街办生产、事业单位的从业人员数	大、中、小学校在校学生数	7岁以下儿童数	16岁至60岁具有劳动能力尚未参加劳动的人数	其它人员	独立劳动者	小业主人数	资本家人数	五类分子数
总数	6712.8	2269.9	177.6	274.6	1284.8	1465.7	236.5	907.1	65.5	38.7	25.5	37.8
占城市人口%	100	33.81	2.65	4.09	19.14	21.83	3.52	13.51	0.98	0.58	0.38	

注:"其它人员"中包括60岁以上未参加劳动的老年人(大约占城市总人口的5%);丧失劳动能力的(大约90多万人);近郊区农业劳动力;少数7岁至16岁未入学儿童,等等。

---

*　原件现存于湘潭市第二档案馆。

表三　城市人民公社组织概况　　　　　　　　　　　　单位:万人

被调查的城市总数	已建立有城市人民公社的		城市常住人口	以公社组织起来的									参加街道组织的生产、集体福利事业、服务业的人员数
				公社总数	公社人口数	占城市人口的%	其　中						
							以工矿企业为中心的		以机关、学校为中心的		以街道为主的		
	城市数	占城市总数的%					公社数	公社人口数	公社数	公社人口数	公社数	公社人口数	
168	113	67.27	6,712.8	598	1,889.9	28.15	141	608.3	34	41.5	423	1197	164.8

表四　城市解放劳动力的情况　　　　　　　　　　　　单位:万人

	1958 年以前 16 岁至 60 岁具有劳动能力尚未参加社会劳动的人数	1958 年以来解放的劳动力			
		总　数	输送到国营企业、事业及机关的	参加社办、街办生产、事业单位的	其　它
总数	864	627.5	340.5	265	22
占总数的%	100	72.63	39.41	30.67	2.55

表五　社办及街办工业的情况

工业生产单位数	从业人员数	总产值(万元)			纯利润(万元)		1959 年工资总额(万元)
		1959 年实际	1960 年计划	1960 年 1—2 月实际完成	1959 年实际	1960 年计划	
56488	1896810	367018	1674400.7	152062.5	33056.74	94555.7	41340.8

表六　社办及街办集体福利、服务事业的单位和人员数

	食　堂	托、幼组织	服务站	敬老院	合　计
单位数	50311	42891	66017	525	—
工作人员数	130028	124012	440336	953	695329

表七 城市食堂概况　　　　　　　　　单位:人数万人

城市常住人口	食　堂						
	个　数			就　餐　人　数			
总　数	总计	其中:社办、街办的		总计	占城市人口的%	其中:在社办、街办食堂就餐的	
		个数	占总计的%			人数	占总计的%
6712.8	131234	50311	38.34	2356.6	35.11	522	22.15

表八 城市托、幼组织概况　　　　　　　　　单位:人数万人

城市常住人口数		托　幼　组　织						
		个　数			入托儿童数			
总数	其中:7岁以下儿童数	总计	其中:社办、街办的		总计	占7岁以下儿童数的%	其中:在社办、街办托幼组织入托的	
			个数	占总计的%			人数	占总计的%
6712.8	1465.7	66222	42891	64.77	262	17.88	124	47.33

注:(一)新疆维吾尔自治区由于地域辽阔,短时间统计不上来,云南省由于报来的统计资料不完全,故未列入。

(二)本统计资料由于有的省设市制的城市数目最近有些变动,有些地区对统计口径的理解尚不尽一致,故虽经反复核对,但某些数字和中央有关部门掌握的统计数字还稍有出入。

中共中央办公厅机要室

一九六〇年四月十二日

吴芝圃同志在中南区城市人民公社现场会议上的报告*

（一九六〇年四月二日）

  昨天郑州市的两位同志已经介绍了两个城市人民公社的情况。对于城市人民公社，我的知识不多，理性知识谈不到，感性知识也很缺乏。今天叫我介绍城市人民公社的情况和经验，实在有点勉强。我们虽然也办了一年多的城市人民公社，但是没有用过艰苦的功夫总结经验。河南省委关于城市人民公社巩固和发展情况向中央的报告，只能算是初步的、粗线条式的总结。省委起草的城市人民公社若干问题的规定，写得也很简单。我看了会议上印发的几个文件，武汉市的经验是比较成熟的。现在，我根据河南省的几个文件，作几点补充说明。

  河南城市人民公社建立的比较早，比较快。一九五八年八月间，在农村建立人民公社的同时，城市也建立了人民公社。河南城市人民公社也很普遍，所有城市都实现了人民公社化，而且城市中的各个部门（包括国家机关、群众团体、学校等等）也都参加了人民公社。

  最近中央天津会议决定大办城市人民公社。李富春同志在第二届全国人民代表大会第二次会议上"关于一九六〇年国民经济计划草案的报告"中说："现在，全国各城市正在大办人民公社，大办街道工业，大办郊区农业，大办公共福利事业，大办公共食堂，广泛地组织居民的经济生活，把城市人民进一步地组织起来，并且使成千上万的城市家庭妇女从家务劳动中解放出来，参加社会劳动。这一切，不仅有利于生产建设的发展，而且有利于城市社会生活的彻

---

  * 原件现存于湘潭市第二档案馆。吴芝圃，时任中共河南省委第一书记。

底改造。"这就把城市人民公社肯定了,向全国人民和全世界人民宣告,我们要大办城市人民公社。

从一年多的实践经验里面,也证明了建立城市人民公社的正确性和重要性,以及它的伟大的历史意义。回忆一下河南省的情况,城市人民公社的出现决不是偶然的,它是社会主义革命的伟大胜利,以及由社会主义革命所引起的社会主义建设高潮的直接结果。同时,它也是社会主义革命更进一步的发展,促进了社会主义建设更进一步的高涨。

各地城市出现人民公社,也有具体的原因。河南的城市有两种情况:第一,旧的中、小城市。像开封只有三十万人口,解放以前只有一家铜元局和一个很小的面粉厂,现代化的工业根本没有。郑州市过去只有一家纱厂,另外有一个小面粉厂。洛阳是九朝都会,但是人口很少,解放以前什么工业也没有。新乡、安阳这些城市,仅仅有一些手工业和轻工业。这些旧城市解放几年以后,被救济户还很多。第二,解放以后建设的新城市和新矿区,如郑州市、洛阳市大部分是新建的,现代工业完全是解放以后建立起来的,三门峡也是新建的;矿区如平顶山、鹤壁等,都是新建的。新建城市都有现代化的工业,但现代化的工业是突然产生的,别的方面配合不上,没有为它服务的工业,它需要的一些零件、配件要跑到东北、上海。河南就是这两种城市,其余县城小镇,更没有什么工业,完全是农业和手工业。像开封、郑州、洛阳、新乡、安阳这些城市的老城区,原来是"一穷二白"。广大人民群众,尤其是工人和贫民,迫切要求改变贫穷和落后的面貌。在社会主义改革取得决定性的胜利以后,特别是毛主席提出解放思想,破除迷信,敢想、敢说、敢做的伟大号召以后,这些旧城区的生产高潮就立即出现了,组织起来的要求就更加迫切了。原来这些地方的生产组织,是搞生产救济组织起来的,比如生产合作组等。到一九五八年搞大跃进的时候,党提出全民办工业的号召以后,旧城区发展很快,变化很大,很多社办工业都是由很少几个人,白手起家搞起来的。这类典型事例很多,开封市顺河区清平跃进人民公社就是许许多多例子中的一个。

这个公社有个化学工艺厂,开头是由三个救济户组织起来的。这三个救济户的成分,是两个贫苦户,一个军属。在一九五八年三月间,这三户组织一个化工小组,资金是二百元的救济款,厂房只有两间小房。这三户有人懂得一点化工,从家里拿来了小锤,在三个木墩上砸卫生丸。在洗脸盆里熬雪花膏,日产值最初不到二十元。公社建立以后,就以这个化工小组为基础,建立了一个化学工艺厂,很快扩大为七十个人。到一九五九年九月间,仅仅过了一年多的时间,日产值就由二十元提高到二千七百三十一元,产品由一种增加到二十四种,主要产品复写纸日产一百到二百盒,劳动生产率每人每月平均一千三百二十四元。到去年十二月底,日产值提高到一万四千元,主要产品复写纸由日产量二百盒提高到九百盒,每人每月劳动生产率提高到五千零四十七元。接着他们搞了技术革命,发展得更快。这个厂现在已有九十七个工人,拥有四十二间厂房和四个车间。有了半自动化的复写纸机,还有搅拌机、球磨机、电动缝纫机,这样就大大减轻了工人的体力劳动。他们还搞了一个土硫酸塔。现在日产值达到了一万五千元,一年多的时间,比原来日产值二十元提高了七百五十倍。如果原料充足,日产值可以达到五万元,每月可以达到一百五十万元。现在可以生产复写纸、硫酸、活性炭、高级盐酸等三十八种产品。九十七个工人中,并不都是整劳动力,有七十多岁的老大爷和老大娘,有十几岁的小姑娘,厂长是个二十一岁的青年妇女。虽然老少不齐,可是干劲冲天,有雄心大志。这个厂已经由手工业达到了半自动化、自动化,他们说:"小厂自动化,鸡毛飞上天"。

这有一个令人兴奋的例子。如新乡市有一个猪毛猪鬃加工厂。这个活很脏,过去是没有人干的,最初由几家贫苦人干起来了。开始组织了一个生产小组,后来有些组员嫌这个活太脏,不干了,四邻八家对这个事情也不高兴。他们发奋图强,要搞机器,试验十几次没有成功,人家讥笑他们,可是他们苦战几天几夜搞起来了,实现了半机械化,并且设法消除了猪毛、猪鬃的臭气,搞得很清洁,生产效率大大提高。后来他们又想办法把猪毛上的绒刷下来,刷猪鬃、猪毛的水又搞了综合利用,制造了几种产品。现在,这个厂已经有一、二百工人,并且走向了半机械化、机械化。

由于街道上有社会主义觉悟的工人、贫民要改变他们生产、生活的面貌,就迫切要求组织起来,光组织小组不行,迫切要求组织人民公社,不但要求生产有组织,而且要求生活有组织。不论郑州、洛阳,不论平顶山、焦作煤矿,在一九五八年大跃进以后,材料都很紧张,到别的地方订货又订不来,自己又不能生产,这就迫切需要和本地的小厂子结合起来解决问题,于是就由大厂带小厂,小厂利用大厂的下脚料、废料、房子、破机器,搞一些卫星工厂,为大厂服务。所以,新的城市,新的工厂、矿区周围,民办工业搞起来了,人民公社建立起来了,人民公社建立起来以后,促进了生产力的大发展,生产力的发展,又迫切需要更进一步地改变生产关系,因此,人民公社不断扩大,各种福利事业不断发展。看来,技术革新和技术革命的高潮一来,最近几个月城市又要发生较大的变化。人民公社的规模各方面的关系,很自然地又要进一步的调整和发展。

下面我准备讲五个问题:

一、城市人民公社建立一年多来,在思想上解决了一些什么问题? 打破了一些什么疑虑? 树立了一些什么观念?

(一)机关、学校需要不需要建立人民公社的问题解决了。最初,有些同志对这件事情是有怀疑的。他们说,机关、学校已经是高度组织化的机构了。这个组织还不严密吗? 建立人民公社还有什么意义呢? 人民公社办起来以后,从事实上把这个疑虑打破了。例如郑州市七一人民公社,是以省直机关职工和家属为主,吸收附近农村的农民组织起来的。这个公社有六万二千二百八十六人,其中国家机关干部、学生就有三万八千九百四十一人,占总人口的百分之六十二点五;家属有二万零八百八十四人,占百分之三十三点六;农民有二千五百四十二人,占百分之三点九。建立人民公社不但对家属在经济上有很大好处,使家属就了业,而且对家属是一个很深刻的社会主义改造。这个公社建立起来以后,共办了八十三个工厂,生产四十多种产品,参加社办工厂的职工家属有一千六百八十八人。仅一年多的时间,生产总产值就达到了三百五十五万二千四百零七元。社办工厂纯积累就有二十六万六千元,共发放工资二十五万二千多元。水利厅分社有二百一十户家属,由于参加了公社的生产,去年每户每月平均工资达到十九元。黄委会分社家属,到去年十月以后,工资平均提高到二十八元多。除此以外,直属机关还动员千把人参加了大工厂。对干部有什么好处呢? 干部参加义务劳动,挖河、兴修水利,锻炼和增强了劳动观念,而且搞了很多副业,如养猪、种菜等。对学生的锻炼更大。学校的大学教授和他们的家属,以及全体职工、学生,都搞生产,作用很大。在生活方面集体化了、托儿所、幼儿园普遍建立起来了。在过去，我们的机关是互不往来，互不了解的，人民公社建立以后，大家互相了解，互相帮助，起了移风易俗的作用。学校办人民公社最早的是新乡师范学院，他们办了很多小工厂，研究尖端科学，学校家属和学生劳动情绪很高。

一年多来的实践经验证明，机关、学校建立人民公社，组织干部、学生、家属参加人民公社，参加集体劳动，参加公共食堂，参加社会活动，不仅对生产上有很大的作用，而主要是改造了机关干部的思想，培养了共产主义道德，学校进一步贯彻了劳动与教育相结合的方针，造就了既能作体力劳动又有科学知识的干部，为培养适合于社会主义和共产主义的新人打下了基础。这个意义是万金难买的。

（二）大厂矿需要不需要建立人民公社的问题解决了。这有很多例子可以说明。洛阳拖拉机厂是规模很大的现代化工厂，在一九五八年没有大量生产的时候，在大跃进当中，他们也大炼钢铁，他们感觉到必须有卫星厂，必须办为它服务的工业。拖拉机厂原来办了二十六个小工厂，后来合并为目前的四个综合性的社办工厂，有机械加工厂（包括木工厂、车辆修配厂、纸垫厂、小五金工厂、玻璃加工厂等）、被服洗染厂（包括被服厂、洗染厂、鞋袜厂、弹花厂）、废品加工厂（包括轮胎修配厂、废品加工厂、轧面厂、豆腐豆芽厂等）、纸浆工厂，现在有职工五百六十人，产品由十一种发展到目前的一百三十余种。这些工厂在为大工厂生产服务方面，进行了很多工作。全社十六个社办工厂（未合并前）的调查，直接为拖拉机厂服务的就有九个，占工厂总数的百分之五十多；工人有三百二十一人，占工人总数的百分之五十七点三二。产品有九十多种，直接为拖拉机厂生产服务的，有各种型号的纸垫子和玻璃、电线、纸浆液等。办社一年多来，在主要产品方面，为拖拉机厂生产纸垫三十三万九千一百九十三件，架子车八百一十辆，工作服二万七千六百零八套。因此，我们说：大工厂迫切需要为它服务的小工业，办人民公社，办卫星工厂，对它有直接的作用。不仅如此，而且还需要很多在生活上的服务行业，不但需要生活上的服务行业，而且需要副食品。这就是说，不但需要工，而且需要商，不但需要商，而且需要农。到洛阳市就有这样一种感觉，光有几个大工厂是不行的，这只是形成工业城市的一条腿，必须有许多中、小工厂，必须有很多服务事业，也必须有农村和它结合,这样才能形成一个整体,才算大、中、小结合,才能顺利地完成生产任务,才能搞大跃进,真正贯彻执行总路线。比如矿区,焦作煤矿有个中站人民公社,去年焦作煤矿生产任务完成得很好,超产很多,主要是由于得到了公社的帮助,公社动员了很多劳动力,生产很多工具。

但是,过去对这方面认识还不完全够。下的决心还小,没有给它组织更多的卫星工厂,更多的服务事业,更大一点的农村。

从以上两点,我们就体会到社会主义革命的问题。机关、学校、大型厂矿,虽然在生产上、业务上是大规模的集体,但在生活上是分散的,资本主义的残余很多。机关、学校、大型厂矿、干部、职工收入比较多,家属生活比较富裕,这些地方就成了不劳而食,养尊处优的人的寄生所,旧社会的残余在这里还魂。这样,不但影响劳动力不能彻底解放,而且主要是影响思想意识和道德品质的提高。因此,我们就体会一个道理,社会主义革命除了在生产技术上以及所有制方面进行改革,要求生产集体化、社会化,也必须要求生活方式集体化、社会化,家务劳动社会化。在进行社会主义革命的时候,生产方式的改革和生活方式的改革是不可分割的,两方面的关系很密切,相互起促进作用。如果生产方式是集体的、社会主义的,生活方式是资本主义的,两者就会发生矛盾,生活就会扯生产的腿,阻碍社会生产力的发展。从这里看,也就越发证明恩格斯"论住宅问题"的正确。住宅要盖公有的大厦,房屋不能私有,别墅之类的东西更是要不得。

(三)建立了城市人民公社,对于改造城市的资产阶级和资产阶级知识分子以及他们的家属,是更加有利还是不利呢? 答复是完全肯定的。对他们的改造很有利,是一个最广大、最雄厚的群众力量。过去改造城市资产阶级分子和他们的知识分子,我们作了很多工作,例如三反五反、加工订货、公私合营等,成绩是很大的。对于资产阶级的知识分子,也进行了很多思想改造运动,例如组织他们学习,反右派,提倡劳动与教育相结合,效果都是很大的。但仅仅这样还很不够,离把这些人改造成为自食其力的劳动者还很远,离彻底地改变他们的思想意识的程度还很远。只有人民公社建立起来以后,城市的工人及其家属,城市的广大劳动人民都组织起来了,参加了劳动,参加了集体生活,参加了学习,在这个声势下,他们中的大多数人都随着高潮形势卷进来了,大部分人表现都很好。而且是陆续卷进来的,不让他来他也来。这就证明了,实现公社化,促进了对资产阶级分子及其家属的社会主义改造。这些人大部分很好地参加了劳动,增加了收入,而且收入比定息收入的还多,改善了生活,这样在经济上也对他们有利了。对资产阶级知识分子的改造,昨天纺织机械厂的同志讲的那位会计就是一个典型,有很多那样的人,始而反对,继而勉强参加,久而成自然。对他们的团结改造,没有一点社会声势的压力也不行,有了这个压力,和自愿结合起来,大部分都来了。有了人民公社,我们对于他们有策略,动员他们自愿的来,决不勉强,不愿意来的再等待一下。人民公社发挥了更大的优越性,他还是要来的,在人民公社中,可以改造他们的大多数。假使城市没有人民公社,听任他们自流,再有一些小业主、小手工业者、小商贩作他们的社会基础,对于他们的彻底改造是要费些功夫的。建立人民公社以后,形成了一个广大群众性的运动,改造资产阶级和资产阶级知识分子就比较容易了。五类分子是专政的对象,广大群众组织起来,生产、生活集体化,五类分子就根本没有活动的余地了,我们发明一个办法,叫做"十红夹一黑"。

实践经验证明,越是大城市,资产阶级残余势力越大。如果不依靠工人阶级带动广大劳动人民把群众组织起来,很快地走社会主义道路,改造资产阶级就更不容易。当然,大城市要更策略一点。但是,对城市资产阶级和资产阶级知识分子,要采取坚决的而又有步骤的改造方针。改造他们的最后一着棋,就是城市人民公社。当然要有策略,对他们要求不要过高、过急、过快,要有分别,先组织他们的多数,孤立他们的少数,然后再进行分化,最后使他们的多数得到彻底的改造,使他们真正变成自食其力的劳动者。

在这个问题上,要反对两种观点。一个是不敢下手。在城市初搞人民公社的时候,是会引起一些波动的,但是不要紧,因为他们的顾虑而放缓建立人民公社的工作,也是不对的。一个是不能过急,对于他们的改造必须有策略,还须善于等待。

(四)大城市办了人民公社,将来的结果怎么样? 我们河南没有大城市,但是从一年多的经验来看,大城市搞人民公社比小城市意义更大。大城市人口更多,劳动力的潜力更大。大城市资产阶级、小资产阶级的力量也很大。在大城市,只有发动广大群众,才能彻底改造资产阶级,才能更好地改变旧城市的经济面貌,发展工业和其他事业。

有的同志怀疑,大城市人口那么多,各种工厂林立,服务行业林立,组织起来以后,劳动力究竟用完用不完?这的确是个问题,但是,只要因地制宜,自力更生,采取土办法、小办法,还是有门路可找的。总的说来,现在生产的各种东西是供不应求,只要生产出来,就可以销售出去。原料潜力也很大,很多东西可以搞综合利用,现在空气中可以取氮,水也能够综合利用,生产门路还是有的。纵然搞生产不行,还可以搞服务行业,搞服务行业不行,还可以组织学习,办技术学校,培养技术人员,支援边疆建设。从各方面看起来,大城市建立人民公社是会更有利的。

(五)城市人民公社建立以后,解决了怎么样消灭城乡差别的道路问题。我们现在是来谈城市人民公社,加上"城市"二字,显然和乡村是有区别的。建立城市人民公社的目的,也就是要消灭城乡差别,更赤裸一点说,就是要消灭旧城市。城市是阶级社会的产物,大城市是资本主义社会的产物。奴隶制时代有奴隶主的堡垒,但是很小。封建社会有封建主的城市,比如封建社会的国都。据说唐朝时候,西安曾经有过五、六百万人,洛阳曾经有过二、三百万人,开封宋朝建都的时候,曾经有过二百多万人。那时候,现在的纽约、东京和上海,还都没有,这些城市是在资本主义社会产生的。按照马克思的说法,城市是由手工业和农业分裂以后,建立起现代工业的基础上产生的。将来发展的结果,农业和工业还是要合起来。马克思在《资本论》中说,农业和手工制造业借以在它们的幼稚未发展形态上结合起来的原始的家族脐带的裂断,是由资本主义生产方式来完成的。但在二者对立发展所形成的形态的基础上,它同时又为一个新的较高级的综合——农业和工业的结合——造成了物质的前提。……也就为消灭城乡的界限造成了物质的前提。城市资产阶级的对立物是无产阶级,无产阶级是要和农民结合的,工业也是要和农业结合的,这是辩证的发展。城乡差别一定要消灭。在达到共产主义社会,就要消灭三个差别,第一个就是消灭城乡差别。恩格斯在"论住宅问题"一文中说,消除城市与乡村间的对立并不是空想,正如消除资本家与雇佣工人间的对立不是空想一样。消除这种对立一天天地愈来愈成为工业生产和农业生产的实际要求……只有使人口尽可能地平均分布于全国,只有使工业生产和农业发生密切的内部联系,并使交通工具随着由此产生的需要扩充起来——当然是以废除资本主义生产方式为前提,——才能使农村人口从他们数千年来几乎一成不变地栖息在里面的那种孤立和愚昧的状态中挣脱出来。断定说人们只有在消除城乡间的对立后才能从他们以往历史所铸造的枷锁中完全解放出来。我们斗争的目的是实现共产主义,实现共产主义就必须消灭城乡差别。消灭城乡差别采取什么方式呢? 有些同志没有解决这个问题。马克思、恩格斯都讲过要消灭旧的大城市,后来有人反对,说消灭大城市是不可能的,大城市不但不会消灭,而且还会发展,城乡的差别只能是本质上、大体上的消灭。我们在社会主义建设中开始也没有得到解决。比如上海市有七、八百万人口,它怎样起变化,怎样才能和农村差不多呢? 几十万人口的城市怎样才能使人口不愈来愈多呢? 人民公社出现以后这个问题才解决了。我们可以作这样的理想:在城市没有实现人民公社化以前,经过三大改造,社会主义经济已经占绝对优势,但是城市还存在着多种经济,资本主义经济并没有完全消灭,个体经济仍然存在,没有组织起来的居民更多。实现人民公社化以后,城市基本上是社会主义经济了,现在是两种经济成分,一种是全民所有制,一种是集体所有制,这两种所有制还在继续发生变化,估计由两种公有制变为单一的社会主义全民所有制城市会比农村快,几年以后就会起变化。有了人民公社,不但生产是集体的、社会主义的,生活方式也是集体的、社会主义的,里面的共产主义因素正在增长。广大群众性的技术革命运动,对促进两种公有制变成单一的、社会主义全民所有制有很大作用。通过广大群众性的技术革命运动,城市的手工业的、落后的中小型工厂,都可以搞成机械化、自动化、半自动化,生产力就可以赶上大工厂;而且促使城市以公共食堂为中心的各种福利事业的工具的现代化,促进了由两种公有制向单一的社会主义全民所有制的过渡。技术革命搞下去,物资就可以特别丰富,到那时,就可以由基本生活资料的按需分配,逐步作到全面的按需分配,就逐步变成共产主义的城市。

那么,城乡差别能不能消灭呢? 我们有了人民公社,一方面城市可以农林牧副渔全面发展,有意识地发展多种经营,副食品就可以自给。有计划地搞居民点,就可以改变旧城市的面貌,居民点星罗棋布,搞园林化,就可以和农村差不多了。另一方面国家有计划地进行工业布局,发展县办工业和社办工业,农村也搞居民点,这样就和城市差不多了。十年、二十年就会起根本变化。再经过几十年的努力,大城市的经济趋向多样化,居住园林化,农村工业化,农业、林业、牧业工厂化,农村有人民公社,城市有人民公社,几十年的时间可以比较彻底地消灭城乡差别。城市自己改造自己,走到自己的反面,就是彻底改造旧城市,建立新城市。这是城市走向共产主义的道路。现在全民搞起了轰轰烈烈的技术革命运动,督促我们办好和发展城市人民公社,这种社会组织形式,必须随着生产力的发展而发展,赶上实际需要。

（六）解决了彻底解放妇女的问题。妇女的解放对生产的发展是一个强大的力量。

（七）解决了彻底改造资本主义旧城市,建立社会主义、共产主义的新城市的问题。城市人民公社的出现,除了对资产阶级彻底改造以外,就是对小资产阶级进行彻底改造。没有对小资产阶级进行彻底改造,无产阶级就不能领导小资产阶级走向彻底解放自己的集体化的道路,城市就不能得到彻底改造。不但在所有制上进行改造,而且要在思想上进行彻底改造,进行社会主义和共产主义教育。这是彻底改造城市的办法。这样才能消灭城乡差别,彻底改造资本主义旧城市,建立社会主义新城市,达到实现共产主义的目的。

二、实现人民公社化以后,进行社会主义革命和社会主义建设采取"两条腿走路"的办法。一方面不断地改革生产关系,发展生产力,这是抓生产的一面,同时还抓生活的一面,搞公共食堂等集体福利事业,这个问题党内有争论,国际上的看法也不相同,有的同志认为:生产资料可以社会化、可以公有,生活资料要私有,当然到了共产主义也还会有私有,比如一条裤子不能两个人穿,但是住宅、食堂可以搞公有的,恩格斯反对过住宅私有,他认为小私有太多了是不行的。许多生活资料集体化,更便于解放劳动力,更便于改进人与人的关系,更便于提高人民的共产主义觉悟,更便于发挥人们的革命积极性。生产生活一齐抓,不但是办福利事业,而且包括国家和社、社和社员的关系,包括国家和社的一系列的分配政策。这些工作搞好了作用是很大的。现在搞好生活,一个是实现生活集体化,家庭服务事业社会化;一个是生活用具实现机械化、半机械化。这些都是需要大家解决的问题。另外还有两个比较重大的问题:一个是农林牧副渔一齐搞,解决副食品自给问题,就必须城乡结合,动员农民加入公社,扩大副食品的生产。很快实现农业的机械化、半机械化,少数农民可以经营很多的事情。无论大城市、小城市,只要公社有个长期规划,努力去做,副食品自给是可以做到的,这样就可以减少商业环节,降低副食品价格,生活就可以搞得更好一些。另一个是解决城市的住宅问题,新建的城市和工矿区,可以建立社会主义、共产主义的新城市;对旧的城市进行改造。所以,我们不但抓生产,抓技术革命,而且抓生活改革。公共食堂、住宅等集体生活福利事业,都应该纳入我们的规划,这是一条很重要的事情。

三、人民公社在组织生产方面可以起"托拉斯"的作用,就是把有关的企业搞到一起,可以节省很多的人力、物力,避免很多矛盾,资本主义是利用这个办法搞剥削,我们可以用这个办法增加生产。现在我们到城市看几个工厂就可以发现这个问题,各个工厂几乎都是各立门户,有的车间利用率很低,实在需要搞大协作,不但在生产方面需要这样搞,而且在生活上、文化教育上也需要这样搞,统一规划,综合利用,分工负责,使各个工厂成为一个联合工厂,利用效率更高,节省很多的人力、物力。城市人民公社可以起这个作用。

四、城市人民公社的性质及体制问题。城市人民公社的性质不是固定的,是不断发展变化的。城市人民公社和农村人民公社一样,现在包括全民所有制和集体所有制,进一步将发展到单一的社会主义全民所有制,最后发展到单一的共产主义全民所有制。但是,在指导思想上必须承认全民所有制和集体所有制的差别,也要承认全民所有制里边情况的不同,有国营企业,也有省营企业、市营企业、区营企业,有大全民,也有小全民。在集体所有制里面,还有三级所有制,有大集体,也有小集体。现在一方面要看到人民公社的发展前途,另一方面要看到这些差别,并且重视这些差别,积极创造消除这些差别的条件,最后达到消除这些差别。总之,就是不要模糊各种所有制的界限,不要模糊各种所有制本身的差别。根据这些差别,要贯彻执行按劳分配、等价交换的政策,这对培养共产主义因素是有好处的,不要急于过渡,这是目前城乡人民公社的一个很重要的问题。

城市人口集中,有现代化工业,技术水平较高,人民公社的规模适于大,发展前途或者是一市一个联社,或者是一市一社。但是,开始建立人民公社的时候,要根据具体情况,确定规模,还是由小到大,由低到高比较好,需要有个步骤。一九五八年,我们在郑州市试验过一个二十多万人口的大社,当时由于思想上没有很好酝酿,有些干部思想就不大通,群众的思想就可想而知了。城市人民公社规模的大小,要根据具体情况来确定,有的可以一区一社,有的可以一区数社,不必整齐划一。一般说,开始不要过大,可以逐步扩大。

五、加强党的领导,认真贯彻执行阶级路线和群众路线。城市人民公社的建立,必然会震动全世界,拥护的很兴奋,反对的很害怕。在国内也会有震动。城市人民公社的建立是要彻底消灭旧城市,彻底改造资产阶级和小资产阶级,这是资本主义世界和共产主义世界你死我活的问题,阶级斗争一定是深刻的,不要认为人民公社一建立,阶级斗争可以停止了,两条道路的斗争可以停止,没有那回事,我们不要那样天真。要想办好城市人民公社,必须在党的领导下,提高广大群众的共产主义觉悟,使群众自觉自愿地去办人民公社。办一切事情不能单凭我们的主观愿望,必须看群众的觉悟程度,必须看群众的经验,不但看群众中的先进分子,而且要看群众的大多数。当然我们主观上希望很快地把社会主义事业办起来,很快地完成技术革命的任务,很快地走向共产主义,这是好的,这种热情是千金难买的,这是我们共产党人的高贵品质。我们办一切事情都得和群众商量,真正地把群众发动起来,反动势力的破坏,资产阶级的反对,小资产阶级的抵触我们都可以不怕。

因此,我们必须高度关心群众生活,现在我们的缺点就是阶级路线执行得不是那么好,有时候思想麻痹,有时候用过"左"的形式出现。把广大群众的远大利益和眼前的利益结合起来作得比较差,搞大的基本建设需要资金,有时"一平二调"就发生了。没有真正掌握大多数群众的思想和要求,对群众的意见不大反映,对群众的吃饭、穿衣、住房、医病、劳逸结合等切身利益问题漠不关心,甚至病了人,死了人不敢反映。不按照群众的觉悟程度办事,不按群众能够接受的意见办事,不按照群众当前的迫切要求去办事,这样会脱离群众的。每个共产党员,见到了群众的疾苦就应该反映,自己能够解决的马上解决,这是我们共产党员应有的品质,我们进行革命和建设社会主义、共产主义就是为了群众。关心群众疾苦,倾听群众意见,是党和国家的最高利益,只有全体党员关心群众疾苦,倾听群众意见,我们党的事业才能办好。现在除了方针、政策问题以外,就是要关心群众疾苦,倾听群众意见,这个问题在若干干部中是没有解决的,我认为这是河南工作中存在的最大缺点。

　　我就说这些感想,错误的地方请同志们指正。

中共河南省委办公厅

一九六〇年四月二日印发

李颉伯同志在中南区城市人民公社现场会议上的讲话[*]

（一九六○年四月四日）

一

河南省是办公社的发源地,试办城市人民公社一年多,创造了一些经验,虽不能说完备,但确实丰富。有以工矿企业为主的公社,以机关学校为主,以街道为主,以铁路中型站、沿途小站办的公社,总之,各种类型,因地制宜,办了许多公社。单就以潞王坟小站为主的公社,去年产值就有四百多万,多种产业搞得都很好,过去往那里调干部,谁也不愿去。办社后到现在往出调干部不容易,谁也不愿意离开那里。它那里条件也很好,搞了些土化肥生产。在这次会议上,可以学到很多东西。

现在主要谈谈最近有关城市人民公社的情况:

（一）基本情况:我国有些城市自 1958 年秋季开始就试办了城市人民公社,一年多来,已经有了很大的发展,一九五九年底,全国共有设市制的城市184 个,其中市区 100 万以上的城市共 15 个,50 万至 100 万人口的市有 17个,30 万至 50 万人口的市有 33 个,30 万人口以下的市共 119 个。在这 184个城市中共有 7,300 万人口。这次经中央指定,我们于今年 3 月末调查了 25个省、市、自治区的 168 个市。市中共有 6,712 万人口,其中属于全民所有制的厂矿企业、机关、学校的职工共 2,270 多万人;省市企业事业单位 177 万人;

---

* 　原件现存于湘潭市第二档案馆。李颉伯,时任全国总工会副主席和党组常务副书记。

社办企业和服务性行业中有 274 万人;大、中、小学校有 1,284 万人;七岁以下到刚生的小孩共 1,465 万人;独立劳动者 65 万人;小业主 38 万人;资本家及资产阶级知识分子 25 万人;五类分子 37 万人。在被调查的 168 个市中共办起 598 个城市人民公社,入社人口已达 1,889 万,占 168 个市总人口的 28%。有些省市已普遍用公社的形式组织生产和生活了,河南城市入社人口已占 90%,河北 50%,黑龙江 98% 以上。

对街道搞生产、生活算不算公社的问题? 我们认为也算公社,如果把这种类型也作为公社形式,根据中央指示精神,只要方向一致,方法、步骤允许有所不同,当然光是组织街道的生产、生活,这与相当高度组织化了的公社有所不同。

(二)公社类型:在 598 个公社中,基本上可分为三种类型:1. 以国营大厂为主建立的公社;2. 以机关、学校为主建立的公社;3. 以街道为主建立的公社。

以大厂为主的公社有 141 个,占被调查总数的 23.6%,以机关、学校为主建立的公社有 34 个,占 5.7%,以街道为主建立的公社有 423 个,占被调查公社总数的 70.7%。在 598 个公社中,社办工业共有 56,400 多个。从业人员 189 万人。

(三)生产状况:社办街办工业,1959 年产值共 36 亿元。这个数字比较可靠,公开登报的数字是按富春人代大会上的报告数最保险。大家报的是 43 亿元。比如鞍山市报了五亿元,我们只给打上一千万。人民公社好,都把金贴在公社身上也不好;这里有一部分是把原手工业社下放到公社的数分不开,也划到里面了。总还有点口径不一致,稍有不同,大致一致。这 36 亿元相当于 1949 年地方国营工业总产值 8 亿元的四倍多。1959 年社办工业利润是三亿三千万元。

在 1959 年大跃进的基础上,今年又有发展。25 个省、市、自治区,1960 年一、二月实际产值是十五亿二千万元,1960 年年计划产值预计是 167 亿元。比 1959 年增长四倍以上。产品多种多样,最低有三千种,大体上是五服务:一为国营厂矿服务;二为城市基本建设服务;三为农业服务;四为城市人民生活服务;五为出口服务(为出口服务是个别的,主要为生产和人民生活服务)。

(四)生活状况。城市人民公社大抓生产的同时,大力举办了集体生活福利事业和服务事业,全面地组织了人民生活。一年多来,依靠群众,按照自愿的原则,大办公共食堂、托儿所、幼儿园和服务站,把分散的和繁琐的家务劳动变成了大规模的集体的社会主义经济事业,使成千上万的职工家属和其他劳动人民的家庭妇女摆脱了家务劳动的牵累,公社共办食堂五万零三百多个,现在被调查的 168 个市所办食堂有十三万一千多个。公社食堂占 168 个,占市食堂总数的 38.3%。公社食堂就餐人数为 522 万人,168 个市食堂就餐人数有 2,356 万,公社食堂就餐人数占城市食堂就餐人数的 22.15%,占 168 个城市人口总数的 7.8%,有的已达到 50% 或 70% 以上。可以看出,就整个来说,公社还有大量人数尚未入伙,尚须作很大的努力。社街办托幼组织 42,891 多个,城市现共有托幼组织 66,000 多个,社街办占被调查城市办的 64%;在社街办托幼组织中,入托儿童 124 万,占城市入托儿童数 262 万的 47.3%,未入托的还很多,任务量还很大。公社和街道办的邻里服务站有六万六千多个,工作人员四十四万,项目一百多种。家务劳动社会化和生活集体化,是高速度建设社会主义的必然产物,是广大职工特别是妇女多少年来梦寐以求的理想和愿望,是使妇女走上彻底解放的道路,而且有利于生产的发展。

(五)解放劳动力方面。1958 年试办城市人民公社以来,解放了大量劳动力,据上述 25 个省、市、自治区 598 个公社的调查,共解放 627 万 5 千多名劳动力(其中妇女占 80% 以上),占城市闲散劳动力 864 万人的 72.68%。

一年多来,仅向国营厂矿企业和事业单位输送的就有 340 多万人,帮助国营厂矿企业解决劳力不足的困难,保证了大厂矿企业跃进计划的完成。参加社、街办工业生产的 265 万人,参加其他各项工作的 22 万人(其余 27.37% 的人尚未参加社会劳动,这部分人主要是:孩子多的,身体弱的或资产阶级知识分子的家属)。由于输送给国营厂矿企业的这一批新工人绝大多数是附近的职工家属,可以不需要像以往向农村招收新工人那样,增建宿舍等生活福利设备,这也为国家节约了大量投资,我们把解放劳动力的作用,简单算了一笔账:首先输送给国营厂矿企业事业单位的这 340 多万人,从数量上就可以等于蒙古人民共和国三个国家的人口之多;其次可以说明这些人参加了生产,就等于少从农村调入 340 多万人,如果农村一个人年创造价值 20 元,340 万人即可创造价值 6 亿 8 千万元;340 万人如果是从农村调来,每人住房以三米计算,则需增建房屋面积 1,020 万平方米,每米造价以 20 元计,即可节约两亿零四千万元;劳动率按生产率 500 计算即一亿八千多万;加上农业减少从业人员数,共多生产 26 亿多元;再加上社街办工业 36 亿产值共 70 多亿元。(此数因系初步计算,可能不十分可靠。)

大跃进人民公社化以来,政治思想账不好算。有无限的优越性,解放劳动力,特别是解放了妇女,如果不广泛组织食堂和其他福利事业,巩固劳动力不可能,也可以看出一手抓生产,一手抓生活的重要性。文化教育方面虽未专门调查,看起来也很重要,公社要注意生产、生活、教育问题。

(六)生活水平的提高。随着生产的不断跃进和集体生活福利事业的发展,广大城市妇女参加社会劳动后,凡参加劳动的生活都有提高,根据北京、天津、沈阳、郑州、哈尔滨等城市的一些典型调查,凡是参加社会劳动的人,平均每户收入一般都增加 20% 至 35%,有的还增加到 40%,生活有了改善。

社、街办工业的工资形式,大多数是计时工资制,也有计件的。根据调查材料,平均工资大约是 25 元左右,最高者有达 40 元的(哈尔滨),最低是 15 元(湖南)。

城市人民公社从生产、生活上把城市广大居民高度组织起来,在党的领导下,用工人阶级的思想进一步改造城市各个阶层的人,变消费者为生产者,变消费的城市和街道为生产的城市和街道,变剥削者为自食其力的劳动者。

一年多以来,城市人民公社发展了生产,挖掘了劳动潜力,特别是解放了妇女,公社是彻底解放妇女的最好组织形式,妇女参加社会劳动后,在生产上和集体生活中受到锻炼,参加了政治、文化学习,提高了思想觉悟和文化水平,改变了原来的精神面貌,她们热爱劳动,热爱集体,积极生产,热心为群众服务,为社会主义建设服务,为人民作出了重大贡献;同时也提高了自己的社会地位,她们不再是处于附属地位的"家属"和"家庭妇女",而是女职工和女社员了。郑州市红旗公社有个妇女,过去她爱人写信总是称呼她"我妻",现在则称呼为同志,这个女同志感动地说:"人民公社使我参加了生产,得到了解放,连'他'也称呼我'同志'了"。妇女解放是社会解放的尺度。我国妇女已经走上了彻底解放的新阶段。

(七)高速度发展了工业。有些社街办工业,现在看起来好像不太起眼,我们看很可观,一切事业,都是由小到大,由低级到高级,吴芝圃同志前天举的开封化学厂那个例子是很了不起的,两个贫困户和军人家属办起来的化工小组,若干时间后就办起一个像样的企业,特别是1958年解决了很大的矛盾:国营、地方国营工业大发展,从城里挖掘这些劳动力起了相当大的作用,发展了生产,发展了社会福利事业,巩固了大跃进生产的发展。比如重庆有个钢铁厂,1958年大跃进,生产任务由15万吨一跃而为43万吨,劳动力紧张即由街道和职工家属中挖掘7,000人入厂参加生产,这7,000名街道妇女和职工家属共有1,600个孩子,当时工厂充其量只能解决五百,但生产任务紧,来不及大量解决生活福利怎么办?当时的局面是:1.工厂满院是孩子;2.各车间工段是孩子;3.有的把孩子锁在家里不大好看,这也是大跃进,大发展的形式;公社用街道的组织方法,大量地办起简陋食堂、托儿所、幼儿园、服务站,解决了这个矛盾。

全国各城市的广大职工,职工家属和其他劳动人民正在党的领导和总路线的照耀下,开始掀起一个大办人民公社的热潮。他们正在进一步按照社会主义原则,从生产上、生活上广泛地组织起来,大办公社工业、街道工业,大办郊区农业,大办公共福利事业,大办公共食堂,以推动城市公社生活的彻底改造,加速社会主义建设。工人阶级是最先进的阶级,广大职工对迅速改变我国一穷二白的面貌,高速度地建设社会主义,有着最强烈的愿望,对建设社会主义和共产主义担负着崇高的历史使命,有着最积极最热忱的态度,他们正坚决地走在这个运动的最前列,把建立、巩固和进一步发展城市人民公社当做自己的光荣任务,为不断充实公社内容,扩大城市人民公社的影响,为普遍建立和发展城市人民公社贡献自己的力量,有些城市的广大职工,纷纷提出为建立城市人民公社做一件好事的精神,是值得提倡和发扬的。现在正如八届六中全会关于人民公社若干问题决议中所指出的,原来许多思想不通的人已经想通了,有顾虑的人少了,想通的人多了,城市公社已经到了需要大量兴办起来的新阶段。但是也不能夸大,还要看到现实离我们的要求很远,而且摆在我们面前的任务很大。虽然现在各地社办、街办工业很多,但从产值、利润、生产率看都还很低,需要大闹技术革新和技术革命,潜力很大,稍加改变,即有所不同。当然还要由土到洋,现在社街办工业手工操作的还有70%,改进后,将会把扩大再生产的问题加以解决,从城里调人比农村好。

<h1 style="text-align:center">二</h1>

吴芝圃同志前天谈到"托拉斯"的问题。

从国营厂矿企业参加公社问题看,好处多,还是坏处多,到底有无危险?我和各省、市的同志们看法一样,好处很多,没有危险,办公社应以大厂为中心,为大工业服务,搞好生产就好,办社就得有点共产主义,只要不是不合阶级要求的共产风即可,不乱许愿没啥,好处很大。

最近我和全国铁路材料解决最好的红旗单位锦州铁路局谈,他们的党委书记、局长过去都是搞工运的,每年总是节省点钱,搞技术改造,遇到1958年大跃进一来,别人赶不上去,他们搞得很好,靠平日积累,靠组织有关单位和家属,发动群众大搞协作。

大厂也是这样,要配合搞,全国各地凡是以大厂矿为中心办社办工业的地方,对谁好处最大?大厂。谁得便宜最多?还是大厂矿。方针不明确,要解决方针问题,坚持方针就会对大厂有好处,刚开始会产生一点小毛病,中国人懂道理,可以把话讲清楚,不要怕。从现在已经组织起来的以大厂为主的公社优越性很多,正在开始成为生产、交换、分配和生活福利的统一组织者,有的已经或正向这一条道路上发展。特别是生产,搞大、中、小相结合,大搞协作,搞综合利用,发展得就很快,比如某地有三个大厂,三个工厂都有潜力,但一搞公社,互相配合,就产生更大的效力。这三个现代化的大厂,都是万人以上。都需要有大量的运输力量,从每个厂子来说,运输需要量是时紧时松的,有时候紧,有时候松。即有忙有闲。三个厂子组织起来,就可统一运用。而且都有机修车间,最近他们计算了一下,如果三厂的机修车间合在一起,除了及时完成三厂修配任务以外,马上还可以产生一个年产数百台三轮小汽车厂,利用国家材料和大厂的边材废料制造出来低级一点的汽车。很好嘛,以后投资也可以配合,现在看来,国营企业之间更好地协作和更好地向综合利用发展是大有可为的。而且大厂过去来往很少,公社组织起来产生了一个大家庭,过去需跑很远去协作,现在变外部作为公社内部协作,可减少外部一半的协作,避免了舍近求远,既合算也必要;用公社的形式,可以促进综合利用的发展。国营企业老大,用公社的方法,土法上马,土洋结合。有的地方在生活服务事业和教育事业方面用公社的形式,组织社办也很好。总之,大型厂矿企业也有很大潜力,用公社形式组织利用,会有更大的发展。不管怎么样,大企业参加公社有利无损。

要办好公社事业,必须加强党的领导,没有强有力的领导,解决这个问题不好办,首先解决思想要宽、要远。避免思想狭隘窄小。

公社组织领导上,以大厂第一书记挂帅,任公社党委书记很必要,大厂的财大气粗,不挂帅想把事业搞好,不好办,当然也需要有专职书记,专职社长。大厂党委书记把事统一起来,要建立公社党委的威信,而且要有能力。如果大厂不积极不好办,要找比较有能力,而且又比较积极的人试办。全国各地凡是大厂第一书记对办社积极的,事业办得就都很好,不积极的就差点啰。事情要经过实践,要实践首先还要组织各种事业,不试验也就无从实践啦。

必须逐渐适应公社的发展,促进公社事业的发展,而不是妨碍公社的发展。市一级的各部门,要很快地研究如何配合工作,如何变动,以适应公社工作的发展。哈尔滨市准备组织四个委员会,即生产协作委员会,经济生活委员会,文化教育委员会和科学技术委员会。这就是适应公社组织形式的一些办法,各公社也相应地组织这么四个委员会,上下对口。工作就比较好做,今后一切要通过公社,过去的方法、方式要研究跟上去,公社各部门要研究如何通过公社去解决生产、生活,教育和一切事业的问题,政法部门要研究如何通过公社去解决人民内部矛盾问题。

三

工会工作问题。

有人问"工会工作变不变"? 我要问他"工会是上层建筑,还是经济基础"? 工会是上层建筑。一切上层建筑都要变,工会也不例外。

工会过去有些不正确的思想,1958年解决问题后,有很多变化,像过去那样强调自己好的现象,已不存在。但是还有会员、会费、会务,但工作方法按中央指示变化很大,河南现在工作有三条线:(一)技术革命;(二)文化革命;(三)公社工作。全是为党作群众工作,老老实实地作党的助手。总之,就是一个字"变"。要和党配合作工作。新阶段准备大量推广公社工作,工会要根据形势发展,要有深刻的变化,看不到形势,可能落到时代的后面。

公社开始办的时候不太显著,可是工作发展了,工会工作势必把工作纳入公社工作中去,工会要用公社的名义进行工作,扩大自己的力量。

人民公社万岁,城市公社不例外。工会不能万岁。公社是万岁,当前要把建立、巩固、发展公社工作,作为自己的崇高任务。1958年我提过这个问题,直到现在有些地方有些人,在这个问题上认识不够,现在,有必要很强调这个问题。

哈尔滨公社普遍建立了生产协作、经济生活、文化教育、科学技术四个委员会,这些都是既搞生产,又抓生活,又搞教育的,工会也是又搞生产、生活、教育。现在公社抓这些工作了,工会摆到什么地方?如不正视这个问题,势必把工会抛在门外,工会垮台,公社万岁,所以一定要把工会工作纳入公社,没有这种思想,势必争地位,争威信。有些干部说"人家公社这样办,我们怎么办"?你就要把工作纳入公社里去,扩大、加强、充实公社内容,工会不能争,只能纳入。所以我曾经向哈尔滨建议纳入,这样结合在一起,工作会顺利,否则摆在以外,不好办。随着公社的发展,社会的发展,其他阶级要消灭,工人阶级更坚强了。

按昨天同志们讲的,公社有阶级路线,群众路线。阶级路线,要在党的领导下,职工群众积极帮助,即依靠工人阶级的支持,工会的首条任务就是"如何教育职工认识公社的重大意义,重要性,伟大性"。依靠工人推动家属,积极参加公社工作。

河南和全国各地指出,要在职工中提出为公社做一件好事,这很好。用工会的组织形式教育职工很必要。过去党把许多事交工会作是必要的。现在扩大公社力量,使工人对公社扩大影响,社员称号比会员称号高贵得多,要把社员的意义,社的意义,爱社如家的事情教育工人也是必要的,将来工会要做更多的工作,工会经费,去年一月我们已请示中央批准,决定由党委掌握,公社可以动用,昨天宋侃之同志和我说"这钱不少","好,这钱请你动用吧,公社可以动用。"

我们希望大量的工会干部,要把自己站到公社运动的前边来,深入公社工作,更好地学习公社问题决议,学习马列主义,学习公社的典型经验,把理论与实践结合起来,投入到公社工作中来。

中央批示中指定以全国总工会党组为主,结合其他有关部门,研究这方面的问题,不是指的全国总工会,工会管的范围很小,公社是个高级组织形式,万岁,用公社担负不起来,各省、市工会,也只能在党的领导下,教育工人,以工人阶级的面貌改造其他阶级,在公社运动中提高自己。

武汉有人提"承认他,教育他,消灭他,不要使工人自满"。有些干部是有热心,有觉悟的,另外,创造新的事业,干部思想是需要新一些,不要在公社活动中使干部灰溜溜的。

北京有人提"干部宿舍是最顽固的堡垒"。这样的说法,一是认识模糊;一是挑拨离间,要认识清楚。

一九六〇年四月四日

关于城市人民公社的几个问题[*]

——在中南区城市人民公社现场会议上的总结发言

王任重

（一九六〇年四月六日）

中南协作区委员会四月一日至六日，在郑州召开了现场会议。到会同志参观了郑州市人民公社，听取了吴芝圃同志的报告和郑州市两个城市人民公社的经验介绍，使我们学到了许多宝贵的经验。同时交流了全区各个大中城市试办人民公社的经验。讨论并且通过了一个文件——关于城市人民公社若干问题的规定。这个文件是根据中央决议和我们已有的经验拟定出来的；比较完整地规定了城市人民公社的方针、政策。由于各个大中城市的情况不同，在具体步骤和做法上会有若干不同，乃是完全必要的。现在我仅就几个问题，说一些意见，供同志们参考。

一、放手发动群众，依靠群众，
办好城市人民公社

放手发动群众，依靠群众，办好城市人民公社，这是我们党的方针。现在的形势很清楚，广大的职工群众、职工家属和城市劳动人民，迫切要求办人民公社。城市人民公社化运动的高潮，在我们中南区有的地方已经到来，有的地方即将到来。这是一场大革命，是社会主义革命的深入发展。城市人民公社

---

* 原件现存于湘潭市第二档案馆。王任重，时任中共中央中南局第二书记。

化运动,必然牵动每一个人;每个人都要对这个运动表示自己的态度。由于人们阶级成分不同,还由于人民的觉悟程度不同,所以对待人民公社化的态度是不同的。归纳起来大体上不外乎三种人:一种人是积极的,一种人是动摇的,还会有少数人是反对的。反对的人也不都是公开反对,有的人表面上不反对,可是内心里是反对的,在行动上消极抵抗。他们认为,城市以工人阶级为主体,还有职工家属、其他劳动人民和革命知识分子,他们绝大多数的人,是积极拥护人民公社的。动摇的人,看到大势所趋,他们中的大多数也会随大流跟上来,在运动中提高他们的觉悟,使他们坚定起来,和积极分子共同前进。反对人民公社的人,在运动中也会发生分化,坚决反对的人会被孤立起来。既然城市人民群众多数人是欢迎人民公社的,所以我们党在这个运动中,就要采取坚决依靠工人阶级、依靠群众的多数的方针,放手发动群众。站在运动的前面,领导运动前进,不要束手束脚。不要采取冷冷清清,由少数人去办公社的方法,而是大张旗鼓地宣传人民公社的优越性,宣传党关于城市人民公社的方针政策,领导群众开展大鸣、大放、大辩论;让人们议论纷纷,街谈巷议,造成一种声势,造成一种舆论。发动人人献计,人人为公社办一件好事。我们在城市人民公社化运动中,再一次对广大职工群众、职工家属和劳动人民进行一次深入的社会主义、共产主义教育;同时,也是对资产阶级、资产阶级知识分子及其家属进行社会主义改造的一场革命斗争。

对待城市人民公社化这样大规模的群众运动,我们采取放手发动群众的方针怕不怕呢? 是不是会“天下大乱”呢? 河南郑州的城市人民公社都是一九五八年八月份办起来的。只有一年多的时间,生产大大地发展了,人民的收入增加了,集体生活福利事业办起来了;人民生活有了很大的改善,人民群众的思想觉悟也大大地提高了;在改变旧城市的自然面貌和经济面貌,改变城市人民的精神面貌方面,向前大大跨进了一步。郑州市的经验证明,城市人民公社既可以办得快,又可以办得好,没有什么可怕的。假如说,在城市人民公社化初期,由于缺乏经验,曾经产生过一些缺点,那些缺点早已纠正了,不存在了,人民公社走上了健康发展的道路。就是有那么一些缺点,在当时来说,成绩还是九个指头,缺点、错误只是一个指头,应当说:好得很。何况我们现在有了像河南办城市人民公社的成功经验,各个省区也在试办城市人民公社中取得了许多成功的经验。而且街道工业、公共食堂、托儿所这些集体生活福利事业，为我们办城市人民公社打下了良好的基础。所以说，现在大办城市人民公社，普遍办起城市人民公社的条件已经完全成熟。现在放手大办城市人民公社，可以避免一九五八年因为缺乏经验所走过的弯路。当然，也应该预见到，在大办城市人民公社的大规模的群众运动中，出一些小乱子、小偏差还是难以完全避免的；我们领导者的责任，就在于：力求防止偏差，有了偏差就要及时纠正。不要因为怕出点小偏差而缩手缩脚。只要我们放手发动群众，依靠群众，正确地执行党的阶级路线、群众路线，就一定可以把城市人民公社办好。

二、用不断革命论和革命发展阶段论的原则，来领导城市人民公社

城市人民公社从建立一直到实现共产主义，这是一个发展过程。农村人民公社也是一样。我们中国，从中华人民共和国成立即日起，到实现共产主义，这是一个过渡时期。这个过渡时期可以分作两个阶段：第一个阶段即建成社会主义的阶段，就是从中华人民共和国成立到社会主义建成；第二个阶段是从社会主义过渡到共产主义。当然大阶段里还可以分若干小阶段。现在我们处在第一个阶段，就是社会主义建设阶段。所谓建成社会主义，就是要建成现代工业、现代农业、现代科学文化和现代国防；把集体所有和全民所有的两种所有制，变成单一的社会主义全民所有制。这样不仅彻底消灭一切剥削阶级及其产生的根源，而且将在根本上消灭工农之间的阶级差别，为加速向共产主义过渡创造条件。

城市人民公社，目前包括全民所有制和集体所有制的经济成分。全民所有制成分占的比重较大，居于主导地位；但是仍然存在着公社的集体所有制和社以下的集体所有制。人民公社的发展趋势是把目前存在的两种所有制变成单一的社会主义全民所有制。现在城市人民公社实行三级管理三级核算，或者两级管理两级核算；将来要发展到公社统一核算。城市人民公社的分配制度，现在以"按劳分配"为主，随着生产的发展，逐步增加"按需分配"的因素，

然后过渡到以"按需分配"为主。我们在办城市人民公社、规定城市人民公社的方针政策的时候,必须把人民公社目前的政策和将来的政策加以区别。譬如现在承认城市人民公社有一部分集体所有制,在目前实行以按劳分配为主的政策,与将来的政策区别开来,可是又必须看清将来的发展趋势,看到从现在走向未来,使我们的方针、政策、做法,适应城市人民公社发展的各个不同阶段。

(一)城市人民公社的社办工业,目前承认它是集体所有制,以便发挥公社办工业的积极性,这对于发展生产是有利的。社办工业,除了按照国家规定缴纳税收以外,全部收入归公社支配。使公社能够用社办工业的利润来扩大再生产,举办集体福利事业。将来发展的结果,由集体所有制变成全民所有制。

(二)公社也要发挥分社、管理区的积极性。分社自己所办的企业,管理区所办的企业,要归分社、管理区核算。公社可以让他们上缴利润;管理区上缴分社一部分利润,分社上缴公社一部分利润。上缴利润多少,可以根据收入的多少有所不同。但是,上缴部分不要太多,以便他们发展生产,举办集体福利事业。副食品生产,除了公社办的规模比较大的农场或农业生产队以外,应当让分社、管理区也办。实际上各个单位的养猪、种菜已经办起来了,公社不要都统起来。对于私人喂养的鸡子、鸭子,目前也不要集中起来,还是叫他们自己喂,妨碍卫生的加以管理。私人在房前屋后种的零星东西,还可以让他们种。从有利于生产出发,不要一下子集中过多,统得过死;以免妨碍他们生产积极性。将来随着生产的发展,随着集体福利事业的发展,那些个人经营的东西,是会被淘汰的,集体的发展起来以后,每家再养几只鸡就没有必要了。将来一定会由公养代替私养,这是一个发展过程,目前不要用生硬的办法去取消。

(三)目前地方国营企业下放给公社管理的单位,还要单独进行核算。生产计划、财务计划、原材料分配计划,都要按照国家规定执行,利润按照国家规定的制度上缴。企业利润分成办法,按国家或省市的规定办理。至于某些小工厂、小商店,不仅交公社管理,而且交公社所有;它所有的财务、利润都归公社。如果有这种必要,也是可以的。这并不是倒退,因为城市人民公社既有全民所有制成分,也有集体所有制成分。

将来人民公社将是一个统一核算单位;除了少数的大企业、大学校、大事业归国家或者地方直接管理以外,一切企业、事业都由人民公社统一管理,各个企业都统一核算。将来我们全国城市和农村人民公社的规模必然比现在还大,一个市就是一个社,起码中等城市是一个市一个社。将来大多数县也可能是一个县一个社。这样,全国就是几千个公社——几千个核算单位。生产计划、分配计划都是以公社为单位(除了若干大企业、大学校以外)。到那个时候,公社是全民所有制的一个基层单位,是全民所有当中的一个集体。它是一个组织生产的单位,将来也是一个分配、交换和消费的单位。这个社会基层单位将是永远存在的。人民公社万岁是真的。在很长的时间以内,到共产主义社会公社与公社之间在生产和消费水平方面,恐怕还会保留某些差别。但这种差别将不是很大的,而且是要逐步缩小的。

现在个别城市公社可以试验一下,把几个地方国营企业由公社统一核算。这样做,对于组织协作,发展生产,以及发展公社的各项事业,可能都有好处。

(四)现在有国营企业,又有社办企业,有国家直接管理的学校、事业,又有社办的学校、事业,在一个公社当中,互相间必然有矛盾。这种矛盾要恰当的解决。一方面,要分清界限,人力、物力、财力三者都要分清,不能混淆在一起。现在已经发生了这种事情,比如随便把国营企业的工人抽走,下命令向国营工厂要东西,说你得给我多少木头!你得给我多少钢铁!你得给我几台机器!这样不行,不能妨碍国家计划。另一方面,要互相帮助。国家机关、国营企业总是要拿点东西出来帮助公社的,不是说大厂带小厂,全民带集体吗?国家机关的桌、椅、板凳、房子,可以抽出来的抽出来一点,也不妨碍你这个机关开会、办公。国营企业调人多了不行,抽调个别技术人员和技术工人或者帮助小厂训练技术工人总是可以的,在超额完成国家计划的条件下,有些废料、有些节余下来的材料送给公社一点,或者卖给公社一点,赊给公社一点,也是可以的。公社办好了,公社的企业和许多事业,反过来对国营大企业有很大的帮助。不会使大企业吃亏。本来,吃亏沾光这个词我们用它就很不确切,什么叫做吃亏,什么叫做沾光呢?如果说讲共产主义风格,从你这里搬到他那里,还是自家的,都是社会主义的财产,并没有吃亏嘛!这个事情大厂办,还是小厂办,废料是大厂用,还是小厂用,有时候也会有一些争执的。处理这个问题,要衡量利害大小。事情谁办最有利就归谁办,小利益服从大利益。

(五)公社自己办的企业,也应该从利润当中留百分之十左右,或者再从超额利润当中给他留一部分,使其能够搞维修,搞集体福利,搞职工奖金,奖励先进单位和先进工作者。公社不要把社办企业单位的每一个钱都拿走,不管它生产的好坏,经营的好坏,一点奖励也没有,那是不好的。对生产好的单位应当有必要的奖励。

(六)城市人民公社,现在执行以"各尽所能、按劳分配"为主的政策,实行工资制,在城市暂时不搞供给制。至于说城市的共产主义因素,现在就有,还要发展。首先发展集体福利事业,如减少医疗费,减少保育费,减少炊事费,一直到托儿所不收费,孩子上学不收学费,看病不收医药费或者少收医药费。将来进一步发展,孩子上学不仅不收学费,连书籍费也供给,再发展到免费供给吃饭,从供应一餐到供应两餐,一直到全部供给。将来条件具备的时候,城市也可能实行粮食供给制或伙食供给制。从发展集体福利来增加共产主义因素,这是一方面。

另一方面,高薪的不增加工资,低薪的增加工资,再加上各种免费,采取这些办法,逐渐缩小高工资和低工资的差别。将来假如实行"吃饭不要钱",孩子上托儿所、上学都不收费,管吃管穿管住,那么人口多的和人口少的家庭,生活水平的差别也就很少了。

目前实行"按劳分配"为主的分配政策,然后采取适合城市特点的办法,逐步过渡到"按需分配"为主。到"按需分配"为主的时候,还可能保留一点按劳分配的尾巴,但是,这个尾巴总有一天也要取消的。这是一种设想。至于由"按劳分配"过渡到"按需分配"的具体步骤和方法,要在实践中去创造经验。我们是共产主义者,我们不赞成"按劳分配万岁",我们的理想是实现"各尽所能、按需分配"的共产主义社会,我们坚决朝着这条道路前进。但是"按需分配"要在一定条件下才能实现,比如产品极大地丰富了,人们的共产主义道德品质大大提高了,文化水平大大提高了,三个差别消灭了等等。按需分配的制度是最进步的,是最好的,是我们的理想,我们一定要实现它。可是在目前还只能实行"按劳分配",只能逐步地从"按劳分配"过渡到"按需分配"。智力劳动和体力劳动、熟练劳动和非熟练劳动之间的差别,在目前是必须承认的;

但是决不能认为一个大学教授一定得等于五个工人或者十个工人的工资。我们不赞成这样的观点。我们是要逐步缩小这种差别,最后消灭这种差别而不是扩大这种差别,也不是使这种差别永远保持不动。

三、关于生活集体化问题

办好人民公社的中心环节,是发展人民公社的生产。人民公社生产不发展起来,集体生活福利事业也就发展不起来,人民生活就改善不了,向"按需分配"过渡也实现不了。人民公社搞集体生活的优越性,是人民容易理解的,差不多是人所共知的。

现在办城市人民公社,人们议论最多的,一部分人顾虑最多的,就是生活集体化的问题。生活集体化到底对不对?好不好?共产党为什么要搞这件事?生活集体化到底有没有优越性?集体生活是幸福的,还是痛苦的事情?是个好事,还是个坏事?这个问题不是所有的人都明白。有些资产阶级分子一听说要办城市人民公社,就议论纷纷,他们最怕的就是吃食堂,怕小孩入托儿所,怕取消保姆、家庭厨师,至于小家庭怎么样,议论的人就更多了。要搞集体生活,不要一家一户的生活,说小家庭要融入到人民公社这个大家庭里,劳动者当中也有少数人是有顾虑的。

一九五八年农村人民公社化的时候,党中央提出了四句口号,组织军事化,行动战斗化,生活集体化,管理民主化。这是写在一九五八年十二月党的八届六中全会"关于人民公社若干问题的决议"上的。这四句话还有没有效?对不对?应当说是有效的,对的。组织军事化不能松松散散,生产搞大兵团作战,公社修水库、修铁路、公路,把劳动者编成师团营连,农村公社的基层组织是生产队,这不是军事化吗?所谓行动战斗化,就是要有战斗作风,鼓足干劲雷厉风行,不战斗化,拖拖拉拉行吗?管理民主化是没有问题的,农村人民公社管理要民主化,城市人民公社管理也要民主化,实行民主集中制,领导作风要民主,不要强迫命令。至于生活集体化的口号,两年来的经验证明是完全正确的,这是我们的方向。美国人宣传他们的资本主义生活方式,我们就不可以讲我们的生活方式吗？我们要建立共产主义的生活方式。共产主义的生活方式是什么呢？拿个概括的话来说就是在共产主义生产方式的基础上建立起来的生活集体化。城市人民公社要"发展生产，提高觉悟，改造社会，移风易俗"。改造社会，这不仅仅是变革所有制的问题，从生产资料的所有制到全部生产关系，从生产当中人与人的相互关系，一直到物质、精神生活当中人与人的相互关系。是一家一户的单门独户的生活方式，还是集体化的生活方式？要实行生活集体化，要彻底改造全部社会关系。《国际歌》中有一句是："旧世界打个落花流水"，就是要把旧社会遗留下来的一切旧的东西，不利于人类社会发展的东西，打得落花流水嘛！把旧世界打得落花流水，新社会才能创造光明。

　　人民公社是工农商学兵五位一体，是物质财富和精神财富的生产单位，同时又是物质生活和文化生活的组织者。人民公社不仅生产物质财富，还要生产精神财富。人民公社将来要有它自己的文学家、音乐家、戏剧家。以人民公社为单位办剧院、电影院，搞俱乐部、图书馆，办食堂、托儿所等等。人民公社又是一个教育单位，将来发展的前途，每个人民公社都有自己的大学，从托儿所、幼儿园一直到大学，人从生下来到进大学，大多数都是在自己的公社里教育、培养。至于是不是每一个人大学毕业都在本公社工作，也可能调到别的公社去。可以这样设想，有很多人就是在本公社的大学毕业，在本公社工作。为什么说人民公社是社会的基层单位呢？就是因为它既是生产单位，又是组织生活消费的单位，又是教育的单位。人民公社对社员来讲确实是一个大家庭，它是我们每一个社员的大家庭。不是有些人怕消灭家庭吗？怕什么呢？小家庭没有了，有一个美好的大家庭，好得很。人们愿意有个家，公社就是家。要教育我们的社员，把公社作为自己的大家庭。

　　共产主义社会小家庭还存在不存在呢？我们可以不过早地作这个结论。有人说不存在，有人说存在，到底存在不存在，作为一个问题去议论。反正小家庭发展的前途不仅不是生产单位，也不是消费单位，也不是教育单位。孩子从托儿所到大学，在这个预备劳动阶段，谁教养他呢？不是父母教养他，而是公社教养他，是社会教养他。作为生产、消费、教育的小家庭的职能，将来要全部消失。现在已经部分地消失了，但是还有一部分没有消失。比如消费单位，现在不能说家庭完全不是消费单位了,部分的还是消费单位。因为现在还是"按劳分配",孩子入托儿所、上学校,还是父母的钱。将来到了共产主义社会,父母再不要拿钱了,孩子完全由社会养活,不再是父母养活。家庭的教育职能现在已经不多了,父母都忙于工作,各人干各人的工作,不工作的时间自己还要学习,哪有那么多时间来教育孩子呢?所以,孩子的教育,从小到大,主要靠公社、靠社会,而不是靠父母。要教育我们的干部,教育我们的党员,教育人民公社的社员,大家积极地参加人民公社的建设,建设这个大家庭,而不是过多的考虑建设自己的小家庭,不要追求什么"五大件""五小件",不要把精力放在那上面。是不是允许自己买一部收音机,买一辆自行车?你愿意买,我们现行的法律是允许的。可是我们不主张发展私人财产;我们要努力发展公共住宅,公共汽车,以及俱乐部、图书馆等等。

到共产主义社会还有没有私人的东西呢?私人的东西不多了,如衣服、鞋、袜还会是私有的。像收音机、照相机、电视机之类的东西,在很长的时间之内还不可能人人都有,因为生产的少,为了满足最大多数人的需要,应当着重发展集体的、公用的照相机、收音机、电视机。如果收音机、电视机生产的很多了,每一个房间里面都能装上一部,到那个时候,也就不存在私有的问题了。这些东西,将来可能都是公家的,归你使用,像桌、椅、板凳一样。人们怕什么呢?我们都有桌子用,都有凳子坐,可是我们自己一张私有的凳子也没有。至于将来衣服、鞋、袜这些东西,当然不能说我的也是你的,你拿起来就穿,我拿起来也穿,而要归个人所有。因为人们的身子不一般大,脚也不一般大,爱好也不同;你爱这种颜色,他爱那种颜色。不过将来和现在也不一样,比如衣服,将来按需分配,颜色归你选,分配给你了,你把衣服穿破了怎么办呢?现在咱们的生活条件还差,大人的衣服改小孩的衣服,哥哥的衣服改弟弟的衣服,所以哥哥和弟弟之间就有矛盾,弟弟不高兴。将来产品很大地丰富了,大人的破衣服不改小孩的衣服了,干什么?你去卖?到共产主义社会没有买卖了,你自己存起来也没有必要。将来破衣服、破鞋袜只有交给公家,公家拿去废物利用,再变成别的新东西。和过去抗战时期我们实行过的供给制一样,破的衣服交给公家,然后再给你发新的。当然,"按需分配"也不是说你想要什么,就给什么,要根据一定时期的生产水平,有计划地按照各个人生活、工作、学习的需要进行分配。那时衣食住行等基本生活资料是可以满足大家的需要的。这样做法,不仅仅生产资料是公有的,而且生活资料的大部分(如住房、家俱、汽车等等)也是公有的。人们生活不是一家一户的,而是集体的。孩子们在托儿所、幼儿园,人们都在食堂里吃饭等等。这样作法,到底有没有优越性呢?这样做好呢?还是不好呢?这样作,到底人们的生活是幸福的,还是痛苦的呢?我们共产党领导人民搞革命,搞建设,不是为了建设人们的幸福生活吗?说共产主义社会是人类最高的理想,如果我们搞的这一套,对人们的生活不利,不适合人民群众的要求,那么我们就没有必要这样做了。这个问题需要大家弄清楚,需要大鸣大放大辩论。

生活集体化,把家庭妇女从繁琐的使人愚昧的家务劳动中解放出来,使她们把"家属"的称号勾销,变成工人,变成社会主义和共产主义的建设者。

绝大多数妇女很拥护生活集体化。妇女从繁琐的使人愚昧的家务劳动中解放出来了,是幸福。这样作,对男同志到底好不好?应该说是好的。妇女和男人一起参加社会主义、共产主义建设,大家一块为建设出力、劳动、学习,这样的夫妻关系好不好呢?如果说一个是干部或者是工人,他一天到晚受到的是共产主义教育,参加社会劳动,他的意识形态是一个样子;而他的妻子是个家庭妇女,一天到晚就是家务劳动那一套,她的意识形态,她的精神面貌,又是另外一个样子,这样两个人的感情就很难搞好。在日常生活当中,我们见过这样的事情,在小说和电影上也有不少这样的故事,夫妻两个人说不到一起。两个人在一起说什么呢?你知道的事情她不知道,她关心的事情你没兴趣,夫妻能在一块生活得很好吗?两个人各想各的,一个想的是国家大事,一个想的是家庭琐事,如果说这样两个人能说到一起,感情很好,那是难以想象的。苏联有一本小说"收获",两个拖拉机手原来感情很好,结婚以后,女的当了家庭妇女,就这样两个人的感情慢慢冷淡了,后来两个人重新和好,是因为女的参加了工作。把妇女束缚在家庭里面,并不是丈夫的一种幸福。大家共同参加社会劳动,共同学习,有共同的理想,有共同的爱好,有共同的语言,在政治上、思想上一致,这样的爱情才能巩固,这样的夫妻才会有幸福,否则是不会幸福的。

另外就是孩子。孩子到底和父母在一块幸福,还是由托儿所、学校把孩子管起来幸福?有时候和孩子在一起,尤其是女同志,从孩子生下来,日日夜夜和他在一块，一说送托儿所，尤其是全托，才一离开也许心里有点不舒服，感情上有点难过。可是为自己想一想，也为孩子想一想，到底怎么样好？一对年轻夫妻，愿意不愿意孩子和自己睡在一块呢？一般来说，年轻夫妻并不愿意和孩子住在一起，碍手碍脚，很不方便，也妨碍休息，这并不是件好事。孩子稍微大一点，到了三岁以上，他有他自己的要求和爱好，多半和父母的要求、爱好是不一致的。像我们一些领导干部的生活条件比较好，也深深感觉到我们自己和孩子之间有矛盾。比如到礼拜六，我们想去跳舞，孩子不要求跳舞，你把孩子带去坐在那里看你跳舞，你有兴趣，孩子没有兴趣。反过来你想去跳舞，孩子要求去看戏看电影，你带着孩子去看电影，自己也觉得不舒服，这就是不自由嘛。就是看戏看电影，大人要看的和孩子要看的也不同，男孩子要看武打，大人总爱看个文戏、老生、青衣、花旦。男孩子可不爱看花旦，花旦一出来他就要睡觉。这就是大人和孩子之间的矛盾。假如，孩子有人带着，把孩子组织起来，看专门为孩子放的电影，看专门为孩子演的戏，有专门为孩子玩的娱乐场所，另外有专门为大人玩的娱乐场所，这个问题不就解决了吗？这样大人是幸福的，孩子也是幸福的。而且孩子一生下来，从托儿所、幼儿园到小学、大学，在集体生活中培养共产主义意识，这不比一家一户教的好吗？哪一家的父母，有像托儿所、学校把孩子教得那样好的呢？同志们都有这个体会吧，孩子在托儿所、学校都是很听话的。听阿姨的话，听老师的话，回到家里对父母的话是不大听的。我们过去搞供给制的时候，你问孩子谁养活你呀？他说，公家养活我。我看这个话很好，他是公家的人，大了他为公家做事，为人民服务。

老人住敬老院好不好？大人都上班了，孩子送到托儿所，家里就剩下一两个老人，有什么意思呢？还是把他们也来个集体化，老人们在一起谈谈天，下个棋，不是很好吗？仅仅老两口在一块相对而坐，完全不出去参加集体活动，说这是幸福的晚年，我不相信。

所以，从夫妻之间、父母子女之间的这些关系来看，到底是集体生活好，还是一家一户生活好？应当说是集体生活好。这不仅对于发展社会生产最有利，而且应当说，这样的生活方式最幸福。□□□

□□□□□□□□□□□□□□□□□□□□□□□□□□□□□□□□□□□□
□□□□□□□□□□□□□□□□□□□□□□□□□□□□□□□□□□□□
□□□□□□□□□□□□□□□□□□□□□□□□□□□□□□□□□□□□
□□□□□□□□□□□□□□□□□□□□□□□□□□□□□□□□□□□□
□□□□□□□□□□□□□□□□□□□□□□□□□□□□□□□□□□□□
□□□□□□□□□□□□□□□□□□□□□□□□□□□□□□□□□□□□
□□□□□□□□□□□□我们的人民公社所建设的社会主义、共产主义的大家庭,将为夫妻、父母子女带来最大的幸福。

有人讲,公共食堂做的饭,总不如一家一户做的好。有的资本家说"不管怎么说,你做的饭总没有我老婆做的香"。这是不合道理的。应当这样说,在我们的公共食堂还没有办得很好以前,会有些家庭做的饭比食堂好,这是条件问题。因为食堂的物资供应还不丰富,炊事员的水平还不高,可能食堂的饭做得没有某些家庭的饭做得好。一般说来,集体做饭总会比一家一户做得好。大饭店的饭菜,一般比家庭做得好,就是一个证据。因为炊事员是一种专业,而且人多,做饭的做饭,做菜的做菜,这个厨师会做这种菜,那个厨师会做那种菜,可以做出多种多样美味可口的饭菜。发展前途一定是这样的。正是由于生活集体化,食堂的饭菜多样化,才能满足人们不同的需要。共产主义实行"按需分配",吃饭怎么分配法?就是要搞集体食堂,比如做一百种菜,每人挑四个菜,你挑这四个菜,他挑那四个菜,各取所需。

有人怕集体住宿,说吵闹得很厉害,睡觉睡不好。这也是条件问题,并不是说大家集体住就一定吵闹得睡不着觉。这要看房子怎么盖法,盖的质量好坏,大人孩子怎么住法。而且还有一个生活习惯问题,每个人都遵守一定的公共秩序,不能人家在那里睡觉,他在那里唱戏,要有个作息时间大家遵守。房子要盖大的公寓式的住房,既节省材料,又能搞暖气、冷气,又能搞洗澡间;一幢房子住几百户,又是住宅,又有餐厅,又有俱乐部,又有图书馆,工作之余大家在一起开个跳舞会,打个扑克,开个学习会、赛诗会等等,这样的生活不好吗?除了那种特殊人,在工作之余,个人愿意坐在一边沉思闷睡,单门独户,怕人家打扰他的清静,象"世外老人"那样。我们共产党人不是世外老人,都是乐观主义者,我们要工作得愉快,要学习得愉快,也要生活得愉快。所以,生活集体化,从吃饭、住房、做衣服、洗衣服、教育孩子等所有方面来讲,没有不是集体化优越于单干的。一家一户单干,妨碍人的全面发展,给我们生活上带来许多不方便,生活集体化就把这许多不方便解决了。

生活集体化,是在生产资料公有制、生产集体化的基础上产生的。不能设想,个体经济可以搞生活集体化。生产资料是公有的,生产活动是集体的,在这个基础上建立起来的集体化的生活就有利于社会生产的发展,有利于人类个性的解放,有利于培养人们的共产主义觉悟,有利于培养德、智、体、美全面发展的共产主义的新的一代人。

生活方式从个体变为集体,这是我们建设社会主义和向共产主义过渡的一个必要条件;是一个十分重大的措施,不是无关紧要的生活小事,这是一个大革命。我们共产党人,对于这件事情是要采取积极态度的。我们肯定这个方向是对的,马克思、恩格斯和列宁都一再论述过家庭劳动社会化与生活集体化的问题。我们的实践经验证明,这样做是完全正确的,是广大人民群众所要求的,因而不要怕那少数人的疑虑,更不要理睬敌人的咒骂,我们要坚定地走生活集体化的道路。

为了搞好生活集体化,再讲几点具体意见。

(一)大张旗鼓地宣传生活集体化的优越性。公共食堂好,托儿所好,敬老院好,集体生活好,单门独户不好,号召大家来参加公社,建设这个大家庭。苏联诗人马雅可夫斯基,在一首诗中这样写道:

公社啊

　　我的一切都是你的

　　　　除了——牙刷。

我们要有这种精神(当然不要刮"共产风")。大家都要一切为了办好公社,不要把精力集中到考虑建立自己的小家庭上去。在大张旗鼓宣传人民公社的优越性,宣传集体生活的优越性的前提下,对思想暂时不通的人要等待。你宣传优越性,大家来辩论,他思想不通,还是不来。你说食堂好,他说食堂不好,你说托儿所好,他舍不得把孩子送来,这是一场思想斗争。怎么办呢? 他不来我们等待。今年参加食堂吃饭的人达到百分之八十,就算基本上食堂普遍化了。当然工作搞得更好一点,参加食堂的人数达到百分之九十,百分之九十几更好。动员家庭妇女参加社会生产也要执行自愿原则。对托儿所可以首先把愿意送孩子到托儿所来的吸收进来,不愿意的人往后放一步,等到托儿所办好了,让他亲眼看到好,下一次再来。一切不愿意来的人都不要硬拉进来,往后放一步。这样对我们办好集体福利事业只有好处,没有坏处。这里不仅有资产阶级分子的问题,因为他们的家庭生活条件比较富裕,暂时不愿意入公社食堂,可以允许他晚一步来。另外,干部、工人和其他劳动人民,由于家庭的生活条件不同,或者觉悟不同,也有的人暂时不愿意加入食堂,对于这些人,不要给他们戴帽子,说他落后,斗争他,要等待,允许他晚来。生活方式的改变,是要经过思想斗争的,是要有个过程的。一九五八年农村大办食堂的时候,同样是农民,对食堂的看法就不同。食堂有没有优越性? 食堂好不好? 有一个农民说了三条好处:妇女少受累;夫妻少吵架;孩子少挨打。讲得很深刻。有的人感到不习惯,孩子白天送到托儿所可以,不赞成晚上住托儿所,觉得不和孩子一起,自己睡觉很冷清,那允许晚上接回来。

　　(二)集体生活福利事业是一种崇高的事业。食堂、洗衣房是不是社会主义经济呢? 按照列宁的说法,把琐碎的家务事变成社会性的劳动,这是一种大经济。食堂的工作人员,洗衣的人员,叫做服务员可以,叫做工人也可以。"关于人民公社若干问题的决议"中有一条专门讲这个问题,说食堂、托儿所的工作是崇高的事业。要加强党的领导,加强这方面的人才,提高他们的社会地位。要派强有力的干部,派党团员去这些部门工作,不要叫病人或落后的人去搞这些事情。不要叫老太婆带孩子。许多老太婆净是讲鬼讲神,她是按照老一套传统习惯教育孩子的。我们要逐步做到,派护士、幼师毕业生去做托儿所、幼儿园的工作,这是发展方向。现在要找一些年青的妇女训练一下,使她们懂得这方面的一些知识。然后不断地提高她们的文化水平和业务水平。对于炊事员也应当采取开训练班和带徒弟的办法提高他们的烹调技术水平。

　　(三)办集体福利事业,要随着生产的发展,根据当地的条件,采取因地制宜,因陋就简,由小到大,由低到高的方法去做,不要一开始就贪大、贪高。贪大、贪高,就办不起来。开始食堂可以小一点,托儿所也可以小一点,在条件不具备的时候,先搞半托,由半托发展到全托,全托是方向。学生上学由走读发展到住读,住读是方向。食堂因陋就简,规模比较小,发展到大的餐厅,实现机械化半机械化。使餐厅既是大家吃饭的场所，又是大家集体学习、集体娱乐的场所。城乡都要向这个方向发展。这些事情都有一个发展过程，随着人民公社生产的发展，积累的增多，把这些事情办好起来。改造旧城市建设新的居民点，搞园林化，美化城市也是要逐步实现的，这是一个艰苦努力的过程。

（四）承认差别，照顾差别，逐步消灭差别。现在城市中的机关、学校、工厂、街道的居住条件、伙食标准和托儿所收费标准的高低，在目前是不同的。机关中有大灶，有小灶，这个差别承认不承认？小灶是不是取消？工厂的伙食十元，而街道的伙食只有五六元，这样的差别承认不承认？要承认这种差别，照顾这种差别，创造条件逐步消灭这种差别。原则上是低的向高的看齐，这样来消灭差别。要使大家的生活都有所提高，这样就会皆大欢喜。

（五）大集体、小自由的原则是永远适用的。现在适用，将来到共产主义社会还是适用的。并不是说，我们提倡生活集体化，个体的小自由都不要了。集体和个体是对立的统一。集体是由个体组成的，中国是由六亿五千万个人组成的。另外，人是有差别的，有男，有女，有老，有少，有南方的，也有北方的，并且各有各的风格，各有各的不同爱好，这样的差别，到共产主义社会还会存在，并不是说到共产主义社会每个人都穿一样的衣服。人，总是有吃大米的，有吃面的，有爱吃鱼的，有爱吃羊肉的，也有不吃羊肉的，总不能千篇一律。把孩子送到托儿所，不是再也不能接回来了，有时候可以到托儿所看看，或者抱回来亲一亲，玩一玩。有时候自己给些东西吃还是允许的。由于人们年龄的不同或者工作需要的不同，在吃饭、住房、用具等方面给予必要的照顾还是需要的。既然存在个体，存在夫妻和父母子女之间的关系，所以在大集体的前提下，小自由总是有的。我们认为，这是永远需要的。但是，不能说到共产主义社会，劳动时间少了，个人的自由就很多了，这也自由，那也自由，把个人的自由讲得很多，其实不会那样。人类社会发展到了高级阶段，集体生活总是主要的，除了集体以外，个体的小自由只占一部分。到了共产主义社会，并不会使人类的集体活动减少，而是集体活动的发展，但是，个体总是存在的，所以小自由也要存在。

一九六〇年四月六日

中南协作区委员会关于城市人民公社若干问题的规定 *

（一九六〇年四月八日）

一九六〇年四月一日至六日，中南协作区委员会在郑州市召开了城市人民公社现场会议，听取了河南省委和郑州市几个公社的经验介绍，进行了参观、座谈，同时，交流了中南五省（区）兴办城市人民公社的经验。到会同志一致认为，城市人民公社化运动的出现，是我国社会主义革命取得了决定性的胜利后，社会主义建设大跃进，人民群众觉悟大提高的必然趋势。一九五八年以来，在农村普遍实行了人民公社化的推动和吸引下，广大工人群众和城市劳动人民，尤其是家庭妇女积极要求大办城市人民公社、大办街道生产和大办集体生活福利事业。到目前为止，一部分中、小城市（镇）已经实现了人民公社化，并且开始走上巩固发展的轨道。一部分大、中城市，大量发展了街道工业生产和公共食堂、幼儿园、托儿所等集体生活福利事业，以及为居民日常生活服务的事业，其中有些城市也积极地试办了一批人民公社，并且取得了显著的成绩，为全面实现城市人民公社化打下了良好的基础。一年多来的实践证明，党中央"关于人民公社若干问题的决议"中所指出的"城市的人民公社，将来也会以适合城市特点和形式，成为改造旧城市和建设新城市的工具，成为生产、交换、分配和人民生活福利的统一组织者，成为工农商学兵相结合和政社合一的社会组织"的论断，是完全正确的。城市人民公社，虽然建立起来的时间不久，但是，它对于发展生产，组织协作，提高群众觉悟，广泛深入地进行社会主义改造，移风易俗等方面，都显示了巨大优越性，从而使城市的经济面貌和精

---

* 原件现存于湘潭市第二档案馆。

神面貌,发生了深刻的变化,广大妇女从繁重的琐碎的使人愚昧的家务劳动中解放出来,成为社会主义建设的劳动者。城市人民公社已经成为工人群众和广大劳动人民的大家庭;今后随着生产的持续跃进,集体生活福利事业日益的不断增长,人们思想觉悟的不断提高,必将逐步达到彻底改变旧社会遗留给人们的私有观念。为彻底改造旧城市、建设新城市,为加速消灭城乡差别的进程和逐步过渡到共产主义找到了一条正确的道路。

到会同志还一致认为,中南地区多数大中城市,采取了重点试办人民公社和积极地组织街道生产,举办集体生活福利事业的办法,以便取得经验,做好准备,在条件成熟的时候,再来全面地实现城市人民公社化,这样做是完全正确的。尤其像武汉、广州这样的大城市,过去一个时期根据中央的指示,采取了特别慎重的态度,也是完全必要的。这样不仅便于各省(区)集中力量办好农村人民公社,而且也是普遍办好城市人民公社所采取的必要步骤。现在,中南五省(区)的所有城市,经过一年多来在思想方面、组织方面和在部分城市中试办人民公社的经验等方面,为全面实现城市人民公社化,做了充分的准备。同时,目前社会主义建设出现了持续跃进的新阶段,大搞技术革命,大兴协作之风,已经成为广大群众的自觉行动。在这种情况下,应当大张旗鼓,放手发动群众,迅速地大办人民公社,进一步改变城市政治的经济的现状,进一步加深对城市的社会主义改造,不仅有利于城市的社会主义建设,也有利于巩固和发展工农联盟,更有利于社会主义建设的高速度发展。

总之,现在大办城市人民公社的条件已经完全成熟,广大职工群众和劳动人民及其家属,迫切要求我们采取积极态度,抓紧有利时机,从实际情况出发,迅速实现城市人民公社化。为此,特作如下规定。

一、在城市人民公社化运动中,必须采取加强领导,放手发动群众的方针

社会主义全民所有制的经济在城市中占主导地位,社会主义集体所有制经济最近一个时期也有较大的发展;机关、团体、厂矿、企业、学校已经高度的

组织化了,并有较为严格的组织性、纪律性;城市的人口集中,便于组织领导;城市又多是党、政机关所在地,领导力量比较强;"三大法宝"已经深入人心;同时,一部分城市已经实现了人民公社化,或者进行了组织人民公社的试点工作和准备工作;已经办起来的城市人民公社和公共食堂等集体福利事业,显示了巨大的优越性,广大群众迫切要求组织人民公社。这对于在所有城市中普遍兴办人民公社来说,就可以少走一些弯路,这一些对于组织城市人民公社都是十分有利的条件,这是一方面。但是另一方面,城市中的资产阶级和资产阶级知识分子较多,地、富、反、坏、右五类分子也较集中,人口流动性较大,各阶层的生活水平差别较大,资产阶级思想对人民的影响较深,同时还存在着一些资本主义经济的残余势力,这样就构成了城市情况的复杂性。这不仅和农村不同,而且大、中、小城市之间也有所不同。因此,要从实际出发,按照各个城市的不同特点,大张旗鼓,大造声势,大鸣大放大辩论,放手发动群众,充分运用有利条件,积极热情地全面开展城市人民公社化的运动。在办社步骤上,应该按照积极而又稳步的精神和群众自愿参加的原则,由点到面,逐步展开。在执行政策方面,必须在满腔热情地支持广大劳动人民和家庭妇女的要求的前提下,适当照顾到各阶层人民的不同觉悟程度和生活习惯。然后,随着人民公社的巩固提高,生产的发展,社会主义改造的日益深入,大多数人的觉悟有了很大提高,就可以逐步把不同生活习惯、思想落后的少数人改造成为爱劳动、爱集体的人。这是一个改造人们的思想和习惯的过程,在这个过程中主要表现为两条道路之间的阶级斗争,也有先进与落后之间的斗争。对于不同阶层和不同的人,应该有所区别,特别是对于先进与落后的矛盾的解决更不能操之过急。

二、城市人民公社是工农商学兵相结合的政社合一的社会组织

城市人民公社应该逐步形成工农商学兵五位一体的社会基层单位。城市人民公社虽然以工业生产为中心,但是,必须是工农商学兵全面发展,以便充

分发挥它的优越性。每个基层公社一般地都要联合城市郊区的公社或若干农业生产队,并且利用城市的一切空闲地,建立综合农场,作为自己的副食品生产基地。公社有了工业又有了农业,就便于加强工业与农业、城市与乡村的协作,便于进一步巩固工农联盟,促进工业与农业的全面发展,这对于逐步消灭工农差别、城乡差别具有重大意义。国营商业、粮食企业、服务性行业,除批发机构、大型加工企业和为全市服务的大型商店、饭店等企业外,一般地应该下放给公社管理,实行双重领导,以便承担组织公社生产、交换、分配和消费的任务,更好地加强市场管理。但是,在企业下放后,还必须服从国家计划,执行国家的各项经济政策,按照国家规定上缴利润。财政金融等部门的管理体制,也要作相应的调整,文教卫生部门应该将小学、文化馆、街道俱乐部、联合诊所等下放给公社管理,中等学校也应该根据情况逐步下放给公社。公社还必须积极地发展文化教育和卫生事业,逐步满足城市人民文化生活的需要。城市人民公社必须实行全民皆兵,加强民兵建设,要在公社的统一领导下,以厂矿、企业、机关、学校为单位普遍建立民兵组织,开展民兵活动。

城市人民公社不仅是工农商学兵五位一体的社会基层单位,它同时又是社会主义政权组织的基层单位,必须实行政社合一。原来的区人民委员会、街道办事处和居民委员会应该和公社合并,政权工作由公社负责管理。

三、城市人民公社的性质

目前城市人民公社,大体上有三种主要的组织形式,一是以大型国营厂矿为中心建立的,二是以机关、学校为中心建立的,三是以街道居民为主建立的。这几种形式的人民公社,大多数是以国营经济为主体,全民所有制成分的比重很大。但是,在一个公社内,都还包括国有制、公社集体所有制和社以下集体所有制几种经济成分。

在建立城市人民公社的时候,城市虽然已经进行过"三大改造",但是还有一些个体经济和私房出租者,因此,必须根据党的政策,采取适当步骤,对于个体经济和资本主义所有制的残余进行彻底的改造(对于华侨和劳动人民所有的房屋,和其他城市居民的住宅,仍归他们所有)。在人民公社建立以后,还要经常注意和资本主义的自发势力作斗争。

随着公社的发展扩大,工农业生产的增长,积累的增多,文化教育、福利事业的发展和社员群众觉悟程度的提高,公社内国家所有制和集体所有制并存的情况,将会逐渐发生变化,逐步过渡到单一的社会主义全民所有制。而且,由于城市人民公社内的全民所有制成分比重很大,现有的部分集体所有制向全民所有制过渡,将比农村来得快。但是,由于目前公社的生产水平还很不平衡,社员的思想觉悟也参差不齐,因此,一般地还不要急于过渡,应当积极地为过渡到单一的社会主义全民所有制创造条件。对于公社的农业生产队,在目前更要注意发挥它的集体所有制经济的作用,同时积极创造条件,逐步过渡为公社所有,采取社有农场或直属队的形式都可以。

现在,城市人民公社的性质,还是社会主义的,但是它已经具有若干共产主义因素,对于这些因素应该充分重视、爱护和积极地加以扶植,使之逐步发展壮大,为将来过渡到共产主义社会创造条件。

四、社员和社员的义务与权利

凡年满十六岁以上的居民,除被剥夺政治权利者以外,只要自愿参加,执行公社的决议,都可以成为公社社员。国家厂矿、企业、机关、学校等单位的工人、干部、学生、教职人员等,凡是具备社员条件的,都可以在生产、工作、学习单位的所在地参加公社为社员。华侨、侨眷和港澳回来的人员,只要具备社员条件,而又积极要求参加的,就应该接收他们为社员。

资产阶级分子及其家属,凡是自愿要求入社者,可以批准为社员。但是,一般不得担任公社的领导职务。在办社初期,不要急于动员他们入社为好。

人民公社对于地主分子、富农分子、反革命分子和其他被剥夺政治权利的人,应该按照党的八届六中全会"关于人民公社若干问题的决议"处理。

社员个人的生产资料,应该入社,但要按照党的政策分别处理。社员个人的生活资料,归个人所有,随着生产的发展和集体福利事业的扩大,生活资料中的公有部分,必将有巨大的发展。

社员义务:(一)要模范地执行党和国家的政策法令,遵守公社社章和决议;(二)服从公社的统一领导;(三)积极参加公社所组织的生产或工作,向一切危害公社的行为作坚决的斗争;(四)参加公社所组织的政治活动和各项运动。

社员权利:(一)在公社组织内有选举权和被选举权;(二)对公社各级干部和各项工作,都有建议批评和监督的权利;(三)本人及其直系家属有权享受公社举办的集体福利事业的待遇。

国家厂矿、企业、机关、学校等单位的社员,他们的主要职责,是担负党和国家交给的任务,因此公社向他们分配任务的时候,不应该影响他们的主要职责,但是,他们应该在业余时间内,主动地积极地完成公社分配的各项任务,并且与其他社员享有同等权利。

五、城市人民公社的规模、
管理体制和组织原则

为了充分发挥人民公社"一大二公"的优越性,合理地使用人力、物力、财力,更好地组织生产和集体福利事业,城市人民公社的规模一般大一些为好,但是,在建社初期管理经验缺乏的情况下,规模也不宜过大,太大了在领导上不方便,一般应该随着公社各项事业的发展,由小到大,由简到繁,逐步扩大。至于各个公社规模的大小,应该根据城市的特点和规划具体确定。以县城镇为中心组织起来的人民公社,应该加强城镇领导,积极发展工业,为农业生产服务。在农村的矿山企业,包括职工及其家属和直接为矿山服务的单位,人口在五千以上的,可以划进一部分农村,单独组织矿山人民公社。

根据城市有大有小的情况,目前城市人民公社,可以实行三级管理、三级核算,也可以实行两级管理、两级核算。三级,即公社、分社、管理区。两级,即公社、分社(管理区)。在确定公社管理体制的时候,必须遵循有利于发展生产,有利于壮大公社经济,有利于发挥社员群众的积极性和便于管理的原则。

　　城市人民公社的各级组织和所属企业,都必须根据勤俭办社,勤俭办一切事业的原则,精打细算,增加生产,厉行节约,以促进公社经济的发展。

　　城市人民公社的组织原则是民主集中制。无论在生产管理、收入分配、生活福利以及其他一切工作方面,都必须贯彻执行这一原则。公社的最高权力机关是社员代表大会,社员代表大会讨论和决定公社的重大问题,选举公社管理委员会。公社管理委员会设主任一人,副主任和委员若干人,下设生产、计划统计、财政贸易、生活福利、文教卫生、人事劳动工资、政法、武装等部门和办公室,分别管理日常工作。分社和管理区要建立管理委员会和必要的办事机构。

　　公社要建立党委会,设立组织部、宣传部、监委会及其他必要的工作部门。以国营厂矿、企业、学校为中心建立的人民公社,一般由大厂矿、企业和大专学校的党委书记兼任公社的党委书记,另设专职副书记。但是,国营厂矿、企业、学校的党委,受市委和公社党委的双重领导。在公社党委的统一领导下,分社和管理区要建立党的领导机构。共青团、妇联会也要分别设立相应的组织机构。

　　公社要积极培养训练和提拔干部,特别要注意在劳动妇女中培养干部。在公社各级领导机构中,妇女干部应占一定比例。同时,上级党委也要抽调一批领导骨干,加强公社领导。

六、城市人民公社与国营企业的关系

　　国营和地方国营厂矿、企业是城市人民公社的重要组成部分,应该在公社党委的统一领导下,充分发挥其全民所有制的优越性,和公社内的其它生产单位,有组织有计划地开展生产大协作,以便把大中小企业密切结合起来,大搞技术革新和技术革命,以促进生产的大跃进。但是,国营和地方国营厂矿、企业的计划是由国家直接规定的,他们的行政业务,仍归原上级主管部门领导,管理体制不变。公社要保证国营厂矿、企业按照国家规定,全面完成各项计划,保证按期完成产品调拨和利润上缴任务。地方国营厂矿、企业,按照中央和各省、市规定的利润提成的办法,将公社应得部分交公社统一支配。公社在发展生产中,要首先考虑到国营厂矿、企业的需要,根据可能做出规划,组织加工性的、辅助性的以及服务性的生产,从各方面支援国营厂矿、企业完成和超额完成国家计划。同时,国营厂矿、企业要积极帮助公社发展社办工业和集体福利事业,帮助培养技术力量和办好社办学校,利用业余时间参加一定的义务劳动等。公社除组织国营厂矿、企业和社办厂矿、企业生产协作外,还必须积极办好集体福利事业和文化科学事业,为国营厂矿、企业职工和全体社员服务。

公社和机关、学校的关系,也应该参照上述精神正确处理。

七、大闹技术革新和技术革命,积极发展生产

发展生产是办好城市人民公社,改善旧城市和建设社会主义新城市的中心环节。因此,城市人民公社必须坚决贯彻执行以生产为中心,生产、生活一齐抓的方针。在发展生产方面,以工业生产为中心,实行工业和农副业并举,挖掘一切劳动潜力,积极办好服务性生产。

在工业方面,要在全市统一规划、合理布局的前提下,在国营企业的积极扶植下,坚决贯彻执行依靠群众,自力更生,因陋就简,因地制宜,就地取材,综合利用,大、中、小相结合,中小为主,土洋并举和"四服务"(为国家建设服务,为农业生产服务,为人民生活服务,为出口服务)的方针。积极发展社办公业,组织建筑、交通运输等专业队,搞好社办交通运输工作。企业管理应当特别重视经济核算,加强财务管理。

在农业方面,要贯彻执行以菜、肉为纲,积极发展蔬菜、养猪、养鸡、养鸭、养鹅、养鱼、养奶牛、养奶羊等农副业生产,尽快地达到副食品自给或部分自给。同时,要大搞植树造林,发展果园。市区居民、机关、学校、厂矿、企业也必须利用一切大小空地,种植蔬菜、饲料,发展家畜、家禽。

大搞群众运动,大闹技术革新和技术革命,大抓原材料综合利用。积极开展生产大协作,大厂带小厂,小厂辅大厂,邻里相助,先进帮后进,后进赶先进,充分发扬敢想敢说敢干的共产主义风格,把技术革命推向新的高潮,迅速实现机

械化、半机械化和自动化、半自动化。充分利用城市的有利条件,加强对农业的技术改造,尽快地实现农业现代化。在生产过程中,要不断提高技术水平,扩大生产,增加品种,提高产品质量,节约劳力,努力提高劳动生产率,保证持续跃进。

八、全面组织人民经济生活,
发展集体福利事业

全面组织人民经济生活,积极发展集体福利事业,使家务劳动社会化,这对于培养人民的集体主义思想,改变人们的旧有生活方式和促进生产力的大发展有着极为重要的意义。目前,举办各种集体福利事业,安排好人民生活的中心环节,是办好公共食堂。对于已经办起来的食堂,要进一步加强领导,进行整顿提高,保证社员吃饱、吃好、吃省;尚未举办食堂的地方,应该积极举办,首先吸收迫切要求参加食堂的社员,并且要坚决办好,树立榜样,以便逐步扩大就餐人数。为了适应城市广大人民的各种不同要求,可以采取各种各样形式,举办各种各样的食堂。办公共食堂要贯彻民主管理的原则,坚持勤俭办食堂的方针,大搞家底生产,大搞炊具改革。同时,要积极兴办托儿所、幼儿园、敬老院、妇产院等集体福利事业。公社要积极培养训练保教人员和医务人员。各项集体福利事业的收费标准,应该有高有低,不必强求一致,并且要随着生产的发展和公共积累的增多,逐步降低收费标准。对生活确实有困难的社员,在生活、医疗及儿童入托等方面,应该给予适当照顾。随着生产的发展,公共福利事业的日益增长,逐步做到全部免费。注意改善劳动条件,做好劳动保护工作,特别要做好对妇女的劳动保护工作,一定要保证妇女在"四期"(产前产后、月经期、怀孕期、哺乳期)得到必要的休息,产假期间工资照发。

生活服务站各地正在积极举办,受到了广大群众的热烈欢迎。因此,应当大力推广,普遍建立,逐步扩大业务范围,使城市人民的整个经济生活得到妥善安排。

国营厂矿、企业、机关、学校的福利事业,可以逐步由公社统一管理。这样做,既有利于福利事业的全面发展,更有利于厂矿、企业、机关、学校集中力量完成自己的任务。在目前还没有经验的情况下,可采取重点试验和先由公社管理或者代管其一部分的办法,取得经验,然后推广。但是,不得降低原来的生活福利水平,并且要逐步提高。关于厂矿、企业、机关、学校中的劳动保险和医疗等福利待遇,目前暂按原规定执行。

调整住房和积极地有计划地改善社员的居住条件,是一项重要的工作。对于住地离生产单位较远及其他住房不合理的情形,应该根据便利生产和休息的原则,有领导、有计划、有步骤地将其住房进行调整。随着公社生产的发展和积累的增加,以及公社化后的新情况和园林化的要求,统一规划,分期分批改造旧市区,建设新的居民点,逐步改善社员的居住条件。

九、发展文化教育、卫生和科学事业

文化教育事业是城市的一项重要工作,必须加强领导,认真办好。人民公社要贯彻执行教育和劳动生产相结合的方针,迅速普及小学教育,逐步普及中学教育,同时要办好幼儿教育。积极兴办业余学校和红专学校,建立业余教育体系,加强对社员的政治教育、文化教育和技术教育,大量培养又红又专的人才。开展群众性的文化娱乐和艺术活动,依靠群众举办图书馆、俱乐部等各种文化事业,丰富城市人民的文化生活。

开展以除四害、灭疾病为中心的爱国卫生运动和体育运动,大造声势,大搞群众运动,积极发展卫生医疗事业,保证人民的身体健康。

密切结合技术革新和技术革命运动,开展群众性的科学研究工作,普及和提高人民的科学知识。特别要热情支持群众的发明创造,促进技术革新和技术革命运动的大发展。

十、正确处理积累和消费的比例关系

做好分配工作,规定适当的积累和社员消费的比例,正确处理国家、公社和社员之间的关系,对巩固发展公社有着极为重要的意义。积累的比例,要根据各公社的情况,收入多的多积累,收入少的少积累。随着生产的发展,积累部分应该逐步增长。

公社的纯收入中,一般用于扩大再生产部分,可占百分之五十左右;用于集体福利事业部分,可占百分之四十左右;企业留用占百分之十左右(用于设备维修、举办集体福利事业和对职工奖励等)。公社所属企业,除了向国家上缴税收和企业留用百分之十左右以外,其余全部由公社统一支配。公社一级和管理区一级的纯收入,可以按规定的比例上交一部分。

工资形式以计时工资为主,计件工资为辅。社办企业职工的工资,一般不得高于当地国营企业同工种、同等级工人的工资水平,社办工业初期生产水平还不高的时候,可以略低于国营企业的工资水平。在一个公社范围内,同工种同技术水平的工人工资,应该逐步达到统一,这样有利于生产,有利于团结。农业生产队仍然实行工资制与供给制相结合的制度。同时,随着生产的发展,应该多举办集体福利事业,不断地增加共产主义因素。

十一、继续对城市进行彻底的社会主义改造

城市的阶级关系比较复杂,经过社会主义"三大改造"以后,城市的阶级情况和经济情况发生了根本变化。但是,由于旧城市长期形成的政治经济的复杂性,社会主义改造任务还没有彻底完成。现在,不仅有资本主义经济残余和小量的个体经济,而且对于资产阶级及其知识分子的改造任务还很艰巨。因此,城市人民公社必须贯彻执行党的阶级路线,依靠工人阶级,团结其他劳动人民,加强对资产阶级及其知识分子的团结、教育和改造,不断肃清资产阶级思想的影响。

对资产阶级分子及其家属,继续进行团结、教育、改造的方针。资产阶级分子及其家属已经参加公社劳动生产的,要对他们继续进行教育改造,逐步使其成为自食其力的劳动者。对于现在还没有参加公社生产的资产阶级分子及其家属,应该动员他们参加公社生产,通过劳动加强对他们的改造。

在城市广大人民群众中,要广泛深入地进行两条道路斗争的阶级教育,改造人们的思想,提高政治觉悟。不断地与资产阶级思想影响作斗争,明确地树立无产阶级思想。

在建立人民公社的过程中,一部分手工业工厂和社、组,转为人民公社工厂时,对于私人所有的生产资料,应当清查处理。凡属手工业工人和独立劳动者的生产资料,可以折价归社,分期付款。对于小业主的生产资料,可以折价归社,按值定息。人民公社要加强市场管理,对地下工厂和黑市投机活动,必须坚决取缔。

对反革命分子和反社会主义分子,要在广大群众的监督下强制劳动。要加强对他们的教育,并且根据其表现的好坏,区别对待。

十二、做好全面规划,加强党的领导

城市人民公社的建立和发展,必须与城市的全面发展密切结合起来。各地必须根据整个城市的发展规划,做好建立和发展城市人民公社的具体规划,以便积极地有步骤地全面地组织和发展城市人民公社。已经实现城市人民公社化的地方,要作出巩固提高人民公社的规划,积极地有计划地发展公社的各项事业,并且要选择适当时机,开展反贪污、反浪费、反官僚主义的斗争,进行整顿工作,使城市人民公社迅速地得到巩固和提高。

在城市建立和发展人民公社是彻底改造旧城市和建设社会主义新城市的一次伟大的革命运动,必然会遭到一些人的非议和抵抗。因此,必须加强党的领导,坚持政治挂帅,深入开展共产主义的思想教育,大张旗鼓地宣传城市人民公社的优越性。通过大鸣大放大字报大辩论,及时揭露和批判各种资产阶级思想,严厉打击各种破坏活动。对于群众中的一些怀疑和误解,要进行耐心的说服教育,使广大群众认识到,人民公社是建设社会主义和过渡到共产主义的正确道路,激发他们办好城市人民公社的自觉性。为了做好这一工作,各城市(镇)党委要以最大的力量,加强对城市人民公社的领导。各省(区)委地委应当立即组织力量,成立领导机构,并且指定一位书记专管城市人民公社的工作。各级党委要定期讨论和解决城市人民公社中的重要问题,切实加强党对城市人民公社的政治思想领导和组织领导。

在城市人民公社化运动中,各级党委还应当特别注意教育干部发扬深入实际联系群众的优良工作作风,强调和群众同吃、同住、同劳动,时时刻刻关心群众疾苦,关心群众生活,及时解决群众中的困难问题。坚持勤俭办社的方针,克服官僚主义和命令主义作风,不断增强党和群众的联系,调动一切积极因素,坚决办好城市人民公社。

一九六〇年四月八日

中南协作区委员会常委会议
向中央的报告[*]

（一九六〇年四月九日）

中央，主席：

中南协作区委员会在郑州召开了城市人民公社的现场会议以后，接着在四月七、八两日召开了协作区委员会的常委会议。

会议认为当前中南地区和全国各地一样，处于大好形势之下，工农业生产的情况良好，技术革新和技术革命运动风起云涌，城市人民公社和小洋群、小土群企业迅速发展，干部和群众的觉悟提高，劲头很大。今年肯定是一个大跃进的局面。只要我们抓紧时机，乘胜前进，就可以实现更大的跃进。目前在少数地区，粮食供应有些紧张，急需抓紧安排；对于落后的社、队，各地凡已派出得力干部前往坐镇，进行整顿工作，成效甚为显著。

会议完全同意主席在天津会议上所讲的十个问题，并将迅速组织传达。我们就下列问题初步地交换了意见。

一、今后三年计划问题

同意富春同志提出的方案。只要认真地贯彻执行总路线，不断地发展生产力，及时地改善生产关系，最大地发挥群众的积极性和创造性，到 1962 年，全国生产三千八百万吨至四千万吨钢是有可能的，中南地区 1962 年将努力达到六百

---

* 原件现存于湘潭市第二档案馆。

一十万吨至六百四十万吨钢。1960 年全国钢产量有可能达到二千二百万吨,中南地区力争达到二百五十万吨(中央原来分配的指标,第一本账为一百八十九万吨,第二本账为二百二十九万吨,我们认为今后三年全国基本建设投资安排为一千四百三十亿至一千五百二十亿元,是积极的,也是留有余地的)。

二、四化问题

我们将以更大的努力,来开展技术革新和技术革命运动,现在运动虽已展开,声势很大,但还不够扎实,好经验的总结与推广不够有力。目前我们打算着重抓紧总结、推广和提高三个环节,以便收到更大的实际效果。

中南各省区将四化的成果进行排队,在各行各业中,分别抓住几项行之有效的、节约劳动力与原材料最多的革新内容,大力推广,这是完成和超额完成计划的重要保证。

三、大搞小洋群和小土群问题

在保证完成国家计划的前提下,中南各省区打算利用地方目转资金和超产分成的材料,分批地新建一些小洋群的煤井,解决通风、排水、提升和井下运输设备。小高炉的重点是提高利用系数。目前新乡一座一点二立方米的高炉,利用系数达十五左右;湖南常宁县松柏一座一点二立方米的小高炉,利用系数已接近二十。中南各省区都有一些利用系数很高的小高炉,而各省区小高炉的平均利用系数只到一左右,我们决定最近在湖南常宁县召开一次现场会议,认真总结该小高炉利用系数为何如此之高的经验。把利用系数高的小高炉的红旗高高举起,推广它的先进经验,增加必要的风机等设备,普遍提高现有小高炉的利用系数是大有可能的。当然,在若干有煤有铁的地区,还要新建一些小高炉。为了大力发展煤、铁,还需要兴修若干道路和土铁路。在有条件的地方,人民公社还需要搞一批小土群的煤、铁和土铁路。

四、体制问题

为了促进资源的综合利用,建立联合性的企业,中南各省区在体制方面准备继续下放一些企业,各专县对下面也应当如此。在不影响全局的情况下,帮助下面多搞一些家务,这样才能充分发挥各级的积极性,大大加快我国社会主义建设的速度。

关于1960年的钢材分成问题,可否仍按上海会议的方案执行,因为各省区正按照这个方案安排自己的生产和基本建设。假定今年钢的产量能够达到二千二百万吨,尖端、国防和松辽石油所需的钢材能够全部解决,就没有问题了;如果不能解决,缺少的钢材,建议由国家按比例分派。

五、提前实现农业发展纲要四十条的问题

在这方面我们考虑主要解决粮食、绿化、除四害、扫盲四个问题。

力争到1962年实现粮食亩产四百斤,五百斤和八百斤的指标。绿化方面,要在今后二、三年的植树季节,拿出一定的时间,各级领导带头,广泛发动群众,大搞造林运动,并逐级分派任务,保证成活率。除四害方面,主要是大搞环境卫生,要在一、二年内集中力量,打下基础,养成人人讲卫生的良好习惯。扫盲方面,1964年以前普及小学,扫除四十岁以下的文盲;为了加速扫盲进度,必须推广拼音字母。

六、农业问题

农业方面主要抓粮食,同时抓经济作物与多种经营。一方面要大搞机械化和半机械化,提高农业劳动生产率,这就需要在钢材、生铁、木材等方面予以

支持;另一方面要继续掀起养猪高潮(河南临汝县四十多万人口,已经养了九十多万头猪);还要大搞土化肥。决定由河南省委主持召开一个全区小型的养猪现场会议,广东培养的小球藻是很好的精饲料,可以推广。由广东省委主持召开一个全区小型的以泥炭为原料的土化肥现场会议(泥炭炼油以后的废水含氨和苯既是肥料,又是农药,炼油后的煤渣子也是肥料)。

七、生活安排问题

鉴于河南信阳地区与各省、区还有些地区粮食安排不够好,致发生一部分人浮肿和死亡的严重情况,决定各省区应切实负责彻底检查一下缺粮的社、队,迅速予以调拨,粮食安排到社。原来安排好了现在又出问题的,也要及时安排。还要组织群众种菜,代替一部分粮食。目前有少数患浮肿病的人,让他们吃得好一点,休养时间稍长一些,病养好以后,先从事轻体力劳动,待健康完全恢复后,再从事正常劳动。对于所有的劳动者,都要引导他们注意劳逸结合,以便保持持久的革命干劲。

八、三反问题

大张旗鼓地造成声势,使全体干部懂得三反的重要意义。广东省委在六级干部会议上,已经宣布下半年要搞三反;湖南省委在党内宣布有贪污行为的党员要及早坦白,7月1日以后被查出有贪污行为还没有坦白的,就要从严处分。这样可以使贪污分子悬崖勒马,及早挽救一批干部。大家一致认为,三反可分两步进行,省和地委两级先进行反对官僚主义作风,同时抓紧时间,在县以下进行三反。县以下三反基本结束时,再进行省、地(市)两级的三反。这样,在时间上,可以穿插进行,先下后上,便于集中力量,加强领导。要求做到在县以下开展三反运动的时候,省和地委要有得力的干部分头掌握。对于典型的坏人坏事的处理,要扩大宣传,以收惩前毖后之效。

九、干部回避问题

我们完全同意主席的指示,相信大多数基层干部是好的。基层干部的基本问题,是走阶级路线与群众路线的问题,但是如何进一步做好基层干部的工作,培养他们成为真正的党的群众路线和政策的忠诚执行者,却是一项关乎大跃进和巩固发展人民公社的重大问题。现在考虑,采取基层干部全部回避本地的办法,还无成熟的经验,要经过一段试点和酝酿才能肯定是否妥善。但是,对少数坏分子和不胜任的干部必须坚决撤换。少量不便于在本乡本土工作的好干部也应该调离本地。在调整基层干部的过程中,逐步地、有意识地配搭三分之一左右的外地干部也是有好处的。但是,主要的还是加强对基层干部的共产主义教育,充分发扬民主,支持群众的正确意见,以便发挥群众对基层干部经常的监督作用。发挥党的监察机构的作用,不断地和坏人坏事作斗争。同时要建立必要的财务等制度。

十、最近时期的工作安排

还未召开六级干部会议的省区,最近即将召开。各省区党委的负责同志,准备从4月到5月中旬深入下层,了解农业生产、人民公社整顿、粮食供应,大搞技术革新、技术革命和小洋群、小土群运动等问题。建议中央召开省市委第一书记会议放在五月下旬为好。

主席对于反华问题的精辟分析,给了我们很深刻的启示。此外,主要矛盾问题和从生产队所有制向公社所有制过渡问题,我们在从化已经进行过讨论,一致同意主席的意见。关于城市人民公社问题,另有报告。

中共中南协作区委员会

一九六〇年四月九日

中央监察委员会关于加强
城市党的监察工作的意见[*]

（一九六〇年四月二十六日）

一

目前，我国城市形势极为良好。社会主义建设的三大法宝——总路线、大跃进、人民公社更加深入人心。广大群众的共产主义觉悟空前提高。一个新的伟大的城市人民公社化运动的高潮，正在全国范围内迅速形成。以机械化、半机械化、自动化、半自动化为内容的技术革新和技术革命运动正在蓬勃发展，各项建设事业都在继续大跃进。但是，必须看到，在城市中，社会主义改造的任务并没有彻底完成，资本家还拿定息。一些个体手工业主、小商贩和房屋出租主还有待彻底改造；有些单位民主革命还不彻底，一部分地、富、反、坏、右五类分子还在继续进行破坏活动；资产阶级的政治影响和思想影响还有相当市场。无产阶级同资产阶级、社会主义道路同资本主义道路的斗争仍然是长期的、复杂的。

在城市实现人民公社化，将要彻底消灭生产资料私有制的残余，把一切能劳动的人全部组织起来进行集体劳动，这是又一次巨大而深刻的社会主义革命。实现人民公社化不会是风平浪静的。最近一部分资产阶级分子和社会渣滓千方百计利用我们城市工作中的某些薄弱环节，多方进行地下投机活动，采取打进来，拉出去的方法，篡夺人民公社企业、街道工业和集体福利事业以及

---

　　*　原件现存于湘潭市雨湖区档案馆。

某些小厂矿、财贸基层单位的领导权,腐蚀干部,进行各种破坏活动,向社会主义进攻。在厂矿企业、财贸、文教、卫生等单位中,贪污、浪费、官僚主义又有新的发展,这些情况表明,阶级斗争在某些地区,某些方面还是相当尖锐的,在党内的反映也是明显的、深刻的。

我们必须充分看清这一形势,进一步加强城市党的监察工作,特别是加强工矿企业、财贸部门和人民公社党的监察工作,以保证党的社会主义建设总路线的贯彻执行、城市人民公社化运动的健康发展和社会主义建设的持续大跃进。

二

城市党的监察组织,必须在各级党委的统一领导下,着重抓反对总路线、大跃进、人民公社和两条道路、两条路线斗争的案件;抓反对党的领导,破坏党的团结和统一,组织宗派集团进行反党活动的案件;抓不执行党的决议,破坏国家计划,破坏技术革新和技术革命,贪污盗窃等危害大跃进的案件;坚决清除混入党内的阶级异己分子和反革命分子、坏分子,加以加强党的纪律,纯洁党的组织,巩固党的团结。具体工作主要是:

(一)坚决同反对党的领导,反对党的总路线,抗拒党的方针、政策,破坏党的团结和统一的行为作斗争。对于反对党委领导,坚持"一长制""专家治校""专家路线"等资产阶级思想和行为,必须进行坚决的斗争。对于组织宗派集团,进行反党阴谋活动的分子,必须严肃处理。党的监察组织对于这类问题,决不能熟视无睹,麻痹大意。

(二)同危害人民利益的贪污、浪费、官僚主义的行为作坚决的斗争,要积极搜集材料,检查这类典型案件,积累经验,为城市中的"三反"运动做准备工作。检查处理由于严重官僚主义的失职行为而造成重大损失的案件。对于大贪污盗窃犯,一定要法办。

(三)检查处理共产党员抵抗和破坏人民公社化运动的案件,坚决打击资产阶级分子和各种坏分子篡夺人民公社企业领导权,利用社办企业进行投机倒把的非法活动。

（四）了解党员在技术革新和技术革命中的错误倾向，检查处理党员压制创造发明，反对和破坏技术革新和技术革命运动，剽窃他人发明创造，弄虚作假，骗取荣誉的案件，检查处理严重泄露党和国家机密的案件。

（五）对于严重本位主义，破坏党的政策，破坏"全国一盘棋"的方针，无组织、无纪律、闹分散主义、破坏国家计划的行为，必须进行坚决的斗争。检查处理私招乱雇工人，乱抓物资，支持资产阶级分子进行地下非法活动的案件。对于勾结资产阶级分子和各种坏分子开设地下工厂，组织地下运输队，商业投机集团，进行非法活动的蜕化变质分子必须严加惩办。

（六）必须下大决心，用大力量，采取除恶务尽的方针，把混入党内的反革命分子和各类坏分子清除出去。对于共产党员包庇反革命分子和各种坏分子的案件必须进行严肃处理，不得有丝毫姑息。优容养奸，必然造成恶果。

三

为了做好上述工作，各级党委监委必须：

（一）在党委的统一领导下，积极地参加党的政治运动和中心工作，鼓足干劲，力争上游，充分发挥主动性和创造性，千方百计地使党的监察工作跟上党委的要求，要跟得紧，跟得好。在政治运动和党的中心工作中，要积极当好党委的助手，即按照党委的意图，在政治运动开始以前，积极地了解和及时地向党委反映党员违反纪律的情况；在运动中注意了解和研究运动中发生的问题，同时积累揭发的材料，研究政策界限，为定案处理工作作准备；在运动后期，了解组织处理工作中的问题，做好案件的审查处理工作。

（二）经常注意有计划、有重点地对某个方面、某个部门党员的违反纪律倾向，采取同有关单位协作、开座谈会、典型调查等方法进行深入的调查研究。从各式各样的违反纪律的现象中抓住主要问题，提出解决意见，报告党委，提请党委批转通报，或经党委批准，组织力量进行检查处理。

（三）深入落后单位检查处理案件。对于政治运动开展不起来的、党的政策贯彻不下去的、生产长期落后的以及违法乱纪现象比较多而且突出的单位，必须配合有关部门进行深入检查。在检查中对严重违法乱纪的人，必须进行全面的、历史的审查，同时，要抓住线索，顺蔓摸瓜，查清上下左右，把隐藏在革命队伍中的坏人都挖出来。不要就事论事，被他们的伪装手法所蒙蔽。在处理的时候要区别是坏人干坏事，还是好人犯错误。要注意坏分子利用三反整风，来要挟诬陷好人和嫁祸于人。对于有教育意义的典型案件，要进行大张旗鼓的处理。

（四）各省、市、区党委监委负责同志要亲自深入一个城市基本单位（如一个工厂、一个财贸单位或一个人民公社），进行调查研究，亲自检查一两个案件，采取搞"试验田""解剖麻雀"的方法，取得实际经验，提高领导水平。

各省、自治区党委监委要有一个副书记或常务委员分工管理城市党的监察工作。

（五）加强党的基层组织监察工作的业务指导。一年之内，有计划地抓几次，通过召开座谈会等方式交流工作经验，提高基层监察干部的政治思想水平和业务水平。

在工矿、企业、财贸和文教卫生系统中，根据工作的需要，凡是应该建立而没有建立基层监察组织的单位，应该请示党委批准建立，并且配备一定数量的专职干部。以街道为中心的人民公社党委，如果需要建立监察组织，可以请示党委决定。

最后，必须教育监察干部站稳党的立场，加强党性锻炼，坚持原则斗争，树立敢想敢说敢做的共产主义风格，克服右倾思想，反掉个人主义，不要怕"鬼"。对错误倾向一定要大胆地抓，歪风邪气一定要坚决地"顶"，坚决当好促进派。

中共湖南省委第五次全省监察
工作会议大会秘书处翻印
一九六〇年四月二十六日

姚依林同志在中共中央财政贸易工作部上海座谈会上的总结发言[*]

姚依林同志在中共中央财政贸易工作部上海座谈会上的总结发言*

（一九六〇年四月二十八日）

同志们：

今天讲一个问题。

第一个问题：关于这次会议。

这次会议是座谈会，目的是调查研究，交流经验。因为在组织城市人民公社的过程中，在财贸工作方面不断出现了许多新问题，需要随时调查研究，交流经验，所以举行了这次会议。

在这次会议上，各地同志比较充分地发表了意见，提出了许多问题。这些问题可以分为两部分，一部分是经过讨论后比较成熟，取得一致意见的；一部分是经过讨论，觉得还不够成熟，还有不同意见，或者现在还不宜于定下来的。

我们的工作正在发展，许多事情还处于萌芽状态，有些问题不能一开始就认识清楚。经过讨论，大家带了不少问题回去，便于继续研究，进一步解决。

这次会议上拟出了三个文件，一个是城市的，一个是工矿林区的，一个是农村的。大家可以先把前两个带回去，农村的一个到北京修改后再发。这三个文件是大家搞的，其中只包括取得一致意见的部分，还有不同意见的部分没有写进去。这三个文件都是参考资料，不是决定，可以执行，也可以不执行，由各地党委决定。

第二个问题：关于目前情况。

城市人民公社化运动，现在是高潮，正在迅速发展。过去一个时期，办城

＊　原件现存于宁夏回族自治区档案馆。姚依林，时任中共中央财贸政治部主任。

市人民公社的还是少数城市。自从中央指示后,所有的城市都办起来了,这是一个很大的发展。组织城市人民公社生产和组织人民生活,在过去一个时期中,也只是在少数城市里比较普遍,多数城市只组织了一部分或一小部分。因此,就多数城市来讲,当前的主要问题还是发展,同时要在发展过程中注意巩固和提高。目前城市人民公社还没有完全定型,像城市人民公社的财贸体制等问题,在这次座谈会上讨论一下很有好处,但是目前还不可能定型。此外,这次会议上提出的有些问题,要通盘解决,不能由财贸部门单独解决,例如服务人员的工资问题,就是公社工资问题中的一部分,不可能单独解决。一个新的事物,在一开始,总是问题不少,总不是那么完善,往往要在发展过程中,通过实践,逐步认识清楚,逐步找到规律性,因此不急于过早地规定许多制度和办法。应当在发展过程中,不断地注意总结经验,交流经验,互相学习,取长补短。过去有一部分城市走得早一点,经验多一点,但是时间还不久,这些经验还不能说是十分完善的,还没有成套。今后,人民公社在全国各城市普遍开花了,一定还会出现很多新的经验。因此就要互相学习,达到共同提高,逐步形成一套比较完整的经验。

第三个问题:关于财贸部门支援城市人民公社的工业生产。

组织城市人民公社,应当以生产为中心。不论组织生产,组织人民生活,都是为了发展生产。支援城市人民公社的工业生产,是财贸部门一项重要的任务。过去,财贸部门在支援国营工业生产方面,有了一些经验,但是,如何支援城市人民公社的工业生产,对我们来讲,还是一个新的问题,还要研究。

城市人民公社的工业生产,大体上可以分为两部分:一部分是为大工业服务,与大工业直接发生联系的;一部分是为市场、农业和出口服务,与财贸部门直接发生联系的。我们应当着重研究的是后一部分。当然,对前一部分,我们也要积极地帮助他们挂起钩来。

对城市人民公社工业需要的原料材料,财贸部门要积极组织供应,在优先供应大工业原料材料的前提下,对城市人民公社工业,有什么原材料就供应什么原料材料,有多少就供应多少。有一些同志反映,目前城市人民公社工业原料材料不够,这种情况,在目前城市人民公社工业大发展的时期,是难以完全避免的。如果我们看得更远一点,这种情况是会逐步改变的。为什么呢?因为大工业是高速度发展的,从长期看,下脚废料总是增加的,现在的下脚废料就比过去多;由于技术不断发展和提高,可以利用的原料的范围,是越来越宽广的,过去不能利用的,今后也可以利用起来;同时,农业生产也是高速度发展的,特别是农村多种经营的发展和农副产品加工事业的发展,可以提供给城市工业的原料也会越来越增加。在这里,请同志们注意一个问题:自从中央提出开展小秋收运动,大搞多种经营,大搞农副产品加工和综合利用以来,工业原料的来源,已经发生了很大的变化。例如,我国去年生产酒一百多万吨,除了八大名酒和某些地方的白酒,是用粮食酿造的以外,绝大部分酒不是用粮食酿造,而是用野生淀粉和野生果类酿造的。再如麻袋,全国今年生产的麻袋是一亿一千多万条,明年就可以生产二亿多条,其中一半左右的原料是棉杆皮,到一九六二年,用棉杆皮织麻袋的数量,就会超过黄麻。今年第一季度,全国农产品收购共计三十余亿元,其中土产、废品就有二十亿元左右。这说明在农产品收购工作上,必须两条腿走路,而且野生原料的数量,并不比家生的少,只要广泛采集和加工,可用的部分很大。关键是:千方百计,发动各群众,克服困难,积极做好原料的采集、加工、调运工作,只要抓得紧,把工作做好,路子是很宽广的。

城市人民公社的产品,目前一般是畅销的。当然个别品种将来也有可能一时滞销,需要有计划地进行调整。但这只是暂时的、个别的问题。总的看来,在我国人民的购买力迅速提高的条件下,目前商品的数量总是不够而不是过多的。

对城市人民公社工业的产品,应当包销,还是让他们自销? 我们认为,包销比自销好。包销有利于把城市人民公社工业纳入国家计划,加强计划性,减少盲目性。当然,个别适合于自销的商品,也可以自销。包销的价格,应当使城市人民公社工业有适当利润。少数成本过高的,至少要做到使城市人民公社工业不赔本,赔钱的部分由商业部门来赔。过去,商业部门对地方工业、手工业产品的收购价格曾经采取过这样的政策,现在,对于城市人民公社工业产品的收购价格也应当采取这样的政策。过去的经验证明,地方工业、手工业赚钱的总是多数,赔钱的只是少数,而且赔钱是暂时的,现在的城市人民公社工业也是这样。任何东西,都有一个发展过程,从不完善到完善,从低到高。要允许城市人民公社工业有这个过程,要帮助它渡过这个过程,这样才有利于支援城市人民公社工业的发展。总的来讲,在支援城市人民公社工业的发展方面,财贸部门应当积极组织原料材料的供应,积极挖掘原料材料的潜力,积极组织产品的收购,积极打开产品销路,积极帮助改进技术,满腔热情地支持和促进城市人民公社工业的发展。财贸部门要在公社党委的统一领导下,参与到生产过程中去,起组织生产、促进生产和指导生产的作用,使城市人民公社工业迅速发展。

第四个问题:关于地区综合商店。

组织人民经济生活问题,在二月财贸书记会议上有了决定,不再多讲了。在组织人民经济生活的时候,成立地区综合商店,现在看来,是一种比较好、比较成熟的形式。采取专业商店的形式,在一定程度上也可以做组织人民经济生活的工作,进行组织人民经济生活的工作,可以做得更好一些。地区综合商店更便于党委的统一领导,搞专业商店,党委要抓许多头,搞地区综合商店,只要抓一个头。地区综合商店便于商业部门全面考虑在一个地区范围内有关组织人民经济生活的各项问题。地区综合商店便于全面掌握经济资料,做好统计人民需要的工作,有的地方设立了经济户籍员,有的地方叫联络员。地区综合商店便于联系群众,如果通过专业商店去联系群众,就有许多头与群众发生联系,通过地区综合商店,是一个头与群众发生联系,群众也是愿意我们这样做的。地区综合商店,便于加强对小商小贩的社会主义改造,同时也更加节约人力物力。既然有这么多好处,因此,凡是没有办的地方,不妨试办一下,这样就可以有个比较。

地区综合商店,不仅是业务机关,而且还是领导机关,要领导国营门市部,群众代销店,指导食堂和服务站工作。

在同一个地区是设一个地区综合商店好,还是设两个好?有些同志主张设一个;有些同志主张设两个,一个管商业,一个管服务。大家不妨试试看。我们认为,如果搞得过来,设一个比设两个好,因为更便于党委的统一领导。

成立地区综合商店以后,专业商店仍然很重要,不仅不应当取消,而且要加强。因为人民的需要是不断发展的,单纯依靠地区综合商店,不能完全满足人民的需要。地区综合商店有皮鞋卖,但是如果你要买高级皮鞋,还是找专业商店。地区综合商店可以帮助办好公共食堂,但是它并不能代替锦江饭店。办好地区综合商店,可以减轻专业商店的压力。在城市中,除了有地区综合商店以外,还要有高级的专业商店。在地区综合商店的领导下,也还要设专业门市部和综合门市部。只有采取地区综合商店和专业商店"两条腿走路"的方法,才能更好地满足人民的需要。

地区综合商店是否办理收购公社工业产品的业务?这是个新问题,大家可以研究。可以有两种设想:一种是把支援公社工业生产的业务,统一于城市采购供应站或批发部;一种是分类排队,把属于全市性的商品,交给采购供应站采购,把主要是供应地区综合商店范围以内的商品,交给地区综合商店来采购。作为一种体制,从长远来看,似乎后一种可能更好一些。但是在地区综合商店初建时,不这样做也好,以便地区综合商店集中精力,搞好组织人民经济生活的工作。这些看法都是探讨性的。在不同地区,例如城市中心区和城市边沿居民区、工矿林区等,地区综合商店的工作内容,也不完全一样。城市中心区,要不要建立地区综合性商店,可以研究。似乎也有需要。因为那里也还有居民,也需要组织人民经济生活。在城市中心区,地区综合性商店也可以起到专业商店所不能起到的作用,办地区综合商店也可能比不办好。

第五个问题:关于集体福利事业和社会服务事业。

办好公共食堂和托儿所,是办好集体福利事业的中心。财贸部门要集中力量帮助办好公共食堂,同时也要帮助办好托儿所,托儿所有许多问题,需要我们去帮助解决。办公共食堂,在农村以粮食部门为主,在城市中要大家动手,粮食、商业、财政、银行一起动手。吃得好、吃得省、吃得干净卫生,三方面要兼顾。

在开始办公共食堂的时候,大中小并举是必要的。当然,很小的食堂是难以长期存在的,发展的方向总归是比较大一点的,但也不宜过大。规模大小,要根据实际情况。凡是最便利生产,最便利群众,最便于管理,最节约人力物力财力的,就是最适当的规模。每一个地区、每一个食堂,都要根据自己的实际情况,在发展过程中不断总结改进。

天津办了主食品加工站,是一件好事,因为他节省人力物力,各地可以试验。但是主食品加工站有些问题还没有完全解决,还需要总结提高。对这件事的态度,应当同对待一切新事物一样,首先是欢迎它、关心它、提高它,而不是轻易地去否定它,不是站在旁边消极地批评它。在每次运动中,往往有些问题当时不能彻底解决,例如1956年对私营工商业进行社会主义改造,就剩下一部分适宜于分散经营的小商小贩问题没有彻底解决,但是不能因此就说私改工作没有做好。现在主食品加工问题中,还有一些问题,例如主食品运输时的保暖问题,没有彻底解决,应当继续想办法去解决,但是不能因为有些问题没有解决,就否定主食品加工站。副食品加工站的问题,比主食品加工站更为复杂,更要研究。这些事情,都要积极研究推广。

办好食堂的办法,文件上写了七条。最主要的一条,是政治挂帅,党委抓紧。有的地方提出"书记下伙房,政治进食堂"的口号,很好。

服务站可以办多项服务事业,但首先是要办好群众迫切需要办的服务事业,办好对发展生产作用最大的服务事业,如缝补、洗衣、理发、洗澡、修理和某些代办服务等。我们办服务事业的目的,是为了解放生产力,发展生产,为了把家务劳动变成社会主义大经济。有些家务劳动,个人可以做,并不影响生产、学习和休息的,还是要提倡个人做。比如洗手帕、叠被子,就不必提倡都由服务站去包。这样,我们就能更集中精力办好主要的事情。要讲求实际效果,不要单纯追求服务项目多。当然,服务项目多是好的。

第六个问题:关于技术革新和技术革命。

在党的领导下,人们有了共产主义思想,有了社会主义的生产关系,这就为技术革新和技术革命开辟了广阔前途,不论在生产方面和生活方面,都是如此。现在,技术革新和技术革命运动已经进入高潮,财贸部门要抓紧形势,推动运动前进。一方面,要广泛发动群众,人人动手,遍地开花;另一方面,领导同志应当根据当地的具体条件,总结群众的发明创造,有重点地解决几个问题。这样,运动才能收到更大的效果。什么叫做重点?它就是能够最大限度地节约活劳动和物化劳动、制造最简便、费料最少、成本最低、最便于推广的项目。比如上海市现在推广的煤气化,就是一个重点。煤气化,城市能搞,农村也能搞;生产能搞,生活也能搞。如果在生活方面全面推广,可以节约成千万吨的煤,节约大量的运输力,而且可以进一步开拓用煤地区,省出大量柴草,作为工业原料和饲料。在技术革命中,财贸部门的领导同志要首先注意能节约大量社会劳动的项目。比如：做布鞋，全国大体估算，要占用七百万个劳动力；全国公共食堂占用的劳动力估计有一千多万人；按照现在的情况，全国平均每个养猪人员养三十头猪，养一亿八千万口猪，占用六百万劳动力，假如一两年内做到全国一人一头猪，一亩地一头猪，就要占用更多的劳动力。因此，做布鞋、办公共食堂、养猪实现机械化、半机械化，就是可以节约大量社会劳动的大事情。全国二百多万个农村公共食堂，如果有一半采用了土自来水（用水自流化），按一个食堂用一个劳动力挑水计算，就可节约一百多万个劳动力。讲这些问题的目的，是说明我们应当在思想上，把技术革命的推广重点放在能够节约大量活劳动和物化劳动的项目方面。我们对群众的各种发明创造都要加以鼓励，但要着眼于重点推广。除了节约社会劳动的一面以外，当然也要重视财贸部门本身节约劳动的一面，如仓库装卸、门市零售等方面的技术革新和技术革命。自己本部门的技术革新和技术革命是重要的，但是，更重要的是要看得更宽更远，看到六亿五千万人民，看到全社会。只要在这方面做出了一点成绩，往往就可以收到更大的效果。虽然这种效果可能不直接表现在财贸部门方面，但是只要节约了社会劳动，增加了生产，对扩大流通总是有利的。桐庐县姚村人民公社有一个食堂，一个人可以做三百人的饭，全国推广以后，可以节约大量劳动力。这个食堂经验的重要性就在这里。

第七个问题：关于城市人民公社的财务工作和信贷工作。

随着城市人民公社的发展，应当重视和加强财务工作信贷工作，培养干部，逐步建立财务制度，加强经济核算，贯彻勤俭办事业的方针。财政、银行部门应当在党委统一领导下，把这些事情担当起来，把它看成自己的事情，积极做好。上海财政金融现场会议已经为做好这些工作，打下了思想基础。整个财贸工作是一个广大的战线，财政金融工作、商业工作都是广大的战线。不仅要看到财贸部门内部的七、八百万人，同时还要通过他们去联系六亿五千万群众。凡是办起了一个企业事业单位，总要算账，不算账就不知道劳动成果，不知道是否节约，如何节约。算账，要有群众参加，要群众性地来算账。至于在城市人民公社中，哪一级是基本核算单位，哪一级是报账单位，这个问题大家还在摸索，各省市情况不一样，可以在实践中摸索确定。但是，总的原则只有一条，就是一切单位都要核算，至于算账的方法可以有简有繁。一般说来，城市人民公社的积累应当大部分用于扩大再生产,小部分用于补贴福利事业和服务事业,福利事业和服务事业不能不贴补,但不能过分强调贴补,依赖贴补。财贸部门帮助群众办服务事业,要强调自力更生,精打细算,建立家务,厉行节约。主要应当依靠服务人员本身的辛勤劳动,来改善群众的生活。这样,才能使城市人民公社的生产和生活都能迅速地向前发展。

第八个问题:彻底完成对小商小贩的社会主义改造。

城市人民公社的建立,使我们有可能彻底地完成对小商小贩的社会主义改造。在1956年进行对私营工商业进行社会主义改造的时候,保留了合作小组的形式,这是因为当时小商贩分散经营,便利群众,还找不到更好形式来替代。现在情况完全不同了,在城市人民公社领导下,组织了群众性的代销店和服务站。从政治上讲,这是在党的直接领导下,由群众自办的,以居民群众中的积极分子为骨干的,他与小商贩完全不同。从经济上讲,他比小商贩更加接近居民,便利居民,在分配方法上贯彻了群众路线。在这种条件下,分散经营的个体小商贩已经完全没有必要了,所以有条件对小商贩进行彻底的社会主义改造。改造的方法,可以考虑把合作商店改成为地区综合商店的门市部,其中大一些的也可以改为由区一级领导的专业商店;把分散经营的小商贩,合并到群众代销店和服务站中去。这样,作为商业组织形式的小商贩就不存在了,当然,思想改造工作还要长期地进行。在合作商店改为门市部以后,要加强领导,一般可以派人进去领导。对于并入代销店和服务站的小商贩,街道党委要特别抓紧工作。股金和定息不忙于改变,仍旧可以采取老办法,股金不变,定息照给。确实自愿放弃的也可以允许,但是不进行动员,替他们把钱存起来,什么时候要,什么时候给。这样做,工作上虽然麻烦点,但在政治上是主动的。

第九个问题:关于工矿林区和农村。

在这次会议上,工矿林区和农村各有文件。工矿林区的情况与城市大同小异,但是,由于工矿林区财贸部门与厂矿的结合更加紧密,有固定的服务对象,直接服务于生产,因此,工矿林区的财贸部门应当以工矿林区完成生产任务的口号作为自己的奋斗口号,做好后勤工作,在这一点上与城市有所不同。这是总的方面。至于一些具体的区别,文件上都提了,就不多讲了。工矿林区是我们工作的薄弱环节,要重视它,特别是城市财贸工作的同志要重视它,要动员城市去支援工矿林区,老工矿区支援新工矿区,帮助工矿林区财贸工作建立物质基础,提高技术水平。工矿林区的财贸工作要服从厂矿党委领导,作为厂矿工作的一个组成部分。

农村在组织人民经济生活方面,原则上是与城市相同的,但是在具体做法上可能会有些不同。例如分配商品,城市主要是分配副食品,农村就要多分配一些工业品;城市可以办主食品加工站,农村因为居住过于分散,现在一般还不好办。目前农村组织人民经济生活的中心是要办好公共食堂,特别是要在党委的统一领导下,协同党委农村工作部,做好粮食的分配和使用工作,按照中央提的忙时吃干、闲时吃稀、有干有稀、粮菜混吃、吃饱吃好的精神,统筹安排,帮助人民公社把日子过好,做到吃饱、吃好、吃省。我们现在还没有完全学会过日子,还需要进一步学会过日子。

在农村也要办服务事业,解决一些最迫切的问题,如洗澡、理发、修理、缝补等,进一步把妇女解放出来。这些服务事业有的可以由食堂兼办,但是不一定全部都由食堂来办。据我们理解,"以食堂为中心"主要指两个方面:一个是说办好公共食堂是当前的主要任务;另一个意思是,各种事业要围绕食堂来办,但是并不是一切事业都要作为食堂的附属单位。经营人民日常用品和收购小土产和废品的商业网也要围绕食堂逐步调整,这样可以便利群众,但不是说所有商业网都要作为食堂的附属单位。附带讲一讲支援水利工地的问题。经过几年大办水利,财贸部门在支援水利工地工作上有了许多经验,现在需要很快地总结出来,加以推广。我们认为,主要经验有三条:第一,在党委统一领导下,一切为水利,当好后勤部。第二,兵马未动,粮草先行。第三,两条腿走路,既要有专业的供应和服务队伍,也要有群众的供应和服务队伍,以专业队伍带群众队伍。

第十个问题:关于进一步提高财贸工作的政治水平。

如果把以上这些工作做好了,就可以进一步提高财贸工作的政治水平,使财贸工作赶上形势,适应新形势,进一步成为党委的助手,使财贸工作在广大群众中深深地扎下根去,得到广大群众的参与、支持和监督。财贸工作不仅是经济工作,而且是政治工作和群众工作,只要我们坚持把经济工作当做政治工作和群众工作来做的原则,就可以逐步提高财贸工作人员的政治水平。财贸工作人员参与到群众中去,可以大大加强财贸工作人员的政治观点、生产观点和群众观点。大同同家梁商店从井上烧饭,下井送饭,发展到保温送饭,再发展到输送蒸汽下井烧饭,使工人在井下能够同在井上一样,吃到热饭、热菜、热汤。这是过去井下工人所梦想不到的事情,这是一件十分令人感动的事情,它说明了同家梁商店的同志们是在全心全意地为工人服务,为生产服务。它充分体现了党的关心群众生活的精神,鼓舞了工人群众的生产干劲,使人民更加热爱党和热爱社会主义。这件事情本身是一件重要的政治工作,它把财贸工作提到了高度政治水平。同家梁的方向,是所有的财贸部门应当学习的方向。

今天讲的几个问题的意见,只供大家参考。

一九六〇年四月二十八日

当前城市人民公社化运动中
有关财贸工作的几个问题[*]

（一九六〇年四月二十八日）

一九六〇年四月二十日到二十八日,中共中央财贸工作部在上海市召开了一个座谈会,讨论城市人民公社化运动中财贸部门支持社办工业生产和组织人民经济生活的几个问题。参加这个座谈会的,有黑龙江、吉林、辽宁、河北、山西、陕西、甘肃、山东、河南、湖北、湖南、四川、江苏、浙江、安徽等十五个省,北京、上海、天津、重庆、武汉、沈阳、哈尔滨、郑州等城市财贸部门的有关同志。会议议定了以下各点。

一、关于支持社办工业生产的问题

社办工业的方针,是根据因地制宜、就地取材、自力更生、勤俭办企业的原则,积极承制大工厂的来料加工,为大工业服务;同时,充分利用大工厂的边角废料和其他废品废料,生产为人民生活需要的日用品、出口商品和农业生产需要的生产资料。财贸部门应当积极帮助社办工业贯彻执行这一方针。

社办工业的发展,需要许多原料材料。过去由国家分配的原料材料,由工厂直接供应的原料材料,和由商业部门调剂的原料材料等供应关系,都应当继续保持。此外,财贸部门还应当积极帮助社办工业挖掘潜力,节约使用和综合利用原料材料。商业部门回收的废品,除了国家统一调拨的和某些部管的以

---

* 原件现存于宁夏回族自治区档案馆。

外,可以就地利用。财贸部门应当积极组织社办工业同国营工业挂钩,以便更充分地综合利用工厂的一部分下脚料、废品、废料,并且使社办工业能够在技术传授、技术人员训练、设备供应等方面,得到支援。

财贸部门要积极帮助社办工业提高质量,增加产品的花色品种,适应市场和出口的需要。社办工业供应市场和出口的产品,应该由商业部门收购和包销。手续要简便,制度要合理。

商业部门收购社办工业的产品,要贯彻国家的价格政策。在社办工业发展的初期,可能有某些产品成本比较高。商业部门必须积极帮助社办工业部门提高技术水平,改善经营管理,降低生产成本,提高产品质量。为了支持社办工业的发展,一定时期内在收购价格上,应当予以适当照顾。随着社办工业经营管理水平和技术水平的逐渐提高,应当逐步做到社办工业的产品与国营企业同类产品质量相同的,参照国营企业的加工费标准和收购价格,组织加工、收购。

社办工业应当认真执行国家的价格政策,服从市场管理。

财贸部门应当积极地参与社办工业的计划平衡工作,以便将社办工业生产逐步纳入地方计划和国家计划。

二、办好公共食堂问题

公共食堂是组织人民经济生活的中心环节,根据"积极办好,自愿参加"的原则,财贸部门应当积极帮助人民公社办好公共食堂。对已经办起来的,要帮助它们进一步巩固和提高;还没有办起来的,要积极地帮助办起来。

在兴办公共食堂的过程中,目前应当注意大中小型相结合,以大型为骨干,以大带小,以老带新,互为补充。最近有些城市出现了机械化、半机械化的主食品加工站和副食品加工站,它能够更好地节约粮食、燃料和人力,各地可以试验和推广。

公共食堂的服务方式、服务时间、服务内容,都应当适合生产的需要和广大劳动人民生活的需要。饭菜要逐步做到花样比较多、有干有稀、价格合理、分量准确,并且要随时供应开水。应当在节约的原则下,使人们吃饱吃好,又省又干净卫生。对老人、孕妇、小孩、病人应当予以适当照顾。

公共食堂应当大搞技术革新和技术革命,逐步实现煤气化、蒸汽化和炊事工具的机械化、半机械化,以减轻体力劳动,节约人力物力。同时还要充分利用废水废气,大搞综合利用。

公共食堂要厉行节约,节约粮食、节约副食品、节约燃料。普遍试行增量做饭法。在有条件的地方,应当积极发展养猪、种菜、养鸡、养鸭等副食品生产,建立食堂的副食品生产基地。

要加强党对公共食堂的领导,建立和健全民主管理制度,组织食堂管理委员会,挑选政治可靠、热心为群众服务的人参加食堂工作。要提高警惕,防止破坏,确保食堂安全。要坚决除四害、讲卫生,防止传染病。要建立和健全财务会计制度,按时公布账目。

为了把公共食堂普遍办好,应当广泛深入地开展一个公共食堂"十好"红旗竞赛运动,即:饭菜质量好、服务方式好、勤俭节约好、计划用粮好、民主管理好、安全卫生好、技术革新好、财务管理好、发展副业好、学习团结好。在开展红旗竞赛运动中,要即时总结和推广先进经验,以保证公共食堂的巩固和发展。

三、大办服务事业问题

城市人民公社应当大办生活服务事业,边发展、边巩固、边提高。国营服务部门,应当积极协助公社办好各项服务事业,在设备、技术、培训人员和其他方面大力给予支持。

服务事业的项目繁多。在发展过程中应当根据需要和可能,分出轻重缓急,首先举办那些对支持生产作用最大,群众要求最迫切的项目,例如理发、浴池、修配、拆洗缝补和各项代办业务等。

目前服务事业占用的社会劳动还相当多,有些项目劳动强度也很大,因此,财贸部门应当有计划地积极推动和组织技术革新和技术革命的群众运动,逐步实现服务劳动的机械化和半机械化。

公社举办的各项服务事业,收费要合理,应该是既要考虑到群众的负担能力,又要有利于服务事业的巩固和发展。

四、建立地区综合商店问题

地区综合商店,是适应城市人民公社发展的一种比较好的基层商业组织形式。它便于公社、分社党委的统一领导;有利于商业部门进一步加强与群众的联系;有利于加强对群众消费需要的统计工作;便于发挥商业在支持公社生产和组织人民经济生活中的作用。

地区综合商店,大体可在区以下的公社或分社范围内建立,即在相当于大中城市原来的一个或几个街道办事处的范围内建立。它的经营范围,一般可包括副食品、日用百货、杂货、煤炭等商品的供应业务;包括废品回收和饮食服务等行业;必要时,根据上级业务部门的规定,也可以经营一部分生产资料的供应和接受委托担负一些收购与组织加工业务。粮食行业目前仍应单独设置机构(个别城市已经把粮店合并到地区综合商店里面,也可以继续试验)。全市、全区性的大、中型商店和饮食服务企业,仍由市或区领导,不交地区综合商店。根据需要,地区综合商店可设立若干事业或综合的中心门市部,负责管理周围的门市部。

地区综合商店的主要任务是:在党委统一领导下,积极支持公社工业和副食品生产的发展;做好商品的供应和分配工作;协助各方办好公社各项生活福利和服务事业;进一步加强对小商小贩的改造。为了做好商品的合理分配和供应工作,要充分运用消费者代表会、人民经济生活委员会等组织形式,加强与群众的联系,取得他们的监督和帮助;经常深入群众,采取各种方式,进行调查研究,系统地了解当地群众的生产和生活需要;根据需要建立群众性的商品代销网。为了在城市彻底完成对私商小贩和手工业的社会主义改造,地区综合商店还要根据国家政策的规定和具体情况,将已经组织起来的合作商店、合作小组和尚未组织起来的从事修理服务工作的个体手工业者、小商小贩,逐步改造为国营企业单位或公社企业、事业单位的工作人员。

地区综合商店,受公社(分社)和上级商业、服务部门的双重领导。有关业务计划、资金和物价管理,应以上级主管业务部门领导为主,公社要保证国家方针政策和计划的贯彻执行。有关党的工作、政治思想工作和职工教育工作以及改善经营管理的工作,应当以公社领导为主。

各地应当积极地、有步骤地建立地区综合商店。在建立过程中,新的制度未建立之前,不要忙于改变原来的制度。商业网点的调整,应当采取先增设,以后根据需要再进行调整的办法。

五、关于公社财务和财政信贷的问题

城市公社企业事业单位,应当建立和健全财务管理制度,加强经济核算,贯彻勤俭办社的方针。国家财政银行部门应当积极支持公社发展生产和集体福利事业,促进公社的巩固和发展。

公社(包括分社,下同)应当建立财务机构,统一管理财务收支;指导社属企业事业单位的财务工作;保证完成国家的财政任务。各级财政部门应当积极帮助公社建立和健全财务制度,建立综合财务收支计划,做到收有凭,支有据,收支有账,不错不乱,全部收支都要纳入计划。社属企业应当逐步地实行财务核算,计算成本费用和经营成果,提高经营管理水平,降低成本,增加积累。事业单位也要建立账目,进行必要的核算。各级财政部门对公社的财务工作,从开始就应当抓紧,一抓到底。财政部门要协同有关部门,帮助公社大力培训财务干部,以适应工作发展的要求。

公社的财务收支范围,应当与国家财政收支划清界限,属于公社的收支,不纳入国家预算,由公社自行管理使用;属于国家原来补助给城市街道办事处的经费和国家新下放给公社的事业支出和行政支出,仍由国家拨款;属于社办企业和事业单位应当向国家缴纳的各项税收,公社要保证按规定上缴。国家下放给公社管理的国营企业事业单位,在其财务关系未变更前,仍应按照原来的规定办理。

社办工业应当照章交纳所得税。但对新办的社办工业可以在一定期限内给予免税照顾。社办工业的工商统一税,应当照征;如果有困难,可以按照税收管理体制的规定给予照顾。对公社举办的服务事业暂不征税。

人民银行要适应城市公社的生产事业发展的需要,成立相应的银行机构:办事处或分理处。人民银行应当积极做好信贷工作,积极协助社办企业管好和用好流动资金,支持社办企业的发展;办理辖区内各单位的存款、结算和现金管理工作;领导辖区的储蓄工作,帮助社员有计划地安排生活,组织社员储蓄。

银行对社办工业的流动资金需要,应当在公社自力更生为主的前提下,协助公社财务部门统筹安排各方面的资金来源。在公社资金周转有困难的时候,人民银行应当根据上级银行规定的放款指标予以支持。

中共中央财政贸易工作部

一九六〇年四月二十八日

中央批转辽宁省委"关于工业企业大力支援城市人民公社办工业的指示"*

（一九六〇年五月二十六日）

各省、市、区委，中央各部委、各党组：

现将辽宁省委"关于工业企业大力支援城市人民公社办工业的指示"发给你们参考。目前全国已有城市人民公社一千个以上，参加人数达四千万，社办工业和服务、福利事业也随之有了很大的发展。当前多数社办工业，领导力量很薄弱，干部队伍不纯的情况相当普遍，有的并且是很严重的。能否保证党的绝对领导，这是关系着城市人民公社能否健全发展和巩固的关键问题。辽宁省委提出国营企业要在干部和技术力量上大力支援社办工业，充实其领导骨干和技术力量是一项很适时很重要的措施。各地都可以仿行。这批干部和技术力量，主要从地方管辖企业中抽调，如需从中央各部管辖企业中抽调时，一般须征得主管部门同意。关于将国营企业某些产品下放给公社工业的问题，应切实本着有利于发展生产，提高产品质量的原则，要按照统筹兼顾，等价交换的原则，量力而行，不可过猛过急。

中　央

一九六〇年五月二十六日

---

* 原件现存于沈阳市档案馆。

附：中共辽宁省委关于工业企业大力支援城市人民公社办工业的指示

（一九六〇年五月四日）

各市委、沈铁、锦铁党委、省直各工业厅局党组：

目前各市正在热火朝天地大搞城市人民公社化运动。很多公社已经建立或者正在建立社办工业。这对城市人民公社的发展和巩固，对解放广大家庭妇女，把消费者变成生产者，促进国民经济的高速跃进都有着极为重要的作用。发展生产是办好城市人民公社的中心环节，是改造旧城市和建设社会主义新城市的物质基础。各地必须切实抓住这一环节，大力兴办城市人民公社工业。

公社办工业，必须贯彻执行依靠和发动群众，采取白手起家、自力更生、因陋就简的方针。同时，还必须注意很好地运用和发挥国营经济力量，特别是很好地运用和发挥国营厂矿（包括地方国营）、基本建设、交通运输企业的力量，采用大厂带小厂，定点包干，厂社挂钩的办法更快地把城市人民公社工业星罗棋布地建立起来。省委要求：一切厂矿企业必须把大力支援城市人民公社作为自己当前一项重要的政治任务，帮助公社迅速把工业兴办起来，并且一定要保证办好。

一、在干部和技术力量上大力支援社办工业，充实社办工业的领导骨干和技术力量。这不仅关系着社办工业能不能办好的问题，而且关系着城市人民公社能不能巩固的大问题。目前，一方面要大量兴办公社工业，需要的干部数量很大；另一方面原有公社工业，在一部分单位中还存在着领导力量薄弱、干部队伍不纯的严重问题。这种情况说明，公社工业的大发展急需要补充和调整一部分干部。各市委应迅速组织力量，摸清社办工业干部队伍状况，提出原有社办工业的干部调整计划和新建工业的干部配备计划。对于原有和新建公社工业的厂长、支部书记以及较大车间主任的缺额，除地方自己能够解决的以外，应迅速从国营企业中抽调一批较好干部或老工人来担任，以充实公社工业的骨干力量。对于公社工业所需要的技术骨干，则应据不同情况，分别轻重缓急，有计划地分期分批从国营企业抽调一定数量的技术工人，以解决公社工业当前之急需，在这个基础上再采取"根生干、干生枝、枝生叶"的办法，逐步生长技术力量。

二、积极组织国营企业与公社工业挂钩，大力开展生产协作。这是国营企业支援公社工业的一个重要途径。在组织国营企业与公社工业生产协作方面，可采取以下几种形式：（一）组织国营企业下放一些老产品。凡是公社工业能够生产，而且质量又有保证的产品，都应逐步下放给公社工业，能够全部下放的，就全部下放，能够下放一部分的，就下放一部分，目前还没有条件下放的，应积极帮助创造条件，逐步地分期分批地下放。实行产品下放不仅可以加速公社工业的发展，可以保证市场的需要，而且又可以使国营大企业腾出手来，研究与试制国家急需的更重要的新产品。（二）组织公社工业为国营企业进行辅助性的生产。（三）组织公社工业为国营企业带料加工。（四）组织公社工业利用国营企业的下脚料、废料、废物、废液、废气、废渣进行综合利用。除此之外，还可以利用其他形式大力组织国营企业与公社工业之间的生产协作，并逐步地建立固定的协作关系，使一部分社办工业逐步变成国营企业的"卫星工厂"。对于公社工业的产、供、销必须逐步地纳入国营计划，特别是下放产品必须纳入计划。

三、国营企业必须帮助公社工业积极改善和提高企业管理水平，帮助他们建立健全企业管理方面的基本制度。采用经验介绍或吸收公社工业负责干部参加国营企业有关经验交流会的办法，不断提高公社工业干部管理知识。还要帮助公社工业积极开展技术革新和技术革命运动，提高社办工业的机械化水平，提高产品质量，提高劳动生产率，降低产品成本，增加产品品种。

关于国营企业支援公社工业的干部、技术力量问题，国营企业与公社工业挂钩问题，公社工业产、供、销纳入国家计划问题，省委责成省委工业部、省工业生产委员会、省计划委员会分别负责检察督促，并解决工作中的有关问题。

城市人民公社化运动的伟大意义，中央与省委已有指示，各级领导必须认真学习，以革命者的姿态积极支持，这是各企业领导干部应尽的责任。因此，各厂矿企业必须积极参加城市人民公社和大力支援城市人民公社发展生产，兴办工业,并在公社化运动中起骨干作用。当前广大职工对公社化运动,表现了热烈拥护的态度,但是也有少数职工对城市人民公社还有不少误解和错误认识。例如有的人认为:建立城市人民公社"是小厂揩大厂油""市民沾工厂的光""是全民所有制倒退集体所有制"以及怕参加公社生活资料归公,怕参加食堂粮食不够吃,怕增加经济负担,怕不自由等等。各企业党委要立即对职工及其家属进行一次思想摸底,针对各种思想问题,大张旗鼓地进行正面教育,通过教育及时纠正各种误解和错误认识。这不仅对推动公社化运动有着重要作用,而且对推动正在蓬勃开展的技术革新和技术革命运动也有重要作用。各级党委必须切实加强思想领导和组织领导,做好支援城市人民公社工作,保证公社化运动健康发展。

中共辽宁省委员会

一九六〇年五月四日

中南区城市人民公社郑州现场会议
情况介绍提纲（摘录）[*]

（一九六〇年五月）

一、总的情况

城市人民公社化运动，是我国经济和政治发展的必然产物，是人民群众觉悟大大提高的必然产物。目前中南区运动正蓬勃地开展起来。从会中介绍情况看，整个中南区的情况是：一部分中、小城市已实现了公社化，开始走上巩固发展的轨道。一部分大、中城市也积极试办了一批人民公社，并取得了显著成绩。在这部分城市中，较普遍地举办了街道工业、公共食堂、幼儿园、托儿所等集体生活福利事业和服务性事业，这一切就给全面城市人民公社化奠定了雄厚基础。

河南省在中南区是城市人民公社化进行得较快的一个省，一九五八年在成立农村人民公社的同时，它就开始在城市成立人民公社。现在所有城市都已公社化了，而且城市各部门（机关、学校、团体）也都参加了公社。据统计：全省十四个市共建社（不包括郊区）六十九个，入社人数达应入社人数的百分之九十以上，平均每社约三万九千多人，最大的达十六万人。这些公社是以居住区域为主组织起来的。大体分为三种类型：

一种是以街道居民为主建立起来的，一般都在旧市区，包括街道市民和居住在这个区域内的机关、企业、学校、商店等公共单位的家属。

---

* 原件现存于株洲市档案馆。

一种是以国营厂矿、企业为中心建立起来的,包括一个或几个大的厂矿、企业的职工和周围的街道居民、附近的农村。

另一种是以机关、学校为中心建立的人民公社,一般是在机关、学校比较集中的地方,以干部、教职人员家属为主建立的。

一年多来的实践证明,城市人民公社表现了无比的优越性与强大的生命力,在发展生产,组织城市人民生活,进一步解放劳动力,移风易俗、改造社会等方面,都显示了巨大的作用。正如八届六中全会决议中的论断:城市人民公社"以适合城市特点的形式,成为改造旧城市和建设社会主义新城市的工具,成为生产、交换、分配和人民生活福利的统一组织者,成为工农商学兵相结合和政社合一的社会组织"。

具体地归纳起来,有如下几条:

(一)进一步广泛地消灭了生产资料私有制的残余,是再一次全面的彻底的社会主义改造,切断了发展资本主义的道路;一些个体手工业者、小商贩、房屋出租者,进一步得到改造,使社会主义全民所有制、集体所有制完全代替了复杂的各种经济成分。充分调动了各方面的积极因素,挖掘了劳动潜力,解放了大批劳动力,特别是妇女劳动力(河南有二十三万);利用城市的有利条件,挖掘物资技术潜力,开展了综合利用,大大增加了国家财富,不仅减少了大企业在生产中加工的困难,且补充了国营工厂生产的不足。同时由于大、中、小结合,国营工业和社办工业相结合,机关、学校、社办工厂相结合,公社技术力量生长很快,提高了劳动生产率,促进了社会生产的高速度发展(郑州机械厂一九五九年三十八万元,一九六〇年一季度就有二百六十五万元)。

(二)集体福利事业随着生产的发展得到很大发展,广大妇女从繁琐的家务劳动中解放出来。做到家务劳动社会化,这是彻底解放劳动力,特别是解放妇女劳动力的物质保障,这一切虽都是初办,但对于社会主义、共产主义生活是有深远意义的,这是生活上的大革命。同时,由于职工收入增加了,生活也改善了。

(三)由于生产大发展,集体福利事业大发展,群众的集体主义思想和共产主义道德正在增长,精神面貌发生了深刻的变化,热爱劳动,热爱集体,互敬互爱的新风尚正在成长,人与人之间的关系发生了变化,出现了团结民主的新家庭。

（四）加强了工农商学兵之间的共产主义大协作，密切了城乡、工农、城市公社与国营企业，农业、商业之间的关系，并为逐步消灭三个差别创造了有利条件。

（五）在形势促使下，更便利于对资产阶级及其家属的教育、团结、改造。加速了他们由寄生生活到自食其力的进程，随着公社生产、集体福利事业的发展，精神面貌也有了明显的变化。

（六）城市公社的建立，进一步巩固了人民民主专政。集体生产和生活堵塞了敌人活动、趁机潜伏的空隙。由于政社合一，加强了对敌斗争，由单独依靠专门机关，变成了有组织的群众性的经常性的工作，迫使五类分子在群众监督之下进一步进行改造。

城市是阶级社会的产物，大城市是资本主义的产物。建立城市人民公社，就是要逐步地消灭城乡差别，改造旧城市，建立新城市。城市公社的出现，一方面城市可以农林牧副渔全面发展，有意识地发展多种经营，副食品自给。有计划地搞居民点，搞园林化，改变旧城市面貌，另一方面国家有计划地进行工业布局，发展县、社办工业，农村搞居民点、居住园林化，农业工业化，农林牧副工厂化。若干年后就会消灭城乡差别。

一年的实践证明，城市人民公社的建立，不是偶然的，它是社会主义革命的伟大的胜利，是我国政治经济发展的必然结果，也是社会主义革命与社会主义建设进一步发展与高涨的结果。河南的公社化就是随着现代生产的发展，群众觉悟的提高，迫切要求进一步组织起来，不但要求生产有组织，而且要求生活有组织。公社的建立，又促进生产力的大发展，迫切需要进一步改变生产关系，这样，在很短时间内，公社就有了很大的变化。

城市人民公社建立不是没有斗争的。一年多来，根据中南区的情况，是遇到与解决了一些思想疑虑。

（一）机关、学校需要不需要建立人民公社的问题，最初有些同志是有怀疑的，认为机关、学校已高度组织起来了，成立公社有什么意义。实践解决了这个问题，河南省直机关公社（干部、学生占百分之六十二点五，家属占百分之三十三点六，还包括了附近农民百分之三点九）共六万多人。公社成立后，经济上有很大好处，增加了产值，家属就了业，对家属也是一个深刻的社会主义改造（一年多时间，生产总值三百五十五万多元，共发放工资二十五万多元。水利厅分社按户平均工资达到十九元，黄河水利委员会分社按劳平均工资达二十八元）。干部、学生、家属参加公社，参加食堂，参加集体劳动、集体生活。不仅对生产有很大作用，而且改造了思想，增强了劳动观念，培养了共产主义道德，学校进一步贯彻了劳动与教育相结合的方针。为培养适合于社会主义、共产主义的新人，打下了基础。机关、学校、大型厂矿，虽然在生产上、业务上是大规模的集体，但在生活上是分散的，资本主义残余很多。职工的收入比较多，家属生活富裕，如此下去，这些地方就成了不劳而食、养尊处优的人的寄生所，旧社会的残余会在这里容易还魂。这样，不但影响劳动力的彻底解放（特别是妇女），而且主要是影响思想意识和道德品质的提高。社会主义革命除了要求生产集体化、社会化，还必须要求生活方式集体化、社会化，家庭劳动社会化。生产方式和生活方式是相互作用的。生产方式是集体的，生活方式是分散个体的，两者就会产生矛盾，生活扯生产的腿，阻碍社会生产力的发展。住宅要盖公有的，房屋不能私有，别墅之类更要不得。关于这方面的问题，王任重同志讲得很深刻：生活集体化是我们的方向，是共产主义的生活方式。到共产主义小家庭存在与否，不要过早地下结论。但发展前途是：小家庭不再是生产、消费和教育单位，家庭的职能会全部消失。而人民公社物质财富和精神财富的生产单位，是人民物质生活和文化生活的组织单位，又是个教育单位。公社就是家庭。当然，也不能说生活集体化，就不需要个人爱好、"小自由"了，这些仍然是存在的，人与人各样各种的差别永远是存在的。这方面的疑虑，不是在所有人中间都解决了。

家务劳动社会化，妇女从家务劳动中解放出来，丈夫幸福不幸福呢？只有妇女从家务劳动中解放出来，参加集体劳动，丈夫才是幸福的。因为一个人想的是国家、集体的大事，一个人想的是家务琐事，感情如何会好？

孩子同父母一起生活幸福，还是住托儿所幸福？刚一离开，可能有些不舒服，但是从孩子和父母两方着想，孩子同父母的爱好不同，孩子放在孩子的生活环境里按他们的需要生活才是最幸福的。

集体食堂好，还是一家一户做饭好？有些人说，自己的老婆做的饭吃起来香;可以按自己的口味做饭。这一方面是不愿让妇女摆脱家务劳动。另一方面,公共食堂现在不能满足各阶层、各类人的需要只是一个条件问题,公共食堂应该说是好的,因为厨子是专业的,厨子多,集体化,才能满足各种不同的要求。

老人入敬老院好,还是在家好? 将来年轻人都工作了,小孩入托儿所、住学校,孤家寡人呆在家里有什么幸福。

集体住宿好,还是一家一院好? 这也是个条件问题,还有个集体生活习惯。长远看来,集体住宿,有食堂,俱乐部,其他服务事业,房子内可以解决卫生间、暖气,这是一家一院所不能解决的,而一家一户还会在生活上带来许多不便。

现在的问题,条件不够,有些人不愿意干,几千年来生活方式的改变,是应该有一个过程。有些人可能等办好再加入。我们对一切不愿意加入的人都留在外边。这不仅是资产阶级分子,就是我们的干部和其他劳动人民的思想改变也需要一个过程。

但是,这是我们的方向,我们必须努力创造这种条件。

现在,人们还不可能一下子都觉悟到这一点。这中间包含着一场深刻的斗争。

生活集体化,是一场大革命,牵动每一个人,要大张旗鼓地宣传它的好处,号召大家来建设这个集体幸福的大家庭。

(二)大厂矿需要不需要建立人民公社的问题。大工厂迫切需要为它服务的小工业办人民公社,办卫星工厂,对它有直接的作用。如加工一类的包括木工、车辆修配、小五金加工;服务性的有被服、洗染、鞋袜;还有废品加工。如洛阳拖拉机厂原来社办的小工厂有二十六个(现合并为四个)直接为拖拉机厂服务的产品有九十多种,一年多来为拖拉机厂制作的纸垫三十三万多件,架子车八百多辆,工作服二万余套等等。此外,大工厂还需要商和农为它服务,因为它需要服务业,需要副食品。

(三)城市办了人民公社,将来的结果怎么样? 从河南一年多的经验看,大城市搞人民公社比小城市的意义更大,人口多,劳动潜力大,资源丰富,生产门路也广。总的说来,生产出来的各种东西是供不应求的,生产出来就可销售出去。将来还可搞综合利用，不愁没有生产门路，同时，公社还要搞其他事，如办学校，搞福利事业，组织集体生活，这是大城市所必需的。也是发展的规律。

如何办好城市公社，河南等省有以下几点经验：

（一）必须依靠群众放手发动群众办好城市人民公社。这是党的方针。群众迫切要求，高潮已到来，也是一场大革命，是社会主义深入与发展，涉及到每个人，态度也不会一致。大体三种，积极、动摇、少数反对（也许不是公开的），但经过工作后，动摇的会跟上来，反对的会分化，坚决的会被孤立。我们必须采取相信大多数的立场，依靠群众，站在运动前头。大张旗鼓宣传党的政策，开展辩论，造成声势，人人献计，不要冷冷清清。要和群众见面，再一次深入地进行社会主义共产主义的思想教育，对资产阶级及其知识分子也是一场斗争。这不会乱，也不可怕，河南就办得快又好，经验不足发生缺点是难免的，领导责任在于及时发现小乱子，正确贯彻党的路线，既要轰轰烈烈，又要扎扎实实。先搭架子挂牌子，还是大办了再挂，二者均可。但挂牌子应有些内容，要大张旗鼓，不要形式主义，力求避免浮夸，挂牌子不等于就完成任务，应巩固发展，不断细致研究存在的问题。

（二）建立城市人民公社应该贯彻积极发展自愿参加的原则。这是城市的客观情况决定的。

首先是城市的有利条件：

1. 社会主义全民所有制经济在城市中占有主导地位，社会主义集体所有制也有较大的发展；

2. 机关团体、工厂、学校已经高度组织化了，并有严格的组织性与纪律性；

3. 城市人口集中，便于组织领导；

4. 城市又是党政机关所在地，领导力量较强；

5. 三大法宝在城市人民群众中已深入人心。

一部分城市已实现公社化，或已组织试点，已有经验，可少走弯路。但城市也存在它复杂的一面：

1. 城市资产阶级及资产阶级知识分子较多；

2. 地富反坏右也比较集中，人口流动性较大；

3. 各阶层生活水平悬殊，资产阶级思想对人们影响较深，还存在一些资本主义经济的残余势力(小商贩等)。这就构成城市状况的复杂化,不仅与农村不同,而且大、中、小城市也有差别。因之必须从实际出发,按照各城市不同特点,放手发动群众,充分运用有利条件,热情积极地开展城市人民公社化的运动。既不能不看有利条件,又不能忽视复杂的一面。

在办社步骤上,应按照积极的精神和群众自愿的原则,逐步开展。执行政策上必须在积极支持广大劳动人民及家庭妇女的要求前提下,适当照顾各阶层人民的不同觉悟和生活习惯。然后随着公社的发展、觉悟的提高,逐步把不同生活习惯、思想落后的人改造为爱劳动爱集体的人。这过程主要表现为两条道路的斗争,也有先进与落后的斗争。因之对不同阶层的人应有所区别,要承认差别、照顾差别。先进与落后的斗争更不能操之过急。河北省他们是分三个步骤:

第一步:先从集体所有制搞起,把未组织起来的居民按社会主义原则组织起来,从生产入手,相应地组织群众生活;

第二步:在进一步发展生产的基础上,大力发展公社所有制经济,并逐步分批地将公社范围内的国营企业机关福利生活统一由社管理;

第三步:当公社所有制经济更加稳定,群众觉悟更加提高之时机,可稳步地过渡到全民所有制,逐步将公社内生产、交换、分配、福利事业统一由公社管理。

但城市情况不一,所以工作步骤、阶段、工作重点也不能完全一样,必须因地制宜。

(三)发展生产是办好城市公社的中心环节。实践证明:哪个公社生产搞得好,哪个公社就生气勃勃。反之,公社巩固、发展工作,就会遇到困难。办好了生产,交换、分配才能有丰富的内容。应该坚持贯彻执行以生产为中心,生产、生活一齐抓的方针,充分利用城市发展生产的有利条件,大力搞好生产。最主要的有利条件,是全民所有制的经济力量很雄厚,可带动公社经济的发展。废料、下脚料多,便于综合利用。生产出路多,技术潜力大。因此,社办工业生产,应该在全市统一规划、合理布局的前提下,在全民所有制经济的扶植下,坚决贯彻执行"六主"(以本身积累资金为主,以自有原料为主,以综合利用原材料为主,以现有技术为主,以自制设备为主,以小型为主)、"四服务"

（为国家建设服务，为农业生产服务，为人民生活服务，为出口服务）的方针。依靠群众勤俭办社、因地制宜、因陋就简、由小到大、由低到高。以全民带集体，集体保全民，互相支援，共同发展，开展大协作，大搞技术革命，逐步实现机械化半机械化，自动化半自动化，提高劳动生产率，以巩固公社经济，为向全民所有制过渡准备条件。

（四）随着生产的发展，必须广阔地发展集体福利事业，逐步实现家务劳动社会化，这是城市人民公社重要的任务，主席曾将集体福利，移风易俗"作为社会主义过渡时期有决定性、战略意义的措施"。抓住生活习惯的改革，就可以大大加快社会主义建设，加速向共产主义过渡。这是对马列主义的一个重大发展。

生活集体化，便于解放劳动力，改进人与人的关系，提高觉悟。搞好生活：一是实现生活集体化，家务劳动社会化；一是生活用具机械化。因之，必须广泛开展宣传，积极扩大食堂、托儿所就餐入托人数，举办各种服务事业（拆洗缝补、代买东西、零星修配等），满足社员日常需要，必须根据城市特点提高发展福利事业，适当满足各种人的不同要求，食堂标准和托儿所收费，应有高有低，不必强求一致，防止脱离实际追求高级，既要普遍又要提高，要多种多样。对生活困难的社员应适当给予贴补。

……

厂矿企业和机关、学校为中心建立的公社，基本上属于全民所有制的性质；而以街道居民为主建立的公社，则有较多的集体所有制成分。但随着工农业生产的增长、积累的增多，文教福利事业的发展和社员觉悟的提高，公社将逐步过渡到单一的全民所有制。由于城市全民所有制比重大，这种过渡将会比农村快。目前，一般不急于过渡，应注意发挥集体所有制经济的作用。因此，城市人民公社的性质，还是社会主义的，但它已具有若干共产主义因素。应重视爱护这些因素，使之壮大。为将来过渡到共产主义创造条件。

（二）关于城市人民公社的任务与规模：

城市人民公社是发展生产，提高人民觉悟，改造社会，移风易俗的最好组织形式，且能全面组织人民经济生活、文化生活，组织社会主义大家庭。是改造旧城市建设新城市的组织。湖北还规定了几条具体任务：组织发展生产；组织人民经济生活;大搞副食生产;发展文化教育、卫生科学事业;进行社会主义改造;组织民兵建设,政社合一加强专政;加强对群众的共产主义教育。为了充分发挥公社"一大二公"的作用,合理地使用人力物力财力,更好地组织生产和集体福利事业,根据经验:公社的规模一般大些为好。但在建设初期,不宜规模太大,以免领导不便。应随着公社各项事业的发展,由小到大逐步扩大。从各省的做法上看,伸缩幅度都很大。河南省委的计划:人口在二十万以上的城市,在市以下建立区联社,区联社下,按居住区域建立几个基层人民公社;十万人口左右的城市,可以一市一社或一市数社。郑州市人口为六十万,原设有三个区,初期建立了一百二十六个小型社,经过一年多来的整顿合并成十七个基层社。并以区为单位,建立了三个区联社。我们参观过的纺织机械厂公社,共有人口四万二千七百多(职工和家属在内);管城区红旗公社(以街道居民为主)有人口三万余。

广东提出:以县城镇为中心组织起来的人民公社,应加强城镇领导,发展工业,为农业服务。在农村的矿山企业,人口在五千以上的,可划一部分农业组织矿山人民公社。

河北已建立的城市人民公社,最大的,人口在十万以上(如石家庄市的三个公社);较小的有八千余人;一般的公社人口都在三点五万左右。

(三)关于城市人民公社的管理体制:

根据城市有大有小的情况,一般的城市公社实行三级管理(公社、分社和管区);也可以实行两级管理(公社、分社)。在过渡时期社的规模小者,可以社为基本核算单位;社的规模大者,可以分社为基本核算单位。在确定公社管理体制时,必须遵循有利于发展生产、壮大公社经济,发挥社员积极性和便于管理的原则。公社所属大小企业,均实行经济核算。

但各省也还有些差异,河南省也是实行三级管理(区联社、基层社、分社)和两级管理(基层社、分社)的。基层社为基本核算单位,统一计算盈亏。基层公社的个别农业生产队,暂时可以单独核算,自负盈亏。分社是公社的派出机关,负责管理小的生产单位和福利事业,也要进行经济核算,但由公社统一计算盈亏。区联社根据上级的指示,除积极办好和发展直属企业外,主要是对各基层公社,统一领导,组织协作,实行计划管理。

广东对基层单位还实行三包(包产值、包产品质量、包利润上缴)一奖(超额奖励)的管理制度。小型的、生产不稳定的民办企业,可以在一定时期内自负盈亏。在组织生产、组织生活、管理财务、基本建设等方面,给予必要的权力,以利发挥各级的积极性。

(四)关于城市公社的组织原则和领导机构:

城市公社的组织原则是:民主集中制。在生产管理、收入分配、生活福利以及其他一切工作方面,都必须贯彻这一原则。公社的最高权力机关,是社员代表大会。公社设管理委员会,由社员代表大会选举产生。由社长、副社长和委员若干人组成管理委员会,下设:生产、计划、财贸、生活福利、文教卫生、人事劳动工资、政法、武装等部(科)。委员与办公室人员编制名额控制在公社总人口的千分之一、二。公社应建立党委会。相应地建立共青团、妇联会、监委等机构。

(五)关于积累与消费的关系:

这对巩固发展公社意义很大,积累的比例,根据各公社情况,收入多的多积累,收入少的少积累。河南公社纯收入中,一般用于扩大再生产部分占百分之五十五左右,用于集体福利工作部分占百分之二十五,企业留百分之八左右(厂长基金性质),上缴区联社百分之十左右。企业利润处理:国营的按国家规定办事,社办企业除按规定缴纳税收外,纯利一部分上缴公社,自己留一部分(用于扩大再生产和福利事业);分社一级所属企业上缴税收外,纯利分别上交公社、分社各一部分;河南郑州市区联社直接经营的小工厂,在缴税后以百分之五至十留厂作为企业基金,其余百分之九十至九十五上缴区联社。公社直营厂,除交税外,以百分之五至十五留厂作为企业基金,其余上缴公社;分社直接经营的工厂,以百分之十至二十留厂作为企业基金,百分之八十至九十上交分社。另外分社还从自己提取的利润总额中以百分之十上交公社,公社从自己提取利润总额中,以百分之十交联社。

城市公社的分配原则仍是按劳分配,主要采取工资形式,以计时工资为主,以计件工资为辅。共产主义因素从集体福利事业入手,如免费托儿、医疗等。社员工资一般不得高于当地国营企业同工种同等级工人的工资水平,在一个公社范围内,同工种同技术水平的工人工资,应该逐步达到统一。农业生产队仍实行工资制与供给制相结合的分配制度,同时随着生产的发展,应当多办集体福利事业,不断增加共产主义因素。

(六)关于城市公社的社员条件:

会议认为:凡年满十六岁以上的居民,只要自愿参加,执行公社的决议,均可成为公社社员。国家厂矿、企业、机关、学校等单位的工人、干部、学生、教职员等,凡具备社员条件的,都要在生产、工作、学习的所在地参加公社。华侨、侨眷回来的人员,具备条件而又积极要求的,应接收为社员,地富反坏右五类分子中被剥夺公民权利的不得参加公社,个别虽有公民权,但表现恶劣的,也可以不批准为社员,但均应将他们放入监督劳动。资产阶级分子,要求入社者要履行一定的手续,经过社员大会讨论批准。对入社的资产阶级分子,不摘掉帽子,不取消定息,一般不得担任公社的领导职务。小业务的生产资料,可折价归社,按值定息,社员个人生活资料归个人所有。随着生产福利的发展,生产资料部分也会发生深刻的变化(如住房)。

关于社员的权利与义务,也规定了几条。

义务:

1. 模范地遵守政策法令社章;

2. 服从社的统一领导;

3. 积极参加生产与工作,向一切危害社的行为作斗争;

4. 参加社组织的政治活动。

权利:

1. 社内有选举权与被选举权;

2. 对干部、工作有批评建议监督权;

3. 本人及其家属有权享受社办集体福利事业的待遇。

(七)关于国营厂矿、企业、机关、学校加入公社的问题:

会议认为:厂矿企业应该成为公社的重要组成部分,公社应根据厂矿企业的需要积极发展各项生产,从各方面支援国营企业,厂矿、企业要积极地帮助公社建立各种生产和集体生活福利事业,如支援设备工具,支援下脚料、废料,帮助培养技术力量。利用业余时间参加一定的义务劳动等,使大中小型厂矿互相结合,共同发展。国营厂矿企业学校的党委受省市委和公社党委的双重领导。国营企业的计划是由国家直接分配的,他们的行政业务,仍归原上级主管部门领导。管理体制不变,企业利润的上缴,仍须按国家规定办理,属于地区性的工作,由公社党委统一领导。会议并且认为,公社和国家机关的关系也应该参照上述精神正确处理。各地一般都强调了全民所有制的厂矿、企业在经济上不能与集体所有制的企业互相混淆;在领导关系上,应实行双重领导。有的省对某些国营企业(如商店、储蓄所、理发店等)采取下放"入而不归,体制不变"的方法,由公社管理的仍单独核算,按国家计划安排工作。

郑州市在纺织机械厂人民公社,试办了生活福利事业的社会化,把国营厂矿企业的福利事业(包括公共食堂、托儿所、幼儿园、子弟学校、医院、牛奶供给、宿舍管理)的人员、设备、经费等交公社统一管理,各单位原来的生活福利水平,高的不降,低的逐步提高。公社认为实行以后有以下好处:1. 便利工厂企业专心搞生产,工厂党委可以少用些精力讨论研究生活问题;2. 体现了公社"一大二公"的优越性,各单位的职工,可以就近看病、就近送小孩入托,密切了单位之间的关系,缩小了各单位之间享受福利的差别;3. 能充分合理使用福利设施,节约管理人员和设备,提高了设备利用率;4. 便于集中力量兴办必须的福利事业(已由各单位集资,拟新建一所电影院)。

(八)关于公社发展生产的方针:

城市人民公社是工农商学兵五位一体的组织,发展生产是办好城市人民公社的中心环节,城市公社必须以工业生产为中心,实行工业和农业副业并举,积极办好服务性生产。每个公社要联合城郊若干农业队,建立综合农场,以便加强工农联盟与城乡协作。工业方面要坚决贯彻依靠群众,自力更生,因地制宜,就地取材,综合利用,大中小结合,土洋并举和"四服务"的方针。农业方面要贯彻执行以菜、肉为纲,积极发展菜、猪、奶畜、家禽等副业生产,达到副食品自给,同时积极提高粮食作物单位面积产量,力争粮食自足。要大搞技术革命,此外还应积极发展服务性生产。

郑州市公社化后,生产有了很大发展,全市十七个公社,目前共有各种社办工厂七百四十三个,职工二万零六百余人,一九五九年总产值达四千五百三十九万元,比一九五七年全市手工业合作社总产值还多出百分之二十四;一九六〇年一、二月份,产值达到二千七百二十万元,等于一九五九年全年产值的百分之六十。社办工业生产的日用小百货和修配加工,已成为解决市场需要的主要力量。

　　总之,中南协作区郑州现场会议,讨论很深刻,经验很丰富,认真研究这些经验,学习兄弟省市的经验对我们的城市公社化运动将会有很大的帮助。

一九六〇年五月

中华人民共和国国家统计局
关于城市副食品自给情况和公社化后
人民生活和商品供需变化情况
调查工作进行情况的通报 *

（一九六〇年六月十一日）

各省、自治区、北京、上海、天津、石家庄、唐山、太原、呼和浩特、沈阳、旅大、长春、哈尔滨、济南、青岛、合肥、南京、无锡、杭州、宁波、福州、南昌、郑州、武汉、长沙、广州、南宁、成都、重庆、贵阳、昆明、西安、兰州、西宁、银川、乌鲁木齐市统计局：

　　一、城市副食品自给情况调查工作，大部分省、区已布置到有关城市，都正积极进行中，有的市一方面组织力量收集整理现有资料外，同时对所缺资料布置有关单位调查。关于城市公社化后人民生活和商品供需变化情况调查，我局指定进行的城市中，大部分城市也已积极行动起来。许多省、区还根据本地区需要将这项调查工作布置给其他城市进行。在各地进行过程中，有的对历史资料和现行报表中有的资料，已组织力量着手收集整理；对需要通过调查取得的资料，也已抓住一个公社进行试点，以便取得经验后全面展开。

　　为保证这两项调查工作顺利完成，各地普遍组织了有关业务部门的力量，成立办公室或调查组，也有的是在统计局的统一组织下分工负责。如内蒙古自治区统计局与商业厅共抽出五名干部组成了调查办公室，由统计局宋处长和商业厅靳处长领导整个工作，目前这个办公室已派出两个工作组，深入重点协助工作。武汉市，关于副食品自给情况调查，已组织第二商业局和副食品生

---

　　* 原件现存于湘潭市第二档案馆。

产办公室共同进行。许多地区由于对这两项调查工作抓得紧、组织工作做得好，因此，在汇报中一致表示能保质保量按期或提前完成。

据了解有的省现在还在研究过程中，没有将这两项调查工作布置下去；我们认为，不必要的调查报表，必须坚决取消、精简，但党政领导所必须并认为可行的调查工作，则仍需组织进行。

二、为了做好这两项调查工作，必须抓紧依靠党的领导和发动群众。从许多城市的汇报中可以看出，由于这两项调查都是各级党政领导当前所需要的，只要我们及时向党政领导请示汇报，就能获得领导的重视和支持，从而也就能组织力量进行调查。如郑州市财贸部在召开财贸部门负责干部的会议上，说明这次调查的重要性，要求领导干部必须重视和加强领导调查工作。又如济南市由于领导的重视和支持，5月19日即曾召开各县、区计委、食品公司、蔬菜公司会议进行布置。会后，各单位均向党委作了汇报，并得到了党委的重视和支持，从22日起大多数单位，也都先后召开会议进行布置。槐阴区计委召开了所属地区的机关、团体、学校、食堂会计人员大会进行布置，历城县委财贸部在听取县计委的汇报后，特地抽调两名干部和计委、商业局一起进行调查。

三、为了搞好这次调查工作，在方法上应贯彻全面调查与典型调查相结合的方针，有些资料可以从全面调查取得，有些资料则可以根据典型调查推算全面。此外，各省、市、自治区都有必要抽出力量到一、二个点，进行典型调查，以便更深入地、更细致地掌握情况。

四、为了及时了解情况、交流经验，请各地在6月20日前，将这两项调查工作的进行情况，再向我们作一次汇报。关于副食品自给情况调查着重汇报资料收集整理的进度、方法和问题，以及调查过程中发现的有关副食品生产、自给工作方面的具体问题。关于城市公社化后人民生活和商品供需变化情况调查，着重汇报这项工作的全面布置情况以及力量组织和调查方法等。有些省、区尚未向我们汇报这两项调查布置的城市名称，请在6月20日前一并函告。

中华人民共和国国家统计局

一九六〇年六月十一日

附：城市人民公社化后的人民生活和
商品供需变化情况调查提纲

（一九六〇年六月）

目前各地正在开展城市人民公社化运动，在短期内，在全国范围内即将实现城市人民公社化。随着城市人民公社的建立和发展，在财贸工作以及人民生活方面都已经并还要继续发生一些新的变化，给财贸工作带来了新的要求，为了适应这种新的形势和新的变化，必须进一步加强调查研究，及时地建立有关这方面的调查统计工作，以便更好地支援这一运动的开展，做好财贸工作。

我们根据国家统计局及商业部的要求，结合省内具体情况，在昆明市搞一个重点调查，并为今年 6 月底的全面调查取得经验。本次调查的要求如下：

一、在城市人民公社化以后，由于各项企业和集体福利事业的大量举办，城市中的闲散劳动力和家庭妇女的大量就业，居民的货币收入将有显著的增加，购买力将要不断的扩大，为了研究购买力的扩大情况和购买力的来源，关于居民货币收入总额的变化，以及收入总额中不同阶层（如全民所有制单位的职工和集体所有制单位的从业人员）的构成变化，都需要进行调查，项目如下：

（一）总人数就业情况：就业总人数，其中列出：1. 国家机关、事业、学校、人民团体、国营及公私合营企业职工人数；2. 人民公社社办企业和事业的从业人数。

（二）居民货币收入情况：居民货币收入总额，其中列出：1. 国家机关、事业、学校、人民团体、国营及公私合营企业职工工资收入；2. 人民公社社办企业和事业的从业人员收入（1 表）。

（注：居民货币收入的阶层转移数字（如职工付给服务性行业的款项）应设法表现出来，以便计算居民货币净收入总额。如何计算和表现，请大家研究提出意见。）

二、由于城市人民公社大量地举办各项集体福利事业，居民所享受的福利大大增加。为了发展集体福利事业,国家和公社都付出了大量的福利费用,这些福利开支实际上也是居民的一种间接收入。因此,为了全面地反映居民的收入情况(包括货币收入和福利享受情况),应将居民享受的福利情况,以货币表现出来,调查项目如下:

(一)国家支出的福利费。

(二)公社支出的福利费。

(注:关于福利费包括的内容尚待研究)。

三、随着居民货币收入的增加,居民的货币支出也要相应地增加;另一方面,由于集体福利事业的发展,家务劳动的社会化,居民参加生产,参加公共食堂,大量儿童进入幼儿园或托儿所,家庭中一些生活琐事(如洗衣)改由服务单位办理,居民的货币支出中商品支出和非商品支出的构成也要发生变化。同时,要对居民货币收支进行调查,进行研究,具体要编制一个货币收支平衡表如2表。

四、生产有计划,消费也要有计划。目前各地银行积极组织居民收入的合理使用,帮助居民计划开支,大力开展储蓄工作,有的地区的居民将收入全部存入银行,在购买商品及支付各种款项时皆通过银行转账,不再支付现金。这些新的情况,必然会使货币流通情况发生一些新的变化。因此,在这次调查中一方面要反映储蓄余额的变化(其中要列出定期存款余额的变化,因定期存款存期较长,不至于立即影响市场);另一方面,要通过典型公社的资料,反映居民货币收支,通过银行转账的情况。

五、由于广大居民参加了公共食堂,以及托儿所、幼儿园等集体福利事业的举办,在居民消费的构成上例如吃、穿、用、烧等等方面必然发生一定的变化。为了反映消费构成的变化,社会商品零售额的分类统计(分为食品、衣着、日用百货、文化用品、医药、燃料、书报杂志等类)要定期进行计算。

六、由于公共食堂的建立,过去一家一户起伙,所购买的食品,已转由公共食堂集体购买;另一方面,由于集体福利事业的兴办,集体单位购买的商品将大大增加,因此,在市场上购买对象也发生了显著变化,即集体单位购买的比重将要逐渐加大。为此,要将零售统计的对象加以细分。如列出:零售额总计,其中:(一)售予居民个人的;(二)售予机关团体的,其中:售予城市人民公社集体福利事业单位的。

七、随着组织合理分配商品工作的发展,今后商业部门商品销售业务中,有计划、有组织供应的部分将逐步扩大,自由选购的部分将逐渐缩小。有计划、有组织的供应乃是共产主义分配方式的萌芽,在商品销售统计中必须经常反映这种商品分配业务的发展情况和它所占的比重。另一方面,商业部门合理分配商品是按照"保证重点,照顾特需,安排一般"的原则进行的。在统计上也要反映这一个原则的贯彻情况,在这次调查中,准备从总金额和一部分商品来分别加以反映。

（一）从总金额来看,如 3 表。

（二）从大类商品看,如 6 表。

（注:所谓"有计划、有组织供应的"包括计划供应,凭证(票)供应,定量供应,特需供应及其他各种有组织的分配方式。）

八、由于公共食堂的大量举办,食品(包括主食及副食品)供应对象也将发生较大的变化,即供应个人的比重下降,供应集体的比重上升,在统计上要经常掌握和反映这种变化,这次调查的内容如 4 表。

（注:其他各种公共食堂包括机关、团体、学校、托儿所、幼儿园、医院、公社办的食堂。）

九、商业部门积极地改善了供应方式,采取了送货上门,大大地便利了消费者,这是我国商业部门为消费者服务工作的一个新的发展和变化,在统计上必须反映这种新的供应方式的发展,这次调查要将商业部门消费品零售额中送货上门的金额加以统计(填在第七项表内)。

十、为了便利消费者,城市人民公社建立后,大量地建立了商业代销点和各种服务站(所),关于代销点和服务站(所)的发展情况要定期进行统计,这次调查的项目如下:

（一）公社办的商业代销点个数,工作人员数(其中:专职的、兼职的)。

（二）公社办的服务站(所)个数,工作人员数。

以上项目分别列 1960 年第一季度与 1959 年第四季度的数字。

十一、随着人民公社工业企业的举办和发展,社办工业提供市场的商品将不断增加,同时商业部门从社办工业收购的商品数额和所占比重都要不断的扩大。因此,在商业部门的收购统计中应增加有关商品来源的统计。这次调查,内容如 5 表。

十二、社办工业的产品虽然大部分仍是由商业部门或国营工业加工订货和收购,但也有一部分是自产自销的。从安排市场的角度来看,关于社办工业的产品销售特别是自产自销情况必须加以掌握。这次调查将要求统计 1960 年第二季度社办工业的商品销售额,并列出其中:(一)商业部门及其他国营和公私合营企业加工订货和收购部分;(二)自产自销部分。

十三、为了促进社办工业的发展,商业部门将要从原材料供应方面加以支援。另一方面,社办工业在原材料使用上要充分地利用边料和"废"品。因此,有关商业部门供应社办工业的原材料情况要经常加以统计。这次调查要分别统计 1960 年第一季度和 1959 年第四季度中商业部门供应社办工业的原材料总额,并列出其中:边料和"废"品。

十四、城市人民公社建立以后,公社大量地举办各项企业和事业,对于公社的财务收支情况也要经常地加以掌握。鉴于城市人民公社刚刚建立,财务管理制度还没有健全起来,在这次调查中,可以选择几个财务管理制度比较健全的公社,将它们的财务收支情况列表报送。

一九六○年六月

北京市崇文区社办工厂进行
工资改革的经验*

（一九六〇年七月十日）

北京市崇文区根据市委的指示，在今年五月上旬把社办工厂中的计件工资制改为计时工资制。这次工资改革进行得比较顺利，效果很好，百分之九十以上的人积极拥护，对于生产的进一步发展，起到了促进作用。

崇文区的社办工业是在街道生产组织的基础上逐步发展起来的。现有成型工厂一百三十五个，工人一万六千九百一十名，其中实行计件工资制的工厂有六十个，工人七千一百四十四人，占成型工厂工人总数的百分之四十二点二五。这些工厂一般是为国营工厂和为市场需要进行加工，如缝纫、机绣、制鞋、制帽、拉锁、糊盒、绒鸟、绢鸟等等。公社建立以前，由于街道生产尚处于比较分散而不稳定的状况，实行计时工资制确有一定困难。所以，当时在街道工业，特别是在分散生产人员中多采用了计件工资形式。现在，街道生产组织已经发展成为具有一定规模的成型工厂，生产比较正常，计件工资愈来愈暴露出它的许多危害性。

第一，滋长个人主义思想，影响工人之间的团结。部分工人为了多拿计件工资而抢"甜活"，推"苦活"，只顾自己，不管别人。如帽厂有的工人提早上班，把好做的活藏起来自己做，把难做的活留给别人做；拉锁厂有的工人由于抢排咪板，往往造成一部分人窝工；也有的人怕影响自己的收入，不愿意帮助别人；机绣厂有的工人说："抬头误三针"。因此，技术好的不愿教别人，技术差的也不敢向别人问，甚至有的下班时把缝纫机的梭胆带走，怕徒工给用坏了

* 原件现存于湘潭市第二档案馆。

影响自己的收入;还有的工人由于追求多得计件工资不服从分配工作,埋怨领导分活不公,不愿实行流水作业。所有这些,不仅对生产不利,而且也严重地影响工人之间的团结和劳动纪律的巩固。

第二,由于实行计件工资,形成工资水平偏高。这种现象和公社生产底子薄,劳动生产率水平不高的情况相矛盾,影响公社的积累,也直接影响了生产和集体福利事业的发展。如东花市人民公社实行计件工资制的工厂最多,所以它的积累也比较少。工资改革前,该社有十三个工厂实行计件工资,月平均工资为二十九元六角二,其中绒鸟、机绣两个工厂的月平均工资都在五十元以上。因此它们经过一年左右的时间,只积累了两万四千九百元,平均每人不过十一元六角六。

第三,某些行业有一部分工人的计件工资水平超过了当地国营企业同工种工人的工资水平,对国营企业的工人劳动热情有影响。如龙潭公社制鞋六厂,计件工资高者每月达八、九十元,而国营企业支援该厂的老工人每月工资只有五十元。又如东花市缝纫厂工人吴惠莲刚参加生产几个月,计件工资就拿到六十二元,她爱人做售货员已有十几年工龄月工资才五十五元,这显然很不合理。

第四,部分工人为了多挣钱,拼命延长劳动时间,不愿学习,不愿开会,有的工厂如果厂长不拉电闸,他们就不停止生产,严重地影响工人的进步和身体健康。

崇文区委对这次工资改革采取了积极而又慎重的态度,用不长的时间把五十个实行计件工资制的工厂全部改为计时工资(有十个工厂,因生产不正常,暂时未改)。通过这次工资改革,使群众受到了一次生动的社会主义、共产主义教育,工人的集体主义思想有了显著提高,劳动纪律得到改善。工资改革后,工资水平降低了一些,据这五十个工厂的统计,平均工资每人由三十元零三角降为二十三元七角九分(不包括奖励),但各工厂的生产一般都有所提高,如崇外公社手套厂,工资改革后实行了流水作业,平均每人每天的产量由五打提高到八打。东花市人民公社的便鞋、绒鸟、毛衣、火柴盒等厂,五月上旬比工资改革前产值提高了百分之三至百分之七,个别厂提高了百分之二十七点五。总的情况是良好的。

当然,在工资改革中也有少数人有意见,个别工厂、小组也曾出现过生产下降的现象。对待这些问题,应当加以分析:据了解,对工资改革有意见的人只占百分之六至百分之七,而其中多数人是对个别人评定的工资等级不够恰当有意见。经过教育和个别调整,这种意见很快就解决了。个别工厂、小组生产一度下降的原因,一方面是由于实行计时工资后,消除了任意延长劳动时间的现象;另一方面,也有极少数人由于降低工资较多,一时思想不通,在生产中干劲不足。但要看到:由于改行计时工资也为改善劳动组织、开展技术革新和技术革命创造了有利条件,只要我们抓紧这方面的工作,同时把思想工作跟上去,提高群众的认识,组织劳动竞赛,生产下降的情况是可以很快扭转的。例如东花市绢鸟厂有十二个工人,在工资改革后产量下降了百分之二十,当发现之后,对她们进行了教育,只经过三天的时间生产就恢复了正常。

崇文区进行这次工资改革的基本经验是坚持政治挂帅,放手发动群众,认真贯彻群众路线的方法。

一、在社办工厂改行计时工资制工作中,必须充分估计到有利条件,坚定地相信群众的大多数。崇文区的情况表明,社办工业中大多数工人对改行计时工资制是积极拥护的。这是因为:第一,社办工业的工人,绝大部分是职工家属和其他劳动人民,他们经过党的长期教育和城市人民公社化运动的锻炼,思想觉悟有了很大提高。第二,她们亲身体验到,实行计件工资虽然经济上多收入一些,但是在很大程度上是靠延长劳动时间和增加劳动强度得来的。改行计时工资后,可以避免这种现象,使她们有更多的时间学习和休息,可以更快地提高政治觉悟和文化技术水平,这是符合整体利益的也是符合广大妇女彻底解放的根本利益的。有的工人说:"再实行计件工资,我们都快成傻子了。"第三,她们的工资一般是原来家庭收入以外新增加的收入,这部分高出的工资收入对她们家庭生活水平影响并不是太大的。同时,她们也看到改行计时工资后,收入可以固定,工作、学习、生活、休息也好安排。因此只要对她们讲清了道理,使她们正确地认识了个人利益和集体利益的关系,认识了计件工资的害处,她们就会积极参加工资改革工作,使这一工作顺利完成。那些低估她们的思想觉悟,不敢把计件工资制改为计时工资制的想法是错误的。

二、抓紧政治工作,加强思想教育,发动群众和各种错误思想作斗争,是顺利进行工资改革的重要保证。崇文区委明确指出:计件工资改行计时工资,是一次社办工业管理制度上的重大改革,在这一改革中必然有两种思想和两条道路的斗争。在工资改革工作一开始,有些干部包括公社的少数领导干部,对于在社办工厂中能不能取消计件工资、实行计时工资是有怀疑的。他们认为,这些工厂的工人参加生产不久,觉悟程度低,取消计件工资会影响生产积极性,生产要下降。区委首先批判了这种夸大物质刺激作用,不相信群众的错误思想,坚持了政治挂帅,大张旗鼓地宣传为社会主义和共产主义而劳动的思想。经过鸣放辩论,统一了干部思想,树立了坚决改、彻底改的信心,使工作顺利地贯彻下去。在工资改革当中有少数工人怕降低工资,也有的工人认为实行计时工资以后,个人生活将由公社包下来,可以实行劳动保险。经过反复地正面教育,向群众讲清计件工资的害处和计时工资的好处,再结合群众鸣放辩论,很快就搞通了思想,工人们认识到:"大河有水小河满,大河没水小河干,要是大家都为个人,不顾集体,社会主义建不成,生活也不可能进一步改善。"在工资改革当中,也有个别人公开抵抗和进行破坏。如东花市绢鸟厂两个资本家家属不参加评工资。她们说"你们评吧,评我多少算多少,不能干我回家看孩子去",拉锁一厂有个右派分子的家属,在评工资时故意抬高别人,闹得小组订不下来。纸盒厂孙启荣,过去是开油盐店的小业主,在评工资中散布不满情绪。他说:"反正每天九角钱,上午干四角五,下午干四角五"。看见别人加班就挑拨说:"改了月薪你还加班?"公社对这些人的破坏活动,都通过群众进行了揭发和斗争。以上说明,进行工资制度的改革自始至终都贯穿着不同思想的斗争,只要坚持政治挂帅,就能保证这一工作的顺利进行。

三、必须认真贯彻群众路线的工作方法。根据区委指示,在进行工资改革的各个单位,都建立了有领导干部和工人群众参加的评薪委员会,充分作好摸底、测算等准备工作。评委会讨论和制订工资方案时,广泛地吸收了先进、中间、落后各方面的群众意见。工资方案确定之后,评委会公布工资等级标准,并为群众找出各个工资等级的"标兵",充分发动群众,采取自报公议的方法,民主评定,评定工资工作结束以后,很多单位还进行了复查,根据群众意见,对个别评定不合理的又进行了调整。这样一些做法,群众感到很满意。也有个别公社,由于不相信群众的觉悟,使工作走了弯路,如龙潭公社在评工资当中,不敢向群众公布工资等级标准,工人评了好几次还不知道每级多少钱,经区委批评后,才扭转过来。

四、在发展生产的基础上,采取适当措施使多数基本群众不降低实际收入。由于过去某些行业部分工人的计件工资收入偏高,改行计时工资后,工资收入有一些降低是难免的。但这种情况是暂时的现象。崇文区在实行计时工资的同时,建立了奖励制度(按月工资的百分之五提作奖金),并准备随着生产的发展、积累的增加,逐步扩大集体生活福利事业,增加集体福利待遇,使工人的实际生活水平逐步有所提高。在工资改革中,也要注意那些少数由于取消计件工资而影响生活的人,这些人一部分是孩子多,负担重或爱人长期拿病假工资的人。另一部分是家庭没有其他收入的反革命家属、劳动犯家属。对于这一少部分人,如果确有困难,可以采取个别补助或其他办法予以解决。

从崇文区进行工资改革的经验可以看出,对于社办工厂中的计件工资制,早改比晚改好,拖的时间越长,计件工资对生产、对工人的思想的危害就越大,而且改起来困难也就会更多。因此,只要下定决心,坚持政治挂帅,认真贯彻群众路线,充分做好准备工作,彻底改革计件工资,是完全可以作得好的。

全总党组城市人民公社工作办公室北京市工作组

一九六〇年七月十日

关于城市人民公社工业的工资
情况和今后意见的报告*

(一九六〇年七月十九日)

中央：

随着城市人民公社化运动的迅速发展和社(街)办工业、集体生活福利事业的大量兴办,全国城市居民中,闲散劳动力的组织程度已达百分之七十五以上。其中输送给国营企业的三百多万人,参加社办工业、事业单位的二百九十万人,参加街办工业、事业单位的一百二十万人。这是城市社会主义建设的一支新的劳动大军,在发展生产和为人民生活服务等方面,都做出了很重要的贡献。他们的工资待遇一般是实行低工资制。一九六〇年四月全国社办工业(包括手工业转为公社工业的)和事业人员的平均工资为二十七点七三元。连同街办工业、事业人员一并估算,月工资总额约一亿元。这是他们原有家庭收入以外新增加的收入,绝大部分是用来购买穿的用的,增加了购买力,改善了他们的生活。

两年来,各地在处理社办(包括街办,下同)工业、集体生活福利事业人员的工资问题上,一般都认真贯彻执行了党的工资政策,坚持了政治挂帅,发扬了穷干、苦干、不计报酬的共产主义精神,采用了低工资标准和逐步增加集体福利待遇的办法。不少地方一开始就注意了增加积累、扩大生产,注意了从实际情况出发,建立一些新的工资制度。所有这些,都对社办工业、集体生活福利事业的发展起了积极的促进作用,总的情况是良好的。但是由于社办工业发展很快,情况又较复杂,加以缺乏管理经验,控制不够严格,因之,在工资方

---

* 原件现存于湘潭市第二档案馆。

面,也存在着一些需要解决的问题,主要是:

一、目前有些地方社办工业工人的工资水平存在偏高的现象。有的地方社办工业套用了地方国营工业工人的工资标准,使社办工业的工资水平接近地方国营工业的工资水平。有些地方社办工业的某些行业的工资水平,接近甚至超过了同行业的地方国营企业的工资水平。据太原市调查社办木作、电器、油漆、修缮、装卸等行业一般工资在八十元左右。不少地方社办工业中部分技术工人的工资水平超过了当地地方国营企业相同技术水平工人的工资水平,有的高过两级以上。这样,在一些政治思想教育不够、人事管理不严的单位,就出现了劳动力流动,特别是国营、地方国营工厂的低级工人向社办工业流动的现象。这种情况在不少地方都有发现。据哈尔滨市劳动局的调查,今年一至四月份,在五个国营工厂、一百一十七个地方国营工厂中,跳厂的工人即达两千九百多人,占这些单位职工总数的百分之三点三八。有的单位曾因劳动力流动,影响生产任务的按期完成。

二、在社办工业中,大多数是实行计时工资,但采用计件工资的也比较普遍,还有的实行分成制度(包括分红)。个别地方实行计件和分成的比重,按人数计算高达百分之五十以上。采用计件、分成制度的单位,有些只有简单单价和分成比例,工人收入多少不易控制,出现了工资水平过高的现象。据一些公社的调查,实行计件工资工人的工资水平要比实行计时的高百分之五十左右,有的甚至更高。实行分成制度的,问题就更为突出。如天津市和平区一个社办的五金工厂,在工资改革以前,工人平均月收入一百七十元,最高的达二百三十元。这种现象不仅容易造成工资关系上的某些紊乱,腐蚀工人的思想,妨害工人之间的团结,影响工人的身体健康,而且还不利于增加企业的积累、巩固劳动纪律和提高产品质量。

三、社办工业的工资等级制度也存在一些问题。不少地方还没有建立比较合理的工资等级制度,因而在一个地区内,同行业、同工种的社办工业工人中,工资等级数目过多,工资标准悬殊较大,个别单位工资等级数目多达一百多个,最高工资比最低工资高达十倍以上。这样,不但会影响工人之间的团结,而且也给工资管理和劳动力调配上增加了很多困难。

四、对社办工业的工资管理,有些地方还没有来得及抓起来,以致在组织闲散劳动力和吸收、试用工人、评定工资等级等方面还缺乏必要的制度。也有些地方虽然建立了某些工资管理制度,但由于经验不够,或在执行中缺乏检查,往往流于形式。这就给某些有本位主义思想的管理人员用高工资乱挖工人,给某些有资本主义思想意识的工人自由跳厂,开了方便之门。更严重的是某些坏分子乘机以公社或社办工业的名义,招摇撞骗,搞"小包工"和"地下工厂",进行剥削工人、盗窃国家财产等破坏活动。

上述情况,虽然是城市人民公社化运动和社办工业大发展过程中很难避免发生的问题,但是如果不及时注意加以解决,对社办工业的巩固发展是不利的。因此,我们认为,结合整顿巩固公社工作,对社办工业的工资有计划有准备地进行一次整顿,是十分必要的。在整顿时,应当根据中央指示,切实贯彻执行政治思想教育和物质鼓励相结合而以政治思想教育为主的原则,增加集体福利和增加个人收入相结合而逐步提高集体福利比重的原则,按照新人新制度的精神,从实际情况出发,建立一些新的制度。现参照有些地方整顿社办工业工资工作的一些经验,提出如下几点意见:

一、社办工业应当坚决贯彻执行合理的低工资政策。由于社办工业的劳动生产率比较低,同时还考虑到增加公社积累和控制购买力,应当对社办工业工人的工资水平认真加以控制,使之低于当地地方国营工业普通工人的工资水平。目前工资偏高的社办工厂,应当加强对工人的教育,在提高觉悟的基础上,逐步加以调整,适当降低。

在一个地区内,社办工业中各个行业之间的工资水平,也应当保持适当平衡,某些行业过于偏高,应当适当降低。在社办工业内部,对于参加工作时间长短不同、技术水平高低不同的工人,在工资水平上可以有适当的区别。

二、社办工业应当实行计时工资加综合奖励的制度,改革计件工资,取消分成制度。生产不够稳定的单位,也应当尽可能地实行计时工资,如果不能实行月工资就实行日工资。分散生产的单位,应当尽可能逐步集中起来。有些年老体衰、身体有病或有实际困难只能参加分散生产的人员,在实行计时工资确有困难时,可以保留计件工资形式,但必须在工资水平上加以控制。

计时工资制度应当根据社办工业的生产性质、技术条件和劳动强度的不同,适当划分若干等级,级差不宜过大。综合奖励可以结合竞赛进行评比,按季或每半年发奖。奖励的面可以稍大一些,奖金率不应太高。

三、调整工资水平应当分别不同情况,区别对待。从机关、学校和国营工厂调来的人员,如果他们原来的工资比社办工业人员高,不应加以变动;有些从手工业转来的独立劳动者,原来收入较多,而且有一定技术,在评定工资时,除某些突出不合理应予调整外,一般的应给予适当照顾;由于工资等级控制不严造成工资水平偏高,应当在调整工资等级时适当加以解决;某些由坏分子或小业主操纵,采用各种恶劣手段把工资水平提得很高的,一律按社办工业工资标准重新评定,坚决降低下来;对被国营企业开除、清洗的人员和国营工厂不愿继续留用的跳厂工人,应当按照社办工业的工资标准,重新评定。

四、市、区的劳动部门和其他有关部门应当加强对社办工业、集体生活福利事业单位人员的工资管理,公社也应当有负责专管劳动工资的人员,以便统一进行工资规划和劳动力调配,加强工资管理,改进工资制度,总结交流经验。

整顿社办工业工人的工资,调整工资水平,改革计件工资,取消分成制度,是一项很重要的政策问题,它关系到公社的巩固、社办工业的进一步发展和工人生活的改善。因此,应当在各级党委的统一领导下,采取积极而又慎重的方针,有计划有准备地进行。应当坚持政治挂帅,深入进行党的工资政策的教育,细致地做好思想工作,认真贯彻执行群众路线。通过社办工业工资的整顿和调整,使社办工业工人的工资制度逐步趋于合理,大大提高工人的政治觉悟和劳动积极性,促进生产和公社整个工作更加巩固健全地向前发展。

以上意见如果可行,请中央批转各地参考。

全总党组

一九六〇年七月十九日

国务院财贸办公室批转财政部关于对城市人民公社企业的征税问题的意见*

（一九六〇年七月二十六日）

各省、市、自治区人民委员会：

　　根据最近各地反映的情况来看，目前城市人民公社所属企业征税办法很不一致，为了适应社办企业蓬勃发展的需要，急需有一个统一的纳税规定。财政部提出的关于城市人民公社企业征税问题的几点意见，我们认为是可行的，现在转发给你们，希望研究执行。

　　附：财政部关于对城市人民公社企业的征税问题的意见。

中华人民共和国国务院财贸办公室

一九六〇年七月二十六日

附：财政部关于对城市人民公社企业的征税问题的意见

（一九六〇年六月二十二日）

国务院财贸办公室：

　　关于对城市人民公社企业的征税问题，中央在批转财政部"关于调整1960年国家预算和大力组织国家收入、节约不必要支出的报告"中指示："国

---

　　*　原件现存于宁夏回族自治区档案馆。

家财政要积极支持人民公社的发展,国家决定支援公社的钱要发到公社手里,决不允许超越政策界限加重公社的负担。同时,人民公社应当向国家交纳的税款也要如数交纳"。我们根据这一指示,结合企业的具体情况,进行了研究。从目前社办企业的情况来看,一部分是原来街道自办企业、手工业合作社(组)和1958年建立城市公社时所办的企业,这些企业的生产经营一般都比较正常,利润也不小。另一部分是在今年城市人民公社化运动高潮中办起来的企业,这些企业新建不久,多数在生产经营上还有一定的困难,需要国家给以扶助。现在根据这些情况,对社办企业征税问题,提出以下几点意见:

一、社办企业的产品销售收入和加工业务收入,都应当交纳工商统一税。据了解,社办企业生产的产品,绝大部分是由国营商业包销的,加工业务也大都是为国营企业服务的,产品的销路没有什么问题,这些产品价格大多是按照市场的一般价格水平作价,并且已经把税收部分计算在价格以内。因此,国家对这部分收入征税是合理的、应该的。如果某些社办企业底子薄,经营上有困难,需要在税收上给予一定时期照顾时,可根据税收管理体制的规定,由各省、市、自治区人民委员会暂时减税或者免税。

二、对于1960年以前的社办企业,凡是成立时间已满一年的,其所得税不论过去已经征收或者应征未征的,原则上都应当征收。对于新建立的社办企业及需要特别奖励的产品可以参照对手工业合作社减征或免征所得税的规定,给予一定时期的照顾。过去已经征收所得税的企业同新办企业实行合并的,如何征收所得税,由各省、市、自治区人民委员会规定。

有些地区建议,所得税不再采用累进税率,改为比例税率,我们同意这个意见。税率可以在20%到30%的幅度内,由省、市、自治区人民委员会根据当地社办企业的积累高低情况,具体加以规定。

三、公社自办的服务单位,如理发、沐浴、拆洗缝补和各项代办业务等,都暂时不征收工商统一税和所得税。

以上意见,如属可行,请批转各省、市、自治区人民委员会研究办理。

中华人民共和国财政部
一九六〇年六月二十二日

中华人民共和国国家统计局转发
长春市统计局关于城市人民公社
工业总产值计算问题报告*

（一九六〇年八月十六日）

各省、市、自治区统计局，59 个重点市统计局：

兹将"长春市统计局关于城市人民公社工业总产值计算问题的检查报告"转发你们。望你们对城市人民公社工业的总产值也进行一次检查，并将检查结果写一报告来。

中华人民共和国国家统计局

一九六〇年八月十六日

附：长春市统计局关于城市人民公社
工业总产值计算问题的检查报告

（一九六〇年八月）

我市城市人民公社工业共有 643 个，今年上半年总产值为 16,227 万元。最近我们根据国家及省级统计局的指示，重点的对南关区大马路公社全部厂子（该社新办厂子有 12 个、委办有 6 个）及长通公社宽城区站前公社所属工厂的工业总产值计算方法上进行了初步的检查，根据检查情况来看，发现这些

---

* 原件现存于福州市档案馆。

单位在总产值计算上都不同程度地存在不确实和不合理的成分,根据三个公社所属部分工厂上半年工业总产值为 4,024 万元,经初步核实为 3,232 万元,即多报 792 万元,核实数为原报产值的 80.3%,其中大马路公社上半年产值为 1,813 万元,初步核实为 1,376 万元,即多报 437 万元,核实数为原报产值的 75.8%;站前公社上半年产值 346 万元,初步核实为 154 万元,即多报 192 万元,核实数为原报产值的 44.5%。

总产值计算的不确实和不合理的问题,主要表现在以下几个方面:

一、个别企业在产品计算上没有按 1957 年国家不变价格规定计算产值,或认为不变价格低于实售价格,因而就未按规定价格计算。仅在这一项上半年共多计算产值 618 万元,其中如五金汽车修理厂给外单位修理的汽车在不变价格册上规定大修 1 台为 5,900 元,中修 1 台为 2,200 元,小修一台为 163 元,可是该厂修理 1 台汽车分别最高按 75,000 元,最低 2 万元计算,上半年大、中、小共修各种汽车 56 台,共多报产值 183 万元,铸铁件规定 0.7 元 1 公斤,而该厂按 2 元 1 公斤计算也多报产值 3.2 万元;化工厂生产氯化钾规定 650 元 1 吨,该厂按 6 千元 1 吨计算,即多报产值 33 万元;耐火材料厂生产的土霉素每吨规定为 2 千元,该厂按 13,000 元计算,活性炭每吨规定为 4 千元,该厂按 4,640 元计算,氧化铅每吨规定为 2,783 元,该厂按 5 千元计算;站前公社化工厂生产的硝酸钾国家规定每吨为 2,500 元,该厂按 22,500 元计算。

二、少数企业对外承做的简单加工修理和包装等也将被修理加工及包装物本身的价值计算在总计之中,这一项上半年多报产值为 122 万元,其中如:综合木器厂给新华机械厂包装铸字机,该厂将包装铸字机的价值计算在产值内,上半年多报产值 26 万元;服装厂给外单位修理的垫布每块修理费规定为 100 元,而该厂按 1,200 元计算,上半年共多报产值 6.8 万元;五金汽车修配厂胶车修理及铆焊加工等均将被修理物体的价值,包括在产值内,如胶车修理最少按 1 千元一台,最高按 5 千元一台计算,仅上半年也多算了 28 万元,而铆焊车间给外单位铆焊的活均包括原料价值,如修理一台锅炉就报 1 万多元产值,切一张钢板也算 4,800 元,焊一个洗衣机、切菜机、大车架等每个都算 1 万多元,因此上半年仅 17 个人的车间就报产值 122 万元,其中 50% 以上的产值都不应算,如按 50% 扣除时多报 6.1 万元。

三、个别的企业,产品多重复计算的现象,按国家规定总产值必须以"工厂法"计算,也就是在一个企业内不允许重复计算产值,可是有的企业未按规定执行,由于重复计算上半年就多报产值42.4万元。如铁丝制品厂用买来的铁丝绳生产产品,在生产过程中必须将铁丝绳先破开,然后进行平直生产,而破开平直只是一个生产过程,并未出产品,而该厂除成品计算外,破开算一次产值,平直又算一次产值,前后重复计算两次共多算产值21万元。绝缘材料厂自己生产的塑料,上半年共用900公斤,又用到生产云母纸上也重复计算1万3千元。站前公社木箱厂却把圆锯带锯制成的自产自用的木箱板16.9万元也计算了产值。

四、非生产性收入也计算在产值内。如站前公社木箱厂将公社胶皮车为木材公司拉脚收入1,300元也计算在总产值内。同时也将本厂抽调支援基本建设的工人,也自行规定每人每天按80元计算产值,实际为本企业并未创造任何实际价值,仅五月份即多报产值10,160元。

一九六〇年八月

中央轻工业部中央工商行政管理局批转"关于沈阳市城市人民公社组织联合企业试点情况的调查报告"*

(一九六〇年八月二十三日)

各省、自治区、直辖区、省辖市人民委员会办公厅、轻工业厅(局)、公社工业局、手工业管理局、工商行政管理局:

现将中央工商行政管理局沈阳工作组"关于沈阳市城市人民公社组织联合企业试点情况的调查报告"发给你们参考。

沈阳市在城市人民公社组织联合企业的做法,在进一步促进生产的发展和更好地发挥城市公社统一组织生产的作用方面初步显示了它的优越性。当前生产力的大发展,要求城市人民公社进一步组织和发展国营工业和公社工业之间以及大中小企业之间的生产协作。在这方面,目前各地已经创造了不少好的经验和有效的组织形式。联合企业,是其中的一种形式。当然,由于各地城市人民公社的组织形式有所不同,生产的需要和原材料供应等具体条件也各有不同。因此,组织生产协作的形式也不宜强求一致,各地应该按照有利于生产的发展、有利于城市人民公社的巩固和发展的原则,结合当地具体条件,采取多种多样的形式来组织生产协作。继续不断地创造经验,总结经验。

报告中提出的几个问题,是值得各地注意的,尤其是国营工业原材料的"专材专用"问题和公社工业发展小商品问题,更应该极端重视。国家计划分配的原材料,必须保证按国家计划使用,公社工业应该继续开展利用废旧,不要占用或者挪用分配给国营工业的原材料。国营工业支援公社工业的设备和

---

* 原件现存于湘潭市雨湖区档案馆。

— 175 —

其他物资,必须经过上级主管部门批准。在发展小商品生产方面,公社工业是一支重要力量。大力增产小商品,以满足人民生活的日益增长的需求,是公社工业一项重要而光荣的任务。随着公社工业和国营工业生产协作关系的加强,进一步开辟了大搞综合利用和多种经营的门路,推动了技术革新和技术革命运动的开展,这就为公社工业进一步发展小商品的生产创造了更有利的条件。因此,不管采取什么形式来组织生产协作,都必须采取有效措施,推动公社工业生产更多更好的小商品,并且不断地增加品种,提高质量。对于公社工业的生产,主要应该以产品的品种、数量和质量作为指标,而不要以产值作为主要指标。必须防止和纠正那种单纯追求产值、只愿生产产值大的产品、不愿生产小商品或者只求数量、不重质量的现象。

希望各地将这方面工作中的情况、问题和经验,随时告诉我们。

一九六〇年八月二十三日

附：关于沈阳市人民公社组织联合企业试点情况的调查报告

（一九六〇年八月五日）

最近,我们对沈阳市正在试点的城市人民公社组织联合企业的工作,做了一些调查。现汇报如下:

沈阳市组织联合企业的试点工作,是今年五月中旬在兴顺、万泉、红旗三个公社开始进行的。做法是:在公社范围内,以国营大厂为主体,按照"以全民带集体、以大带小、大中小结合"的原则,把生产相近的国营工厂和公社工厂组织在一起,成立联合企业。联合企业党委会由各厂党委负责同志组成,主体厂党委书记兼任联合企业的党委书记,联合企业党委各部与主体厂党委各部也基本合一,联合企业管理委员会由各厂行政负责同志组成,经理由主体厂厂长兼任,主体厂的职能科室就是联合企业的职能科室,有的还另外增设生产协作办公室。联合企业的各厂之间在财务上则采取分别核算各计盈亏的办法。

沈阳市组织联合企业的时间虽然还不长，但是，这种生产组织形式已经显示了显著的优越性：

一、联合企业能够全面规划，统筹安排，进一步实现了国营工业和公社工业之间、大中小企业之间的密切结合，大大促进了生产高速度发展，无论国营工业和公社工业，在组织联合企业以后，生产都有很大的增长。如万泉人民公社范围内的工厂（包括国营和社营），五月上中两旬只完成全月生产计划的40%，成立联合企业后，下旬就完成了全月生产计划的60%，本来认为完不成的生产任务完成了，五月份的产值比四月份增加60%，而六月份又比五月份增加90%。成立联合企业以前，今年全社工业计划产值是二亿一千万元，成立联合企业后，预计可增加到四亿一千万元，比去年增加两倍，其中，国营增加将近一倍半，公社工业翻十三番。兴顺人民公社成立联合企业后，今年计划产值比去年可增加四倍，其中，国营增加三倍多，公社工业增加八十九倍。

二、联合企业更有利于大搞多种经营和综合利用，使边角废料和废渣、废液、废气得到更充分的利用，开辟了广阔的生产门路。兴顺人民公社组织联合企业以后，几天内就办起了四十三个综合利用的工厂，利用边角废料和废弃物资生产出的新产品就有一百六十二种，小商品的品种增加了20%。红旗人民公社组织联合企业不到一个月，公社工业的产品就从二百六十九种增加到三百六十种。

三、联合企业可以更好地挖掘人力、物力的潜力。国营工厂经常组织技术支援队到公社工厂进行技术指导，公社工厂也经常组织服务队到国营工厂服务，充分挖掘了劳动潜力。国营轻工机械三厂今年原计划要增加二百五十个劳动力，建立联合企业后不但不再需要增加人，还可以抽出四十五名技术工人支援别的单位。联合企业还进一步挖掘了设备的潜力。万泉人民公社组织联合企业后，已经把一百九十五台闲置设备投入了生产。联合企业还把各厂的一些分散使用的辅助性的零星生产设备集中起来，建立综合性的为各厂服务的工厂，如将各厂的汽车修配设备集中起来建立汽车修造厂，把印刷设备集中起来建立印刷厂，提高了设备的利用率。

四、联合企业能够根据各厂的设备、技术情况，组织合理分工，使公社工厂在国营工厂的帮助下承担起一部分国营工厂下放的生产任务,而国营工厂能够腾出手来向高、大、精、尖、新进军。仅据红旗人民公社十三个国营工厂的统计,下放公社工厂生产的就已经有一百四十六种产品,国营工厂得以腾出手来发展二百一十一种高级新产品。万泉人民公社成立联合企业后,高级新产品由原来的一百二十四种增加到二百二十四种。其中,国营工厂增加了八十三种,公社工厂增加了十七种。

五、通过联合企业这种组织形式,进一步加强了国营工业对公社工业的扶持和帮助,促进了公社工业的巩固和发展。在万泉人民公社,国营工厂已经抽调一百一十六名干部和技工下放到公社工厂(其中有一部分准备在帮助公社工厂培训好干部以后再抽调回来),充实了公社工业的领导力量,提高了公社工业的经营管理水平。同时,在国营工厂的积极帮助下,公社工业加速了技术改造。国营轻工机械三厂在组织联合企业后大力帮助公社工业革新技术,仅十几天的时间,就使公社工业的机械化程度由35%提高到56%。

根据沈阳市的初步经验和意见,当前在组织联合企业的工作中,应该注意以下几个问题:

一、联合企业的组织形式可以多种多样。沈阳市目前组织的联合企业,大体有三种类型:一是以地区为主,在公社范围内把生产性质相近的工厂分别组成若干个联合企业;二是以行业为主,把全市范围内生产性质相同和连续性生产的工厂组织起来,建立联合企业;三是在现代化国营工厂大力开展综合利用和多种经营的情况下,根据需要建立一些为主体厂服务的中小型工厂,使之逐步发展成为联合企业。

没有大工厂的公社能不能组织联合企业,沈阳市的经验证明,以中小型工厂为中心,同样可以组织联合企业。如万泉人民公社日用品工业联合企业,是以一个五十人的区属国营工厂为中心建立的,组织联合企业以后一个月内,生产产值和产品品种都增长了一倍,同样地发挥了生产联合化的优越性。

联合企业的规模,在目前开始试点组织的时候,一般不宜搞得过大。等经验多了,再根据实际需要,逐步地由小到大地发展。

二、国营企业参加联合企业以后,不要忙着改变原来的隶属关系。这些国营企业,除了受联合企业的领导以外,同时仍受上级主管部门的领导。上级部

门下达的生产计划、产品调拨计划和利润上缴计划必须保证完成。国家计划
分配的原材料必须坚决贯彻"专材专用"的原则。

联合企业负有监督和保证所属各国营工厂完成国家计划的责任。在确保
完成国家计划的前提下,如果各厂还有多余的生产能力,联合企业可以规定一
定的生产附加指标。对于边角废料和废弃物资,首先必须完成国家的上调指
标,剩余部分可以由联合企业统一分配使用。

联合企业所属各厂,有国营工厂,也有公社工厂;国营工厂中又有中央管、
省管、市管、区管等不同情况。因此,在财务上应当采取分别核算、互不混淆的
办法。在国营工厂和公社工厂之间,应当按照积极支持、等价交换的原则来处
理有关财务问题。

三、成立联合企业以后,对主体厂来说,应该提倡发扬先进带后进的共产
主义风格,尽力所能及,关心小厂,帮助小厂。但是,对公社工厂来说,仍然应
当贯彻自力更生、利用废旧、因陋就简、土洋结合、勤俭办企业的方针,不要什
么都依靠国营工业,什么都贪大求洋;树雄心,立大志,消除依赖思想,反对本
位主义。

公社工业生产,应该全面贯彻为国营工业服务和为市场需要服务的方针。
组织联合企业以后,日用工业品的生产只应增加不应减少,并要不断地增加花
色品种,提高产品质量,降低成本费用。要防止单纯追求产值、忽视小商品生
产的现象。

组织联合企业以后,公社工业应该进一步大搞综合利用,大搞原料生产,
扩大原料来源,开辟生产门路。而不要与国营工业争原料或者在市场上抢购
套购原料。

四、联合企业应当继续加强与各方面的协作,进一步发扬共产主义协作之
风。联合企业所属各厂原有的对外协作关系,在组织联合企业的时候,应注意
不要打乱。需要调整的应当在双方协商的基础上逐步地进行调整,以免造成
对生产不利的影响。

五、联合企业把国营工业和公社工业组织在一起,扩大了公社工业的全民
所有制因素。但是,目前公社工业在生产发展水平和从业人员的政治思想觉
悟水平等方面与国营工业仍然存在着较大的差别,在工资福利等方面也还不

可能与国营工业一样，在这种条件下，不要急于把它们改为国营。对于公社工业的某些人员企图在组织联合企业以后就"一步登天"的思想，要进行说服教育。

六、联合企业不应只抓生产，而忽视政治思想工作。公社工业的从业人员，大多数是职工家属和家庭妇女。她们参加工作的时间不长，过去受教育的机会也较少，要加强对她们的政治教育和文化教育。

公社工业中有一些小业主、小手工业者和小商贩，他们一般有一定的生产技能，不少的人在党的多年教育下有了进步，在城市公社工业和街道工业的发展中，出了一些力量。但是，他们的旧习气较深，受了资本主义经营思想和作风的不良影响。因此，对他们的教育改造，还是比较长期的任务。尤其是他们当中还有一些长期不肯接受社会主义改造的分子、退厂退店分子以及搞地下工厂和黑户活动的分子，其中也有五类分子，对他们要加强群众监督，不要让他们窃据公社工业的领导职位。

联合企业可以根据需要和条件，采取国营工厂下放干部或者帮助公社工业培训干部的办法，来充实公社工业的领导力量，保证党的领导权的巩固。

联合企业是一个新生事物，是城市公社组织生产的新形式之一。随着这种新的生产组织的出现，也带来了一些新问题，例如，联合企业中全民所有制和集体所有制的关系问题，工业管理体制问题，等等。关于这些问题，沈阳市正在继续进行研究，总结经验。

中央工商行政管理局沈阳工作组

一九六○年八月五日

关于城市人民公社财务管理制度的几点意见（草稿）*

（一九六○年八月三十日）

今年春天以来,在全国蓬勃开展了一个城市公社化运动,到六月底,已经办起了 1,027 个城市人民公社,有 130 个城市基本上实现了公社化。城市人民公社以组织生产为中心,在发展生产的基础上,全面组织人民经济生活,在很短的时期内,社办企业和集体福利事业大量兴办起来。随着公社企业、事业的发展,公社的积累越来越多,家业越来越大。目前,有些城市又把原来由城市政权掌握的一部分经济管理权力和财政管理权力逐步下放到公社,使国家财政和公社财务之间形成了错综复杂的关系。同时,由于城市经济活动集中性较大,要求公社各项管理工作,包括财务管理都需要具有比较大的统一性,以适应城市公社的特点。这样,就必须相应地加强公社财务工作,健全财务制度,实行经济核算,把公社的财产、资金管好、用好,以促进公社的巩固和发展。财务工作直接关系到公社生产的发展和社员的切身利益,它不单是一个重要的经济问题,而且是一个关系到调动广大群众积极性的政治问题。现在各地财政部门在各级党委领导下,依靠群众,积极抓紧了这项工作。不少地区的公社已经建立了财务机构,培训了财务干部,制定了一些必要的财务、会计制度,初步推行了群众性的经济核算,公社财务工作取得了很大的成绩。但是,由于公社的发展很快,公社财务工作又是一项新的工作,经验不多,因而,财务管理工作的发展还不能完全适应客观形势发展的需要。有些公社的财务制度还不够健全,有些公社有了制度,还没有认真执行,以致出现了一些铺张浪费、抢购

---

* 原件现存于福州市档案馆。

物资的现象,甚至给少数破坏分子有可乘之机,从中贪污盗窃。因此,必须对社员群众加强勤俭办社、勤俭办一切事业的宣传教育,迅速健全公社财务制度,认真监督制度的贯彻执行,不断地提高财务管理工作水平。

最近,中央指示,农村人民公社财务管理的主要原则是:"在发展经济,保障供给的方针下,坚持勤俭办社,实行经济核算,健全财务制度,加强民主管理"。这条原则对城市人民公社也是同样适用的。根据这条原则,结合当前中央提出的关于以粮、钢为中心的增产节约运动和城市人民公社的企业应当根据需要和可能有步骤地发展的指示,并针对城市人民公社具体情况,对公社财务管理制度的基本要求,提出以下几点意见。

一、关于财务计划制度

(一)公社的收支,必须划清国家财政收支与公社财务收支的界限,国家应当拨给公社的一切财政支出,要如数拨给,公社应当向国家交纳的收入,要如数上缴。做到国家不挤公社,公社不挤国家。国家财政收支和公社财务收支,采取统一管理,分别记账的办法。国家财政收支记一本账,公社财务收支记一本账。

(二)公社的财务收支,应当实行计划管理。公社和分社在编制收支计划、基本建设计划和事业计划的同时,应当编制年度和季度的财务收支计划;独立核算的企业单位,也应当编制年度和季度财务收支计划以保证人力、财力、物力的协调平衡。

编制财务收支计划,也应当积极可靠,留有余地。编制的方法和内容可以由粗到细,逐步提高。

(三)为了全面地安排国家财政收支和公社财务收支,合理使用资金,公社必须在分别编制财政预算和财务收支计划的基础上,编制综合财务收支计划,综合财政收支计划应该包括公社工业积累的收支,公社各项财务福利事业的收支,国家预算的收支,国家预算外资金的收支等四个部分。计划经上级批准以后,必须认真执行。对计划外的支出,一般不得开支,如有特殊情况,确实需要支出时,必须办理追加手续。

(四)公社所属的生产企业,都应该按照经济核算制的原则进行管理,给他们必要的固定资产和流动资金,使其独立计算盈亏,以发挥企业管理的积极性和责任心,并可参照国营企业的管理办法,实行企业留成制度。企业的利润应当除了留下必要的企业留成以外,全部上交公社或分社,以便由公社或分社在扩大再生产和集体福利事业方面进行统筹安排;至于利润上缴给公社多少,分社多少,企业留成多少,可以根据实际情况由各地自行规定。

(五)公社和分社的积累,应当大部分用于扩大再生产,小部分用于集体生活福利,并且必须贯彻勤俭办社的原则,厉行节约,反对浪费。企业留成,应当主要用于四项费用(技术组织、劳动保护、新产品试制和零星固定资产购置)和职工福利费的开支。用于福利方面的开支,应当低于同行业国营企业的福利开支标准。

(六)公社对所属文教卫生事业单位的收支管理,可以分别不同情况采取以下办法:对于有收入的单位,可以采取核算收支,以收抵支,差额补助,结余留用的办法;对于收入不稳定的单位,可以实行收入上交,支出包干,结余留用的办法,对于没有收入的单位,可以采取核定开支总额,支出包干,结余留用的办法。

(七)公社的行政和事业经费,都应当有开支标准。开支标准的确定,应当从公社的实际情况出发,贯彻勤俭办社的精神。

企业的管理费用,也应当有开支标准。各项生产费用应该逐步实行定额管理。

(八)公社、分社以及所属单位的各项支出,应当规定严格的审批手续,按照生产性开支与非生产性开支,计划范围内的开支与计划范围外的开支,合乎标准的开支与不合乎标准的开支以及金额的大小,分别规定批准权限。

二、关于会计制度

(一)公社、分社以及所属企业、事业单位,公共食堂都要建立必要的账册。会计制度要通俗易懂,简便易行,逐步健全,逐步提高。为了便于管理,要求在市的范围内,按照公社和企业、事业单位的不同性质和不同要求,把会计科目、账表的格式和内容,逐步地统一起来。

(二)账务处理必须有完备的手续,做到收有凭,支有据,收支有账,不错不乱。对于凭证内容是否真实、完整和手续是否健全,必须认真审查。账目要及时登记,往来账款要定期核对,债权债务要及时清理,切实做到日清月结,达到账款相符、账物相符、账证相符,账账相符,上下相符,并按月、按季、按年编报会计报表和决算。

(三)会计凭证、账簿和报表必须妥善保管,不得损毁或失落。财务会计人员调离工作时,必须办清交接手续,并且由公社或上一级主管单位派员监交。

(四)公社应当逐步采取钱账分管的办法。会计出纳要分开,会计管账不管钱,出纳管钱不管账。

三、关于资金管理制度

(一)公社、分社以及所属企业,应当严格划分各项资金的使用范围。生产资金不能用于福利支出。

(二)公社所属各单位的基本建设资金,都应当由公社统一管理,统筹安排。

(三)企业流通资金,应当逐步实行定额管理。公社、分社对所属独立核算的企业,每年应当根据企业的生产计划,商品流转计划和经营特点,分别核定流动资金定额。企业实有流动资金超过定额部分,应当上缴公社或分社,不足部分,由公社或分社拨付。核定流动资金的原则是:既要保证企业生产经营的资金需要,又要能够促进企业加速资金周转,合理地节约使用资金。

(四)为了解决流动资金核定后某些企业临时发生的合理的超定额资金的需要,公社或分社可以根据企业的生产情况,在企业间临时借调,限期归还;也可以由公社或分社从集中掌握的一部分资金中,按照实际需要,借给企业使用,限期收回。

（五）公社、分社及其所属单位应当遵守国家对于现金管理的规定,公社、分社,以及所属单位的现金,除了按照规定保留一小部分备作零星开支以外,其余一律存入银行。大宗的开支,除了对社员发放工资可以支付现金以外,都应当通过人民银行实行非现金结算的办法。外出采购不得携带大量现金,也应当通过银行进行非现金核算。库存现金不得任意出借或挪用,不能以白条子抵充库存现金。

（六）对银行支票应当严加管理,不得签发空白支票。对于银行存款必须经常地与银行核对。

（七）购买材料,销售产品,不能赊购赊销,应当贯彻"钱货两清"的原则,做到钱出去,货回来,货出去,钱回来。

四、关于财产物资管理制度

（一）公社的一切财产,是社员群众辛勤劳动的成果,是发展生产的物质基础。必须经常教育广大社员群众爱护公共财产,要在社员群众中提倡爱护公共财产的美德,公社以及所属单位,必须加强财产管理,规定必要的奖惩制度。

（二）公社、分社以及所属单位对现有的一切财产物资,必须广泛发动群众,有计划地进行一次彻底的清理和登记,并且建立保管和使用制度,达到弄清家底,物尽其用,充分发挥财产的使用效能,防止损坏丢失。

（三）财产物资要有专人管理,建立责任制度。一切财产的收进、领用、销售、调出、报废,要有手续,有凭证,有记录。并须定期清查盘点。固定资产每年至少要清查盘点一次,其他物资,可以根据具体情况,按月、按季或按半年盘点一次。如果遇有毁损或遗失时,必须追查原因;按一定的手续处理。切实做到样样有人管,件件有着落,进出有手续,增减有记录。

（四）公社接受国营企业支援的废旧或闲置的机器、设备和材料,应当办理手续,登记入账,并按照国家的有关规定处理。

五、关于民主管理

（一）公社、分社、公共食堂等单位，都应当成立有群众代表参加的民主管理机构（财务管理委员会、财务监督小组等），经常组织群众代表对财务工作进行审查监督，以不断提高财务管理水平。

（二）公社所属单位的财务收支计划，应当充分发动群众民主讨论；公社的年度财务收支计划，经公社管理委员会讨论后，要提交社员代表大会讨论审查。

（三）公社的财务收支情况，必须定期向社员代表大会报告，食堂的账目，必须按时公布，以便接受群众监督，听取群众意见，不断地改进工作。

（四）公社所属企业都应当开展群众性的经济核算，发动工人参加核算，充分挖掘潜力，降低成本，扩大积累，提高企业的经营管理水平，促进生产的发展。公共食堂和服务单位有条件的，也应当逐步进行经济核算。

（五）公社所属企业推行群众性的经济核算，应当根据企业的具体情况进行：规模较大，财务、核算水平比较高的单位，可以采取地方国营企业的办法进行核算；规模较小，条件较差的单位，应由浅到深，逐步推行，逐步提高。

搞好城市公社财务工作，决不是一件轻而易举的事情。必须在党的绝对领导下，认真贯彻勤俭办社和民主办社的方针，大搞群众运动，发动广大群众，人人理财，人人算账，大家办财务，要把财务制度的重要意义向群众进行广泛的宣传，使广大群众都能自觉遵守财务制度，更好地发挥制度应有的作用。为了做好这项工作，还必须健全财务机构，配备和充实财务干部，并认真做好干部的培训工作，不断提高干部的政治与业务水平，以适应工作要求。同时，还应当认识到：有了制度，有了人，不等于财务工作就做好了。要教育公社人员严格遵守财政纪律，执行财务制度。对于认真贯彻勤俭办社，厉行节约，爱护公共财产的好人好事，应当给予表扬或奖励；对不遵守财务制度，违反财政纪律的，要把情况查清，报请党委处理，以严肃财政纪律。

目前，城市人民公社正在进行整顿巩固工作。各地必须结合这一工作整顿公社财务，健全财务制度。今后还应当随着公社的发展，不断地对制度进行修改和补充，加强财务管理。各级财政部门应当把公社的财务工作抓紧抓好，使财务管理工作，能够进一步促进城市人民公社的巩固和发展。

一九六〇年八月三十日

关于整顿和巩固城市人民公社
问题的报告[*]

（一九六〇年九月三日）

中央：

最近，我们研究了半年来城市人民公社的发展情况和当前工作中的一些问题，并根据中央北戴河工作会议的主要精神，对整顿巩固城市人民公社的问题，进行了讨论。现报告如下：

一

一九五八年大跃进以来，在党的社会主义建设总路线的光辉照耀下，由于城市建设社会主义的需要，全国各大中城市都广泛地组织职工家属和其他劳动人民参加了生产，兴办了街道工业和集体福利事业，不少城市还进行了建立人民公社的试点工作。今年三月中央发出"关于城市人民公社问题的批示"以后，城市人民公社运动便进入了一个大发展时期。在党中央和地方党委的领导下，在机关、学校、厂矿企业的大力支援和广大职工群众的积极赞助下，运动的发展是稳步的健康的，成绩是巨大的。到七月底止，在全国一百九十个大中城市里，已经建立了一千零六十四个人民公社。其中，以国营厂矿企业为中心的四百三十五个，以机关、学校为中心的一百零四个，以街道居民为主体的五百二十五个。公社人口已达五千五百多万人，占上述城市人口

——————

　　*　原件现存于湘潭市第二档案馆。

总数的百分之七十七。城市中已有八百五十多万闲散劳动力组织了起来（其中妇女劳动力达五百八十多万人），约占上述城市闲散劳动力总数的百分之八十七。

城市人民公社的大发展，使我国各大中城市的工作出现了新的面貌，城市的政治经济状况不断发生着深刻的变化。城市人民公社按照社会主义原则进一步把城市居民从生产上和生活上组织起来，推动了社会主义革命的继续深入和社会主义建设的高速度发展，显示了无限的生命力和巨大的优越性，得到了广大人民群众的热烈拥护和普遍颂扬。现在各大中城市中可能组织的闲散劳动力，一般地已经基本上组织起来了，城市人民公社的各项事业也有了很大的发展。为了巩固这个时期大发展的成绩，切实地解决大发展过程中出现的一些新问题，我们认为目前城市人民公社一般应暂时停止发展，集中力量在今后四、五个月时间内认真地进行整顿巩固工作；大体上用三年左右的时间，把城市人民公社普遍地建立和健全起来。

二

今年六、七月以来，全国大多数地区已开始进行整顿和巩固城市人民公社的试点工作。从各地初步反映的情况来看，城市人民公社绝大多数干部是好的，他们刻苦努力、敢想敢干，以高度的革命热情，团结和带领广大群众创建和发展了公社的各项事业。但是，也有一部分干部存在着贪污浪费、虚报浮夸、强迫命令、官僚主义、本位主义的作风，特别值得注意的是，不少地方公社干部中的不纯成分，比我们原来的估计还要严重一些。据了解，在分社（管理区）以下的干部和要害部位的工作人员中，五类分子、资产阶级分子、小业主等一般占百分之十到百分之二十，有些甚至达到百分之二十以上。哈尔滨市的城市人民公社建立较早，工作也比较有基础，但据最近该市对四十四个分社的调查，在五千多名脱离生产的工作人员中就有五类分子、资产阶级分子、小业主、政治历史不清的分子一千四百多人。

五类分子及其他阶级敌对分子混入了我们的干部队伍，特别是窃取了公社企业、事业的领导权以后,就从多方面进行破坏活动。他们借着人民公社的金字招牌,招摇撞骗、营私舞弊、贪污盗窃国家资财,大肆进行投机活动,甚至迫害基本群众,进行阶级报复,给社会主义建设事业和人民公社带来了极大的危害。武汉市武昌人民公社首义机械厂,被反革命分子姜××篡夺了领导权后,在半年多的时间内就进行了九十四次买空卖空活动,金额达七十三万元,他们买了一部旧汽车还未修理好,就买〈卖〉给五个买主,骗取了一万二千多元和一部分生产设备;盗窃了一万四千多元建筑材料。他们还结成反革命集团,私设牢房,残害工人,进行阶级报复。全厂一百零五个工人中,先后共有三十九名工人被打被关,其中两名受伤吐血,三名神经失常。

以上情况说明,在城市人民公社中两个阶级两条道路的斗争,是复杂的、尖锐的。具体分析起来,主要存在着三类问题,一是五类分子的反革命活动;二是少数资产阶级分子和小业主的投机破坏活动;三是少数干部的坏思想坏作风。鉴于一、二两类问题,实际上是同阶级敌人争夺领导权的问题;而我们在公社工作中同五类分子和资产阶级分子的斗争,实际上是民主革命的补课和社会主义革命的继续。因此,在整社当中应当把它当作首要的、最根本的问题加以解决。如果我们不彻底解决这一问题,不仅城市人民公社无法得到巩固和进一步发展,而且对整个城市工作也将后患无穷。目前许多地方对上述问题已经引起重视,但也有些地方对顺利进行这一斗争的深远意义还认识不足,甚至存在着右倾麻痹思想。他们或者对各种阶级敌对分子的破坏缺乏应有的警惕和深入的了解,或者对阶级敌对分子只采取简单的调离、撤换的办法加以处理,而不充分发动群众,彻底揭发,坚决斗争。结果,那里的阶级敌对分子没有受到应有的打击,广大群众也没有受到应有的教育。据此,在整社工作中,必须坚决贯彻执行党的阶级路线,加强对群众的阶级教育和共产主义教育,充分发动群众,首先集中力量,彻底斗倒混入干部队伍中进行反革命活动的五类分子;同时,彻底揭发和斗争少数资产阶级分子的投机破坏活动。在彻底斗倒阶级敌对分子之后,再进一步检查干部的思想作风,提高觉悟,健全组织,改进领导,改进工作方法。只有这样,才能从政治上、思想上、组织上确立劳动人民的阶级优势,才能把公社的根子扎得很正,保证公社的各项事业在党的绝对领导下,沿着正确的道路向前发展。

三

到七月底止,城市人民公社的社办(包括街办,下同)工业的生产单位已有九万一千多个,生产人员达三百二十余万人,今年一至七月份产值约为九十亿元左右。社办工业一般都贯彻执行了为大工业、为农业、为人民生活、为出口服务的方针,在促进工业生产、支援农业生产和供应人民生活需要等方面,发挥了积极的作用,成为我国工业战线上一支重要的新生力量。当前社办工业中存在的主要问题,首先,是缺乏统一规划,在发展生产上存在着某些盲目性;在组织社办工业同国营工业、商业间的加工订货、相互协作上,存在一定的紊乱现象;贯彻执行"四服务"的方针不够全面,存在某些行业发展过多或者发展不足的现象,在当前主要是对发展小商品生产和服务性行业注意不够;也有少数社办工业存在着不顾整体利益同国营企业争夺原材料的现象。有些领导上还存在着片面追求产值的思想。其次,是在经营管理上还比较混乱,许多单位缺乏必要的规章制度,劳动组织不够合理,劳动效率不高,存在着不同程度的浪费现象。第三,是少数生产单位存在着资本主义经营倾向,违反国家政策,经营不正当业务,诱挖国营企业工人,套购国家物资,损害国家利益。上述情况是当前必须引起注意和迫切需要解决的问题。因此,适时地根据国民经济发展的需要和各地具体情况,对现有社办工业进行统盘规划、合理安排,更好更全面地贯彻执行"四服务"方针,使之进一步纳入地方计划或国家计划,是当前整顿巩固社办工业的主要任务和主要内容。

在整顿社办工业中,应该根据中央缩短战线、集中力量保粮保钢的指示精神和"全国一盘棋"的原则,首先对现有生产事业进行一次全面检查,做出全面规划和合理调整的方案。凡是对发展工农业生产等有利或为出口及市场需要的产品,应该根据实际可能,继续生产或扩大生产;凡是分散使用国家已经感到不足的原料、材料、设备等的产品,应该主动缩减以至停办。同时,各地还应该积极地调整劳动力,组织力量,大力发展小商品、原材料和副食品生产,多多注意发展拆洗缝补、零星修理等服务性行业。各地在整顿和发展社办工业时,既要加强统一领导,反对本位主义;又要充分注意发挥社办工业规模小、行业多、机动灵活、便于适应各方面需要的长处,不要统得过死。目前,有些城市通过定厂、定品种、定产量、定人员、定供销等几定的办法对现有生产单位全面进行整顿,分别确定:定(固定下来,继续生产)、裁(缩减或停办)、并(按行业编辫子)、扩(按需要扩大生产)。我们认为这种做法很好,既有利于巩固提高,又便于纳入国家计划,各地都可仿行。

社办工业纳入国家计划的主要方法,是在现有加工订货、自产包销、互相协作、互相支援的基础上,大力推行合同制,由公社或社办工厂同国营工业、国营商业和农业等单位,签订供销合同或协作合同。这样,不仅可以使社办工业在供产销方面基本上得到保证,还有计划地稳步地向前发展。

社办工业在增产节约运动中,应当认真贯彻实行自力更生,勤俭办企业的方针,积极改善经营管理。应当从实际情况出发,大闹技术革新和技术革命,改进工具设备,改进操作方法,改善劳动组织,努力提高劳动效率,要从各方面注意节约和合理使用劳动力,尽可能地支援工农业生产对劳动力的需要。要大搞综合利用,充分利用各种废旧物资,扩大原材料来源,减少原材料消耗。要建立计划、财务、产品检验、人事考勤等必要的制度,加强生产财务管理,实行民主管理。在百人以上的生产单位,应当力求少设专职管理人员,在几十个人的生产单位,应当尽可能不设完全脱离生产的专职管理人员。在工资福利方面,必须从当前生产水平出发、从整体利益和长远利益出发,坚持合理的低工资政策,贯彻执行增加集体福利和增加个人收入相结合的原则。目前社办工业、事业人员的工资水平,有些地方已经偏高,应当加以调整。就全国来说,在今后两三年内,社办工业、事业人员的月基本工资水平,一般应控制在二十五元以内。

四

到七月底止,全国已有社办公共食堂七万六千多个,入伙人数一千七百多万人,加上国营企业、机关、学校办的食堂,共达十七万多个,入伙人数四千三百多万人,占上述城市人口的百分之六十。社办托儿组织八万八千多个,入托儿童三百六十五万多人,加上国营企业、机关、学校办的托儿组织,共达十二万三千多个,入托儿童五百六十多万人,占上述城市中七岁以下儿童总数的百分之三十六。服务站八万九千多个。在这些事业中,已有一部分办得比较好,在服务生产、服务群众等方面起了良好的作用,得到群众的好评。但也有一部分办得还不够好,服务质量很低,还不够巩固。因此,目前除服务事业应当继续大力发展外,公共食堂、托儿所、幼儿园一般地应当集中力量,把已经办起来的认真办好。

当前公共食堂工作中最主要的问题,是需要从基本群众的现有生活水平出发,根据现有条件把伙食办好。应该加强对粮食和副食品的管理,严格实行计划用粮,在不提高粮食供应标准和节约粮食的原则下,采用干稀搭配、粮菜混吃等办法,尽可能让群众吃饱、吃好、吃得干净卫生。应当根据积极办好、自愿参加、大集体和小自由相结合的原则,提倡定点吃饭、全日入伙,克服"一脚门里,一脚门外""三天大集体、两天小自由"的现象,力求使现有就餐人数稳定起来。公共食堂应当建立民主管理委员会,充分贯彻群众路线,不断改进食堂工作。公社干部在公共食堂吃饭,不得有特殊享受。

为了办好现有的托儿所、幼儿园,应当采取各种办法,大力培养训练保教人员,使他们树立从事保教事业的光荣感,提高他们的业务水平,不断提高保教工作质量,加强卫生保健工作,预防各种疾病,把孩子养好、教好。

服务站的工作,应当面向劳动人民,大力发展拆洗缝补、翻旧改新、零星修理、理发洗澡等业务,规定合理的价格,不断地满足群众在这方面的迫切需要。同时应该大力组织群众,节约用布,充分利用一切废旧物资,珍惜一草一木、一针一线,发扬艰苦奋斗、勤俭节约的精神,把日子过好。

办好公社的集体福利和服务事业,不仅对发展生产、厉行节约、解放劳动力有重要意义,而且对组织人民生活,提高人们的集体主义思想,养成先公后私、克勤克俭的社会风尚,也有着重要的作用。公社党委应该定期讨论这方面的工作,并指定一位党委书记或社长专门负责。

五

党的领导是我们一切工作胜利的根本保证。自从各地进行整顿城市人民公社试点工作以来,各地党委都采取各种措施,进一步加强了对城市人民公社的领导。许多地方党委定期讨论公社工作,帮助公社干部总结经验,及时解决工作中出现的问题,并发动国营厂矿企业、机关、学校组织,经常帮助公社向社员群众进行共产主义教育,大力支援公社开展各项工作。不少地方注意培养训练积极分子,并且有计划地抽调了一批干部,派到公社组织和各项事业中去,充实和加强了基层组织的领导力量。有的地方党委还指示各有关行政部门,积极适应公社工作发展的需要,指导和帮助公社各项业务的开展。所有这些做法都是很好的,都应当继续贯彻执行。除此以外,我们认为在城市人民公社创建初期,就把公社的风气搞好,在公社干部中树立起优良的作风,对于正确地贯彻执行党的方针政策和建设好城市人民公社,有着极为重要的意义。因此,应当加强党对公社干部的教育,提高他们的政治觉悟,改进工作作风,要发扬艰苦奋斗、自力更生、勤俭节约的精神,在工作中踏踏实实、埋头苦干,和群众同吃、同住、同劳动,时刻关心群众生活,遇事同群众商量。反对贪污浪费、虚报浮夸、强迫命令、官僚主义和本位主义等错误思想作风。各地城市人民公社不得请客送礼,不得组织脱离生产的文工团和体育队,在今后两三年内,不要盖办公大楼、盖大礼堂,不要购置高级消费用品。

总之,我们的城市人民公社,在党和毛主席的领导下经过不断的整顿巩固、不断的发展,一定能够越办越好,一定能够在我国高速度建设社会主义事业中,日益发挥巨大的作用。

以上报告妥否,请中央批示。

中华全国总工会党组

一九六〇年九月三日

关于北京市崇文区社办工厂进行
工资改革经验的报告*

(一九六○年九月四日)

中央:

目前城市人民公社社办工业事业人员的月平均工资水平已达二十七元,看来是高了,有的地方竟高达三十元甚至四十元以上。这样,就不仅使社会购买力有了过多的增加,而且影响公社的积累,影响公社生产和其他事业的进一步发展。长此下去,对国家对公社对个人都是不利的。因此,我们认为,凡是社办工业、事业人员工资水平高了的地方,都应选择时机,有计划有准备地加以调整,凡是实行计件工资的地方,亦应尽可能地改为计时工资。同时,今后各地必须加强对城市人民公社工资工作的统一管理,坚持实行合理的低工资政策。就全国来说,在今后两三年内,社办工业、事业人员的月基本工资水平,根据各地生活情况一般应控制在二十五元左右。

现将全总党组城市人民公社办公室北京工作组整理的"北京市崇文区社办工厂进行工资改革的经验"送阅,从北京市崇文区社办工厂工资改革的经验看,只要充分发动群众,做好深入细致的思想工作,耐心地向群众讲清工资偏高和计件工资的危害,彻底批判资本主义思想,那么改革计件工资,适当调整工资水平的工作是完全可以作好的,是能够得到绝大多数群众的拥护的。这个经验如无不妥之处,我们建议中央批转各地参考。

全国总工会党组

一九六○年九月四日

---

* 原件现存于湘潭市第二档案馆。

关于城市人民公社建立一级财政问题[*]

关于城市人民公社建立一级财政问题[*]

（一九六〇年九月上旬）

一、建立公社一级财政的情况

从各地汇报的情况来看，有不少地区拟订了建立公社一级财政的方案，有的地区已经在公社建立了一级财政，例如湖南省株洲市、长沙市，浙江省杭州市，贵州省遵义、安顺、都匀市，四川省重庆市七星岗人民公社都建立了公社一级财政。有的地区正在进行试点工作，例如黑龙江省对城市人民公社如何建立一级财政的问题进行了调查，订出了方案，并在部分城市公社和分社开始试点；吉林省在长春市南关区管道人民公社，在朝阳宽城区和吉林省昌邑都分别在一个公社或分社进行了建立一级财政的试点工作。

建立公社一级财政的基本做法有以下两种。

（一）采取"国家预算收支下放，收支实行挂钩，比例分成，超额奖励"的办法，其中超收分成，一般采取不按核定的财政收支指标相抵的进行分成，而是另外规定超收的分成比例。例如江苏省规定公社所组织的国家收入超收之后，给公社一定比例的分成，但不超过其总收支的 10%；甘肃省规定公社对超收分成的比例不低于超收总额的 50%。武汉市规定公社对超收分成的比例是 30% 等等。

（二）采取收支两条线的办法，即"收支下放，核定收支，收入金额上交，超额给予奖励，支出按期拨款，结余留用"的办法。

---

* 　原件现存于福州市档案馆。

二、收支划分的情况

各地在建立公社一级财政的收支划分上一般是:

(一)收入方面划归公社收入的有三项。即国家下放的企业、事业收入;公社范围内所征收的各项税收(有的地区不划分农、牧款业税);原纳入国家预算的其他收入(有的地区将机关、团体所办的企业、事业收入也划为公社财政收入)。

(二)支出方面划归公社支出的有三项。即原由国家开支的行政干部工资及公用经费;原由国家开支的国家下放给公社的事业单位人员经费和事业费;国家投资公社的基本建设。

三、建立公社一级财政的优越性

根据各地试办公社一级财政的工作中,就已经显示出在公社一级财政的好处。例如重庆市七星岗公社建立一级财政以后,总结出二大好处:(一)更好地发挥公社组织国家收入的积极性;(二)更好地使财政工作为生产、人民生活服务,促进国营和社办企业的发展,这个公社建立一级财政之后,收入月月上升,今年 6 月份收入 11 万元,比去年最高旺月的 10 月份增长 1.2 倍。

四、需要研究的几个问题

在建立公社一级财政的试办过程中,还发现一些问题需要加以研究。

(一)由于现在国家下放给公社的事业单位不多,公社的支出比较少,因此国家财政部分收入下放给公社之后,收支相抵,上解比例很大。例如吉林市昌邑区上解 97%,公社只留 3%;长春市朝阳区清合公社上解 96%,公社只留

4%。由于公社的分成比例小，油水不多，对于发挥公社组织国家收入的积极性作用不大，因此，在公社建立一级财政必须本着"钱随事走"的原则，以充实公社财政收支的内容，提高公社的留成比例。

（二）一区一社所属的分社和一区数社的基层公社是否建立一级财政需要研究。有的同志主张目前不忙于在分社建立一级财政，其理由是：1.财政收支的内容比较简单；2.有很多社的财务人员力量薄弱，既管国家财政又管公社财务，照顾不过来。

（三）公社建立一级财政之后实行定额分成，比例问题需要研究，给公社留的比例太多了，会影响国家财政收入，给公社留的比例太少了又不能充分发挥公社对组织财政收入的积极性，因此究竟分成比例定多少合适请大家研究。

以上材料仅供讨论时参考。

一九六〇年九月上旬

附：1960年下半年城市人民
公社财务工作安排

（一九六〇年九月上旬）

今年上半年，城市人民公社财务工作在各级党委的正确领导下，取得了很大的成绩。各地财政部门在积极参与组织生产、组织人民经济生活的同时，大抓公社财务工作，协同公社建立财务机构，配备和培训财务人员，建立和健全财务制度，从而加强了财务管理，促进了公社的巩固和发展。由于公社化的形势发展得很快，财务工作还没有完全跟上去，从全国来看，这项工作的开展有先有后，地区之间的发展还不够平衡。即使先走一步的地区，也同样参差不齐，仍然存在着比较薄弱的环节。目前的主要问题是：有些公社没有设置财务机构，或者是有了机构而不健全；不少公社的财务人员配备不足，在已经配备的财务干部中还有一部分业务水平很低，甚至还有少数政治不纯分子混进了公社财政干部的队伍；有的公社还没有建立必要的财务制度，有的虽有制度，也没有做到认真按制度办事。这些在工作前进中出现的问题,应当引起重视,只要我们继续抓紧抓好,是可以逐步得到解决的。

现在,以保粮、保钢为中心的增产节约运动已经在全国展开。城市公社化运动也正在稳步发展。中央最近指示:"城市人民公社企业应根据需要与可能有步骤地发展,不要贪图在今年一年内上马,并且应该多多注意发展服务性的行业,以免使国家计划内已经感到不足的原料、材料、设备、动力和运输力又被分散使用,并且过多地增加城市购买力"。在这一指示精神下,下半年城市公社财务工作的任务应当是:在党委的统一领导下,认真贯彻中央关于开展以保粮、保钢为中心的增产节约运动的指示,进一步贯彻勤俭办社的方针,加强公社财务的组织建设和制度建设。正确处理国家和公社的关系。继续参与组织生产、组织人民经济生活,以促进公社不断的巩固和提高。具体要做好以下几项工作:

一、抓紧建立公社财务机构,配备和培训财务干部。

从这次全国城市人民公社财务工作会议上各地汇报的情况来看,目前公社财务机构和财务干部的配备情况,同做好公社财务工作的要求还是有相当距离的。今年下半年要花更大的力量把这项工作抓好,首先应该把公社、分社一级的财务机构建立和健全起来,把领导骨干和财务干部配齐。这项工作要求在年底以前基本解决。社办企业、事业单位也要配备一定数量的财会人员。目前有些地区对较小的企业、事业单位的财务工作,由分社设立财务小组集中管理,分别核算,这种做法看来是可行的,既可解决人力不足,又可以加强统一管理。总之,要使公社以及所属单位的财务工作由专人管理起来。各地都要抓紧目前精简机构,下放干部的有利时机,积极向党委提出意见,从财政部门和其他部门下放的干部中,选调一批适宜做公社工作的干部,去充实公社和所属单位的财务机构,加强公社财务工作的领导力量。同时还可以从社办企业职工或参加公社工作的家庭妇女中,加以选拔。在建立健全公社财务机构和配备财务干部时,要切实贯彻阶级路线,把公社财务工作掌握在政治可靠,品质优良,作风正派,工作积极,有一定文化水平的基本群众手里,对于已经混进公社财务中的五类分子,及其他不适于作财务工作的人,要在党委统一领导下,结合整社工作,坚决撤换或者调离,以保持财务干部队伍的纯洁。各地还要充分运用已取得的经验,抓紧培训财务干部。力争在年底前,有计划地把所有的公社财务干部普遍轮训一次,提高他们的政治业务水平,在业务上达到会算、会记、会结、会编的要求。

二、建立、健全财务制度,开展群众性的经济核算。

各地对公社财务管理都建立了一些制度,由于各地城市公社进展情况不同,关于城市人民公社的财务管理制度,目前还不可能在全国范围作统一规定。这次会议拟定了一个"关于城市人民公社财务管理的几点意见",在各项财务制度、经济核算以及民主管理等方面划了几条杠子。各地可以根据这些意见和当地的具体情况,结合整顿公社财务工作,拟订必要的财务制度,报经党委批准后执行。没有建立制度的要抓紧建立,已经建立的要进一步健全提高。目前在建立、健全公社财务制度中,要特别注意帮助公社、分社建立综合财务计划,使得公社、分社能够统筹兼顾、全面安排公社的收支,更好地发挥资金效能,贯彻勤俭办社和民主管理的原则,有利于公社的巩固、提高。有了制度还要认真加以贯彻,在贯彻公社财务制度时,应当抓住几个环节:(一)加强思想教育,要强调制度的重要性和严肃性。中央对农村人民公社财务工作指示中提出财务制度先严肃后灵活的精神,这同样也是适用于城市人民公社的。(二)公社的领导干部与财务人员必须以身作则,认真执行。(三)贯彻制度要与纯洁财务干部队伍相结合。财务干部队伍纯洁了,制度也就容易贯彻。(四)针对各单位的特点,抓住关键。如食堂应该抓住饭菜的成本核算和民主管理。(五)切实建立民主管理制度,做到财务公开,发动广大群众关心财务、监督财务。

在健全公社财务管理制度的同时,还要在社办企业中加强经济核算和逐步开展群众性的经济核算。社办企业一般是家底薄、发展快,必须大力推行经济核算,贯彻勤俭办社,勤俭办一切企业、事业的方针,同时由于很多社办企业是白手起家的,群众在创业过程中已经养成了勤俭节约的风气,这是发动群众参加管理和核算的有利条件。在开展群众性的经济核算时,既要看到社办企业和国营企业同样需要大搞群众运动,面向生产,结合技术革新和技术革命,结合劳动竞赛;也必须看到社办企业又有其本身的特点,即一般是规模小、生产不稳定、成员大部分是刚参加生产的家庭妇女,文化水平低,所以核算形式必须要多样化、形象化，简便易行，为群众所喜闻乐见的，并且要推行简易核算工具，推行群众性的经济核算，从一开始就要扎扎实实，不仅要注意发动群众的深度广度，而且要注意核算的实际效果。

三、加强资金管理，合理使用资金。

随着公社的发展，公社的资金越来越多，管理不好，就容易产生铺张浪费的现象。因此，要广泛发动群众，进行清产清资，摸清家底，并且，在这个基础上，建立资金管理制度，加强资金管理，合理使用资金。对企业的现金要严加控制，除了按照规定保留一部分备作零星开支外，都要存入银行，实现非现金结算，严禁盲目采购，以物易物。公社或分社应当核定企业的流动资金；留在企业的资金不要过多。公社应当贯彻勤俭办社，勤俭办一切事业的方针，把大部分资金用到有利于生产的方面去。在发展福利事业中也应当分别轻重缓急，有所控制，不应当办的事，坚决不办。

四、正确处理国家和公社的关系。

城市人民公社化以后，在国家和公社的关系上，主要有两个问题：一个是国营企业下放给公社和支援公社的财产和物资的处理问题。这个问题，应该划清界限，原则是国家不挤公社，公社不挤国家。目前首先要把这一部分财产和物资加以清理，而后要根据中央有关规定，认真加以处理。另一个问题是税收问题，应当结合大力组织收入，认真贯彻国务院财贸办公室批转的城市公社向国家缴纳税收的办法。对于社办企业的产品应一律征收工商统一税，个别产品纳税有困难的可以根据税收管理体制的规定加以照顾。对社办企业的利润，原则上都应当征收所得税。有困难的或者从政策上考虑需要加以奖励的，可以给以减税、免税照顾。目前有的省、市对社办企业征收所得税问题尚未明确，应当很快加以解决。从各地汇报的情况看，城市人民公社生产发展较快，积累也较多，有不少公社钱不是少了，而是多了花不出去，不征税对于加强企业经济核算是没有好处的。

关于建立公社一级财政问题，由于城市人民公社的管理体制没有定下来，还需要各地积极研究。一市一社的公社原来就已经是一级财政，问题不大，但应该根据公社化以后的发展和变化，及时研究解决出现的问题，一区一社的公社可以逐步建立一级财政，已经试点的地区要认真地总结经验。分社和一区数社的公社是否建立一级财政问题,目前考虑到这些公社、分社还没有定型,企业、事业管理体制也没有定下来,并且建立一级财政要有相应的制度。所以还要慎重研究。但是,这类公社或分社不论是否建立一级财政,市和区的财政部门都要把公社的收支认真地管起来,并且划清公社财务收支与国家财政收支的界限。

公社内部的积累分配问题,各地情况比较复杂,财政部门要和有关单位认真研究。

五、继续参与组织生产、组织人民经济生活。

财政部门协助公社工业在为大工业、为农业、为出口、为市场服务等方面,都发挥了它的积极作用。目前,各地根据中央指示精神在整社的同时,正在整顿社办工业。我们应该根据公社工业的发展方针和地方党委的统一安排来进行工作,当地党委认为需要发展的,我们就积极促进。财政部门在组织国营企业和公社之间的"搭桥""挂钩"时主要应该是技术支援和财务指导,在相互支援物资时,应该按照国家有关的规定办理。财政部门更重要的是多从健全财务制度,加强经济核算,节约使用资金,改善生产,服务福利单位的经营管理等方面着手,促进公社生产的正常发展。

为了实现以上的任务,需要采取以下措施:

(一)贯彻全国城市人民公社财务工作会议的精神,各地应当根据会议讨论的意见,迅速地进行传达,并且结合本地区的具体情况,制定具体的工作计划,把下半年的公社财务工作同时布置下去。在组织讨论贯彻时,要强调政治挂帅,虚实并举,不仅要解决工作问题,更要解决思想问题。要使财政干部、财务人员认清形势,做好公社财务工作。对那些不愿做公社财务工作的人员要进行教育,指出财务工作的重要意义,帮助他们克服错误思想,使他们安心工作。

(二)深入实际,推动工作。目前公社财务工作还有一些问题需要研究解决,同时,形势发展很快,新的事物和新的矛盾还在继续出现。这就要求各级财政部门经常地组织力量到第一线去。领导干部要深入基层,认真地了解和检查公社财务工作,树立先进,找出薄弱环节加以改进,并到公社"蹲点",解剖"麻雀",埋头苦干,扎扎实实地帮助公社解决问题。

（三）大力开展宣传教育工作。城市人民公社财务工作刚开展起来，经验还不多，要积极利用报刊，有计划地组织宣传报道，要及时介绍公社分社健全财务制度、社办企业开展群众性的经济核算，以及公共食堂健全账目和贯彻民主管理等方面的经验，尤其在当前的增产节约运动中对勤俭办社，勤俭办一切事业的典型事例，要及时组织报道，教育群众。

（四）城市人民公社财务工作是一项新的工作，任务较重，为了适应这个形势，有必要在财政部门设立管理城市公社财务工作的专门机构。财政部已经决定在税务总局设立城市公社财务办公室；有些地区如辽宁、吉林、黑龙江、内蒙古等省、区也已经建立城市公社财务处（科）；不少城市也建立了专门机构；有些省、市正在积极准备成立。没有设立专门机构的省、（市）区和城市，财政部门可以根据工作需要，本着精简的精神，报请领导决定。

（五）继续大搞群众运动。财政部门要做好今年下半年的公社财务工作，必须在党委的领导下，密切协作各方，大搞群众运动，广泛发动群众理解，群众核算。城市公社财务工作的群众运动为时不久，还不够广泛深入，在下半年需要狠抓一下，把它和增产节约运动密切地结合起来，在公社之间、企业之间、事业之间掀起一个轰轰烈烈、扎扎实实的学、比、赶、帮的竞赛高潮。各地财政部门也可以在地区之间开展协作。组织观摩检查，互相促进，从而把城市公社财务工作推向一个新的阶段。

一九六〇年九月上旬

中华人民共和国国家统计局 中华全国总工会停止城市人民公社月快报制度布置 1960 年底城市人民公社基本情况调查*

（一九六〇年十一月二十三日）

各省、市、自治区统计局，各省、市、自治区党委城市人民公社办公室，省、专辖市统计局，省、专辖市委城市人民公社办公室：

全国城市人民公社，已经基本上建立起来，原规定的城市人民公社月快报制度，自十一月份起停止执行。

为了及时地反映城市人民公社整顿巩固提高的情况，研究有关政策性问题，决定对全国城市人民公社基本情况，进行一次年底调查。这项调查的内容，是根据中央有关方面提出的要求拟定的。现随文发给你们，请研究执行（详见附件）。调查表的指标解释，各表上已有具体说明外，其余均与月快报指标解释及 1960 年 4 月份调查的指标解释相同。这项调查的基层表由各省、市、自治区统计局根据制发的调查表的要求，结合各地具体情况自行拟定，但必须要满足我们所发的调查表的要求。

根据中央关于精简报表，加强调查研究的指示精神，这项调查采取全面调查、重点调查与典型调查相结合的方法，除基本情况，如公社组织情况、城市解放劳动力情况、整社进度情况等指标全面调查外，公社和街道办工业纳入计划情况、"四服务"情况等只在重点城市进行调查，由重点城市填报；公社积累、

---

* 原件现存于湖南省档案馆。

分配情况只调查重点公社,由各地统计局在布置基层调查表的同时,一并将这部分表格布置重点公社填写。省、市、自治区统计局、重点市统计局和重点公社都应按照规定(详见附件)编制报表,按时将调查表直接报送全国总工会党组城市人民公社办公室和国家统计局各一份。重点城市和重点公社还应将有关城市人民公社的主要情况及资料中存在的问题,写一文字报告。此外,如社办企业、事业实行的工资制度、集体福利等情况,我们未发调查表,但各重点市应根据实际情况进行一些典型调查(附参考提纲),并将调查资料及时报送国家统计局。

这次调查,在工业、基建、劳动工资年报上已有的指标,经过加工后可以满足需要的,一般都没有纳入调查。只是对于观察城市人民公社所必需的几个重要指标,如城市人口数、城市劳动力数、职工人数及 1960 年社、街办工业总产值等,因专业年报包括的范围不同(包括了县、镇),虽与专业年报有所重复,但都是必需的。这些指标,凡可从各市有关专业年报中取得资料的,就不要布置到基层调查,因此,增加的工作量是不大的。

为了切实做好这一调查工作,各地统计部门与城市人民公社办公室应密切配合,共同组织力量进行,对于各项调查数字,必须与有关方面核对研究,尤其是公社、街道办工业总产值、解放劳动力人数、公社和街道劳动者人数等重要数字,更应反复核实,力求准确、可靠。

城市人民公社月报制度停止后,各个城市人民公社必须做好经常的资料积累工作,这不仅与保证这项年底调查的质量有关,也是各公社生产管理工作所需要的。

附件:重点城市、重点公社名单

中华人民共和国国家统计局

中华全国总工会

一九六〇年十一月二十三日

附：重点城市、重点公社名单

1. 重点市：

天津、唐山、石家庄、太原、呼和浩特、包头、沈阳、鞍山、长春、四平、哈尔滨、鹤岗、伊春、济南、青岛、杭州、南京、无锡、合肥、南昌、福州、武汉、沙市、长沙、郑州、洛阳、焦作、信阳、南宁、广州、西安、兰州、成都、重庆、贵阳、昆明、乌鲁木齐、克拉玛依、西宁、银川

2. 重点公社：

北京市：二龙路公社、椿树公社、北新桥公社；

天津市：鸿顺里公社、兴安路公社、甘肃路公社、灰堆公社、光复道公社；

沈阳市：红旗公社、诚信公社、前进公社、大西街公社、大东城门公社；

四平市：四平公社；

鹤岗市：鹤岗公社；

哈尔滨市：香坊公社、动力之乡公社、道里公社；

伊春市：伊新公社、东风公社；

桂林市：三皇区公社、东江区公社；

汕头市：同平公社、公园公社；

厦门市：中华公社、夏港公社；

武汉市：先锋公社、红旗公社、东方红公社、曙光公社；

郑州市：红旗公社、金水公社；

重庆市：七星岗公社、上新街公社；

昆明市：盘龙公社、五华公社；

杭州市：上城公社、下城公社；

西安市：碑林公社、蓬湖公社；

宜宾市：宜宾公社。

说明：各社如在整社中有合并等情况，原社已不存在时，各市可另行选定。

一九六○年十一月二十三日

中华人民共和国财政部
关于对城市人民公社企业
有关征税问题的通知*

（一九六〇年十二月十三日）

各省、市、自治区财政厅、局、税务局、财政部税务总局：

关于对城市人民公社企业的征税问题，目前大部分地区已经按照国务院财贸办公室今年七月廿六日批转我部"关于对城市人民公社企业的征税问题的意见"贯彻执行。但是少数地区仍然存在一些问题，主要是对减税免税掌握得偏宽、偏松，应当征收的税款没有收起来。例如有的地区对公社或者管理区的企业不分新老，不问纳税上有无困难，一律免征了工商统一税；有的地区对公社所属手工业，里弄作坊一般都不征收工商统一税和所得税。但是也有个别地区掌握过严，对社办福利事业单位如托儿所、食堂等收取的费用，也征收了工商统一税。此外，有的地区把征自公社企业的所得税，按国家、市县、公社三方面进行分成，把市县分得的部分划为预算外资金；有的地区则对公社一部分较大企业停征了所得税，改以利润形式上交地方，作为预算外资金管理等等。这些都是违反国家财政规定的，不仅对国家预算收入有一定的影响，而且对促进社办企业积极改进经营管理也是不利的。

根据当前城市人民公社征免税收上存在的问题，我们认为，有必要提请各地注意进一步贯彻执行国务院财贸办公室批转我部"关于对城市人民公社的征税问题的意见"。兹提出以下几点要求，希各地研究办理。

一、关于工商统一税问题。据我们了解目前城市人民公社企业的产品，绝

---

* 原件现存于宁夏回族自治区档案馆。

— 207 —

大部分是由国营商业包销或者是为国营企业加工服务的,产品的销路没有什么问题,销售的价格,大多是按照市场的销售价格作价出售的,在销售价格中已经把应纳税款计算在内。因此,国家对这部分收入征税是合理的、应该的。各地对这部分应征未征的税款,应该收齐补足,如果个别企业在经营上确有困难,需要在税收上给予照顾的,也应适当掌握,减免期限不能过长。对于减免期限已满或者企业的经营情况已有好转,不需要继续予以减免税照顾的,应当立即恢复征税。对于不应当征收而征收了的税款,则应当坚决退还。

二、关于所得税问题。公社 1960 年新办的企业,一般底子较薄,有的在经营上还有困难,在所得税上适当给予照顾是必要的。各地在掌握减免税时,应该根据企业的不同情况,给予不同期限的减税或者免税的照顾。所得税税率应按 20%—30%的规定掌握执行,不能擅自降低。

三、对于停征城市人民公社企业所得税,改以利润形式上交,提取企业的一部分积累作为预算外资金以及把征自公社企业的所得税按国家、市县、公社三方面分成,将市县分成部分划入预算外资金等做法,都必须根据国务院财贸办公室(60)财贸念字第 168 号规定,坚决加以纠正。

中华人民共和国财政部

一九六〇年十二月十三日

中国人民银行函复关于
城市人民公社企业的存放款利率问题*

（一九六一年一月十日）

新疆自治区分行：

　　1960 年 12 月 24 日计字 38 号函悉。对城市人民公社企业的存放款利率，一律按照国营企业存放款利率（存款 1.8‰，放款 6.0‰）计算。

　　特此函复。

中国人民银行

一九六一年一月十日

---

　　*　原件现存于宁夏回族自治区档案馆。

— 209 —

中华人民共和国财政部转发北京市财政局、辽宁省财政厅关于城市人民公社财务工作的检查报告[*]

（一九六一年一月十九日）

各省、直辖市、自治区财政厅（局）：

北京财政局、辽宁财政厅最近结合整社对城市人民公社的财务工作作了一次重点检查，并且针对发现的问题，提出了改进意见。我们认为这种做法，不论在发现问题，加强制度建设、组织建设等方面，都收效较大。现在将北京市财政局"关于对西城区城市人民公社财务工作的检查报告"和辽宁省财政厅"关于认真扭转城市人民公社财产资金损失浪费现象的通报"摘要转发给你们，供研究参考。

一年来，城市人民公社的财务管理工作随着城市人民公社的发展巩固，也不断加强，成绩是很大的。但是，从北京、辽宁两个地区的材料来看，有些公社在财务管理上还存在一些问题，主要是财务管理偏松，财务制度不严和财政纪律松弛。所有这些问题，同公社的重大成就相比，尽管只是一个指头或者不到一个指头的问题，但仍然应当引起我们的重视，必须认真地、切实地加以解决和改进。

这两个地区对公社财务管理工作的检查是结合整社进行的，抓得及时，查得深入。希望你们根据实际情况，参照他们的做法，在当地党委的领导下，积极配合整社工作，并有计划、有重点地对公社财务工作认真进行一次检查，对

---

* 原件现存于宁夏回族自治区档案馆。

发现的问题,要及时地采取有效措施,健全财务制度,严肃财政纪律,进一步加强城市人民公社的财务管理工作。

　　附件:1.北京市财政局关于对西城区城市人民公社财务工作的检查报告。

　　　　2.辽宁省财政厅关于认真扭转城市人民公社财产资金损失浪费现象的通报。

中华人民共和国财政部

一九六一年一月十九日

附一：北京市财政局关于对西城区城市人民公社财务工作的检查报告

（一九六〇年十二月十六日）

　　为了提高城市人民公社财务管理水平,促进公社的巩固和发展,根据市委财贸部指示,由市财政局、粮食局、服务局、人民银行和西城区财政局、银行办事处、服务公司等部门和公社财计组抽调了干部60人,组成检查团,对西城区6个公社(全区共9个公社)的财务工作进行了全面检查。检查工作是在市委财贸部和区委的领导下进行的,财政部工作组也参加了这次检查工作。检查工作从10月11日开始,11月5日基本结束。这次检查工作西城区委非常重视,层层布置,紧密地与整社工作结合起来,采取发动各单位自查、互查和重点深入检查相结合的方法。这次重点检查了43个单位,其中:计工业13户、食堂11户、托儿组织9户、服务组织10户。

（一）

　　在组织人民生活和城市人民公社化运动中,这个区的财政、银行部门在各级党委的统一领导下,在积极参与组织人民生活的同时,大力帮助生产、福利服务事业单位建账建制,并先后由区人委或区财政局颁发了工业、食堂、托儿组织和服务组织财务管理和会计核算制度、公社一级的会计核算制度,已在全

— 211 —

区试行,多数单位初步扭转了建立之初的财务混乱状况。在 6 个公社 94 个工厂中,已经建立起计划管理、现金管理、财产物资管理和会计核算等基本制度,而且执行比较好的有 14 户,占 15%;制度还不够健全,执行中还存在一些问题的有 59 户,占 63%;制度很不健全,财务管理混乱的有 21 户,占 22%。在 895 个福利、服务事业单位中,账簿健全,记载清楚,手续完备,能做到日清月结,而且执行制度较好的有 320 户,占 35.8%;账簿不够健全,一般能坚持执行制度,但账目、手续还有差错的有 358 户,占 40%;账簿不健全,记载不及时,差错较多,不能日清月结,财务管理混乱的有 217 户,占 24.2%。

目前各公社的财务机构已经建立起来,并配备了一定数量的财务干部(9 个公社 47 人,平均 5 人左右),各生产、福利、服务事业单位也都有了专职或兼职财会人员,但是这部分财会人员多数是家庭妇女,政治、文化业务水平都较低,缺乏工作经验,担任财会工作有不少困难,因此,区财政局会同银行等有关部门根据区委指示大力开展培训工作,先后共培训财会人员 1,847 人次,对提高财会人员水平起了很大作用。这个区为了解决福利、服务事业单位财会人员不足、质量不高的情况,在食堂、托儿和服务组织中试行建立中心会计,实行统一管理、统一记账、分别核算、各负盈亏的办法,现在全区已在 675 个单位中设立 109 名中心会计,核算水平较前大有提高,扭转了过去部分单位不能按时结账和根本没有结过账的情况(准备另写专题报告)。从这次对财会人员业务水平的调查情况看,在工业 171 名财会人员中,能记会算,能结账能编制报表的(一类)有 86 人,占 50.3%;能记会算但不能结账的(二类)有 56 人,占 32.7%;记不好也不能结的(三类)有 29 人,占 17%。在福利、服务事业 437 名财会人员中,一类有 142 人,占 32.5%;二类有 127 人,占 29%;三类有 168 人,占 38.5%。

从以上情况看,西城区城市人民公社财务工作已经取得了显著成绩,较多单位的财务工作和财会人员水平有了显著提高,财务工作开始走上了正轨,这是基本的一方面;但是另一方面,在部分单位中也还存在一些值得注意的问题,大体有以下几个方面:

1. 开支无计划,审批无制度,资金运用不当,造成积压浪费。有的单位不按计划办事,不考虑实际需要,盲目采购,造成积压。根据对二龙路公社 17 个工厂的检查,其中有 11 个工厂截至 9 月下旬积压物资就有 118 万元,占全部定额资金的三分之一;福绥境公社电器仪表厂,今年 3 月大量购买并非本厂需要的物资设备,至今库存还有 10 万多元,已积压半年以上;如厂桥公社绝缘厂,今年 9 月库存 MK 纸 523 公斤,本已够用,但看到文化用品公司有货 3,618 公斤,就全部购入,足够两年使用,有的单位买不到,请求支援也不肯外调。有的单位没有坚持勤俭办社的方针,讲排场,摆阔气,请客、招待之风在今年第一、二季度比较突出,如西长安街公社电器厂招待有线电厂一位科长,在全聚德吃饭,一次就开支 40 元,该公社塑料厂 4—8 月就请客 19 次之多;福绥境公社炼钢材料厂厂长今年 4、5 月间坐飞机去新疆和上海采购,影响极坏。

2. 财产物资管理混乱。在入库方面主要是不认真验收,许多单位对大五金材料或整吨成卷的物资不检斤过数,有些单位对较小的物资也不认真验收,如福绥境公社电器仪表厂购买电表壳 226 个,但实际只有 140 个,却仍按 226 个入账;出库方面主要是领调物资不办手续,以大量白条抵库或连白条也没有,甚至有的单位连成品出库也没有手续,会计无法及时结算货款,如丰盛公社科学仪器厂,今年 3 月清理出抵库的白条一堆,金额 1 万多元,9 月份又清出白条一捆,金额 9 千多元;厂桥公社金属加工厂今年 9 月间出库的机床灯、拖车大梁等 24 批产品都没有出库手续就交给业主,供销、财务部门都不知道,货款长期收不回来。有些单位特别是福利、服务事业单位,对固定资产不登记,调入调出没有手续,造成财产无数,家底不清。如新街口公社果子市儿童服务部,今年 6 月间购进压板、攀登木等价值 400 多元的大型玩具,由于调出没有任何手续,不知东西下落,通过这次检查后才查找清楚。在财产物资保管方面,有些单位没有专人负责,缺乏严格的管理制度,财产物资丢失、损坏情况严重。如丰盛公社塑料厂买了 3 台台钻放在车间无人管理,有的零部件已经损坏,使台钻不能使用;该公社粉子胡同幼儿园,今年 9 月 27 日买进大米 26 斤,当天吃了 6 斤,下余第二天就没有了,这个园买的 500 多元的儿童玩具无人管理,同废物和乱木料扔在一起;二龙路公社察院幼儿园,由于对儿童食品保管不善,今年 7、8 月间就有 20 斤糕点霉坏变质不能食用。

3. 会计制度不健全,现金管理不严。有些单位没有认真执行会计制度和现金管理制度,特别是白条抵现,现金超过定额,账款不符,空白支票随身携带的现象比较普遍。有些单位账簿不健全,记账不及时,手续混乱不能正确结算,个别福利、服务事业单位甚至还是"包包"账,分包保管,收支根本不记账,错乱现象严重。西长安街公社图样山服务所,今年6月份建账,由于记账不及时,重记、漏记、错记现象很多,账款不符,到9月份账目全部乱了,无法结算;厂桥公社西煤厂托儿所代垫医药费、服装费、职工借支、代收奶费、处理废品收入等全不记账,大部分是白条、纸片,9月底现金较账面短少476元。也有不少单位非法套购供应市民的煤球、木器等,不能取得发票,就以白条抵现,或利用其他单位名义套购物资,因而发票抬头不符。还有些单位违反现金管理的规定,大量现金不及时存入银行,甚至有个别单位现金从不存入银行。还有些单位管理人员公款、私款不分,现金比账面多了,就拿出来;现金少了就补上,漏洞很多。福绥境公社59个托儿所中就有11户有这样的情况。还有不少企业的采购人员随身携带盖好印鉴的空白支票,造成遗失和开空头支票的现象。如西长安街公社塑料厂,今年5—8月由于采购人员随身携带空白支票,随便填开,先后开出空头支票12张,金额达76,000多元;厂桥公社金属加工厂今年4月至5月就失去空白支票4张。还有少数单位大量存放外埠采购员的现金,利用本厂支票套购物资,逃避管理,仅西长安街公社焊条厂就先后存有6个外埠单位存款9万多元,收支80多笔。此外,公社各单位的现金库存定额大部没有正式核定,也是造成某些单位现金管理不严、白条抵现、挪用公款的原因之一。

4. 福利、服务事业单位手续不清,管理混乱。不少公社食堂、托儿和服务组织在管理上手续不清是目前比较突出的问题。食堂、托儿所的粮、面、油、肉、糕点、饼干等票管理不严,收进、付出记载不清,丢失短少情况比较普遍;服务站的收发活手续不健全,丢失差错不断发生。根据对厂桥公社42个食堂的调查,"五票"(粮、面、油、肉、代金)管理较好的只有13户,下余29户都在不同程度上存在着混乱现象。该公社西煤厂托儿所今年1—9月份根据现有材料计算,就有粮票524斤、油票113斤、肉票54斤下落不明;厂桥公社34个服务所中收发活手续比较健全的只有16户;二龙路公社二龙路服务所目前还有30多件棉衣,里、面、棉花配不成套,有5件还没有找到。在这些单位中,由于管理混乱手续不清,不仅影响服务质量,而且给贪污盗窃分子以可乘之机。如

厂桥公社西煤厂托儿所所长自己两个孩子入托,1—9月少交粮票185斤、油
票2斤4两、肉票3斤2两,这个所的会计每月都偷盗儿童的油、肉票,现仅个
人交代的就有油票169两、肉票3斤8两。托儿所中工作人员私自分食和套
购国家对儿童的特殊供给的糕点、水果、鸡蛋、牛奶和其他食品的现象比较严
重。厂桥公社西安门托儿所保育员谢淑玲一次就以托儿所名义套购饼干20
包归己食用。

(二)

通过检查所发现的这些问题之所以产生,主要原因是公社的各项事业发
展很快,工作缺乏经验,还来不及建立起一套比较完整的规章制度;财会人员
虽然经过一个时期的训练,但水平仍然是比较低的,财务工作还不能适应公社
发展的需要。另外,财会人员队伍不纯的情况还在部分公社中存在,有些不适
合作财会工作的人员还没有完全撤换;加以某些干部没有坚持勤俭建国、勤俭
办社、勤俭办一切事业的方针;有些公社财计组由于人力不足,对所属单位的
财务工作还没有完全管起来,因而有些已经建立起来的制度,没有很好地贯彻
执行,不可避免地要出现一些问题。这些问题我们认为是城市人民公社建立
和发展过程中难以完全避免的;与城市人民公社的伟大成就相比较只不过是
一个指头,甚至还不到一个指头的问题,是局部的、暂时的,而且在区委和公社
党委的领导下有的已经纠正,有的正在纠正。目前西城区委针对公社财务工
作中存在的一些问题,采取了措施,并已布置各公社党委贯彻执行。

为了进一步加强公社的财务管理工作,不断提高经营管理水平,针对这次
检查发现的问题,提出以下几点意见:

1. 鉴于财务工作的特点,各单位财会人员,特别是那些政治质量好,有一
定文化业务水平和工作经验的财会人员,建议公社党委在整顿财会人员队伍
以后,要基本上稳定下来,一般不调动,必须调动时,应有适当人选接替并认真
办好交接手续。

2. 进一步充实公社财务部门的干部力量,加强对所属各单位财务工作的
领导,根据当前工作需要和大力紧缩编制的精神,公社财计组要在现有基础上
增强干部力量,妥善安排工作,将公社及所属各单位的财务工作切实管起来。

3.区财政局要进一步加强对公社财计组的领导,认真进行监督检查,根据公社财务工作中存在的问题,迅速帮助公社对已经建立起来的切实可行的制度认真贯彻执行;有漏洞或不符合客观情况的,要迅速建立或修订。在建立和修订过程中,要充分发动群众讨论,只有制度为群众所理解、所赞助,才能从根本上保证制度的贯彻执行。

4.公社所属各单位,大体上要健全和认真执行以下几方面的制度:

(1)计划管理:公社及所属各单位,从1961年起应坚决执行区委提出的按年、按季编制财务收支计划的办法,计划执行中应加强检查,使计划真正起到促进生产、指导生产的作用,坚决反对计划是计划,执行是执行的形式主义作风。在严格执行开支审批制度过程中,财会人员应坚持原则,对不合理的开支,得暂时拒付,提出意见,如不能解决时,应一面拨付,一面向上级财政、财务部门反映,财政、财务部门应及时了解,予以适当处理。

(2)财产物资管理:固定资产、低值易耗品、原辅材料、产成品、半成品等都要有严格的管理制度和出入库手续,并定期认真盘点,保证账实相符。财产物资要有专人保管,防止丢失损坏。对目前积压的物资,应尽快地按照规定进行处理,在今年底应对库存物资再认真进行一次清点。

(3)现金管理:银行应根据公社各单位需要现金数字的大小核定现金库存定额,定额核定后,超过部分应立即存入银行;单位之间往来款项应实行非现金结算,有条件的单位应尽量实行钱账分管,严禁携带空白支票外出采购,银行应加强这方面的监督检查。

(4)会计核算:公社及所属各单位都应按照现行的会计核算制度健全账簿,日清月结,按月编送报表;收支必须有合法的原始凭证,严禁白条抵现;今年12月份要做好明年换新账的准备工作,统一会计科目,统一报表格式。

(5)开支标准:公社及所属各单位的旅差费、市内出差伙食补助费、烤火费应按照国家规定的标准执行;请客、送礼、招待、聚餐一律不得开支;各单位的办公费、业务费应本着节约精神制定标准,严格执行,公社及所属各单位的开支标准,应不高于或略低于国家机关的现行标准。

5.公社所属各单位在建立和健全各项财务管理制度的同时,要加强经营管理,提高服务质量,坚决纠正或防止资本主义经营、抢购、套购、以物易物的恶劣作风,消灭差错;在保证工作合理需要的原则下,大力精减非生产人员,合理调整福利、服务事业单位的布局,消灭人浮于事的现象。

6.为了巩固这次检查的成果,对于财务管理好的,区财政、银行部门应及时总结经验交流推广;对财务管理差的应大力帮助改进,并于明年初,对于各单位改进情况,进行重点复查。

为了扩大这次检查效果,建议其他城、近郊区也比照西城区的做法,在区委领导下,由各区财政、银行等有关部门对本区各公社的财务管理情况,也做一次检查。

北京市财政局

一九六〇年十二月十六日

附二:辽宁省财政厅关于认真扭转城市人民公社财产资金损失浪费现象的通报

(一九六〇年十二月十二日)

现在,各地城市人民公社在各级党委的领导下,正在巩固地健康地向前发展。公社的财务管理工作,已步入轨道,建立了一些制度,取得了很大成绩,这是主要的。但是,根据最近整社工作和十个市城市公社财务工作观摩检查中反映的情况来看,有不少公社认真贯彻勤俭办社的方针不够,管理制度不严,财政纪律松弛,损失浪费现象比较严重,尤其是在中央发出以保粮、保钢为中心的增产节约运动指示以后,公社的铺张浪费现象仍有发生。这些问题,归纳起来主要是:

一、讲排场、摆阔气,铺张浪费。例如沈阳大西公社在今年八月一次就买高级沙发七套,区领导批评以后在9、10两月又买自行车4台,弹簧椅子30把;小乐公社修俱乐部换椅子花2.74万元;锦州南街分社在一个月内买了十台风琴;营口车站、鱼市、建设三个分社,为了使户户有广播,仅购广播喇叭就花12,800多元;抚顺的抚顺城、沈阳的兴顺、小南、旅大的天津街等公社,在干部调动迎来送往,召开现场会、协作会、代表会、接待检查团,甚至集体劳动等机会,都要招待香烟和水果,以至举行会餐;鞍山园林公社为厂社挂钩,一次会餐花 240 元,沈阳小乐公社二管区一次协作会餐开支 490 元。

二、现金和公物管理不严,往来借款长期不结算,少数社干部、采购供销人员侵占公款公物。如安乐站前公社有 4 万多元资金长期存在外地;沈阳中街公社化工厂职工欠款无法查找的呆账损失达 7 千余元;本溪南光公社木器厂 4 名采购员侵占公款 1,200 多元;沈阳惠工公社化工厂有的干部调动工作带走了公家的自行车和雨衣。

三、长期占用国家税款,大量占压资金,盲目采购和滥搞基本建设,影响生产。如本溪南光公社七户社办企业,9 个月欠交工商统一税 4.4 万余元;旅大天津街公社工业总厂盲目搞基建,占用 12.4 万元资金,拖欠 4 万多元的所得税;营口鱼市公社工业总厂以全厂 24.6% 的资金买了钢丝绳,因不合规格长期积压;沈阳中街公社服务总站(修理钢笔)盲目购买 9 万多元的笔尖,足够使用 8 年;抚顺光明公社买 2 万个电磁铁,因不能使用,积压资金 6.9 万元。

四、经营管理不善,原材料不注意保管,丢失损坏,霉烂变质。如沈阳中街公社为了办农场买进 3 万多元的柞木杆和草把,竟作了烧饭取暖的燃料;耐火材料厂买的原材料,放在露天里损失 2.7 万元;锦州天安分社盘亏物资 224种,价值 6.6 万元,有 3 千多元的棉纱全部丢失。

五、有些公社以物易物,套购国家物资,个别的竟进行投机活动,谋取非法利润。如沈阳中街公社为了以物易物,花 4,600 元套购搪瓷盆,结果因保管不严,大部分丢失;营口胜利联合厂,以高于市价两倍的价格买进 6,000 多元的油毡纸闲置无用;本溪南光公社制鞋厂,以十吨沥青换七根胶带,配上钢圈出卖,获利 3,000 多元;阜新太平公社被服厂,一次去关内以 8 万多元资金搞投机贩运活动(已被公安机关扣留);沈阳北市公社仅两个月搞五金贩运获非法利润达 40 多万元。

六、有些公社的物资奖励过多。如沈阳中街、抚顺的将军等公社,对社员集体和个人奖给自行车、收音机等实物和现款,有的社奖金竟达工资总额的 20%。

上述问题,尽管是在城市公社迅速发展过程中出现的个别问题,但是这种情况,实质上是资产阶级思想在工作中的反映,对城市公社的生产和市场的稳定已发生了不利的影响,应当引起足够重视,迅速采取措施加以制止。

为了认真贯彻中央关于开展以保粮、保钢为中心的增产节约运动的指示和整顿城市人民公社的指示精神,当前应当大抓城市公社的清产核资、财务检查和制度建设工作,对广大公社干部进行勤俭办社思想教育,整顿财务制度,严明财政纪律,堵塞一切漏洞。为此,特作以下规定:

一、迅速确定积累分配方案,报请市委批准严格遵照执行。公社各项资金必须专款专用,生产资金不经区人委批准,不得用于基建和其他开支;应当由企业留成解决的费用,不准摊入成本。

二、社办企业的流动资金,要实行定额管理。核定流动资金,应当以保证生产经营的资金需要和能够促进加速企业资金周转为原则,资金核定以后,多余的要立即清理收回,不足的予以拨补。企业实现的利润,必须按规定比例及时足额上缴,不得占用。

三、严禁以物易物、非法套购或投机贩运等活动。凡是公社及所属单位积压的自己不需要的物资,应当交给物资部门统一调配;今后社办企业采购物资应当实行计划管理,大宗采购要实行审批制度;以物易物或搞贩运活动获得的非法利润全部予以没收。

四、严格控制非生产开支。公社各级单位,不经市人委批准不得修建办公室、礼堂、俱乐部;禁止购置沙发、转椅、照相机、录音机、电视机、扩音器等非生产设备。急需的设备购置,必须贯彻因陋就简精神,严格节省开支,从定额经费内解决;不经区人委批准,任何人不准请客、送礼、招待。

五、公社行政、事业的公务费、设备购置费以及企业管理费,一律不准超过区一级的国家行政、事业费标准。各项开支标准和费用定额由各市统一规定,各公社应当按照人员编制严格掌握执行,一律不准超过。

六、社办企业、事业单位职工奖励,必须坚持政治第一,物质第二的原则,奖金额应当控制在工资总额的2%以下,实物奖励一律报经区人委批准。

七、公社所属单位,都必须建立健全财产物资保管制度,做到有账、有物、有库、有专人管理,出入库、报废都要有审批手续,定期检查清理,年终盘点。一切公共财产任何个人不得私自占用,应当认真执行管理责任制,规定必要的奖惩制度,确保公社财产物资不受损失。

　　八、全体公社干部都应当坚决贯彻执行党的财经政策,严格遵守财政纪律;财务人员要坚持执行财务制度,向一切违反财政纪律的行为作斗争;对执行政策、坚持制度、保护公共财产有显著成绩的,要予以表奖;对违反财务制度造成损失浪费的失职人员,应当根据情节,给予批评,直至纪律处分。

辽宁省财政厅

一九六〇年十二月十二日

财政部税务总局关于加强城市人民公社财务工作调查研究的通知*

（一九六一年二月二十八日）

黑龙江、河南、四川省,哈尔滨、郑州、重庆市税务局：

　　为了加强城市人民公社财务工作的调查研究,总局除了派出专门工作组深入福建、北京等省市进行实地了解以外,兹提出关于加强城市人民公社财务工作调查研究的几个项目,请你省指定一个市或者一个公社逐项深入地摸清情况,详细地解剖一、两只麻雀,并将情况于 3 月 20 日以前报告总局。其他各省、市、自治区如有力量进行调查研究者,也请在 3 月 20 日前把材料报来总局。

一、任务与要求

　　（一）1960 年 8 月全国城市人民公社财务工作会议之后,省（市）财政部门在加强公社财务管理工作中有些什么做法和经验,哪些是城市人民公社财务工作中的薄弱环节,有些什么改进办法？

　　（二）省（市）财政部门和公社财务部门在贯彻新的财政管理体制有关城市公社方面的规定,有些什么问题？

　　（三）省（市）财政部门在帮助社办企业推行经济核算促进生产方面的做法和存在的问题。

---

　　*　原件现存于宁夏回族自治区档案馆。

（四）搜集一些典型资料为研究公社财务方面若干政策性问题作准备。

二、调查研究的主要内容

（一）省（市）财政部门是如何管好城市人民公社财务的，做法和经验

（二）城市人民公社财务收支决算工作

1. 1960 年年度的财务决算编制情况，包括掌握哪些主要环节、编制方法，发生的问题，解决的办法；

2. 1961 年月度结算工作情况，季度决算工作如何布置的，有些什么问题，审核汇编的情况和经验；

3. 对已经编好的决算资料有未运用，如何通过资料的分析，研究一些主要问题，如会计核算是否正确，开支审批手续是否严密，资金管理和运用是否合理，物资管理是否健全，积累分配是否适当，税利交纳是否及时足额等。

（三）1961 年综合财务计划编制工作

1. 1961 年年度和季度，综合财务计划能否及时编制，在编制中有什么困难，是怎样克服的；

2. 公社怎样具体指导和帮助所属单位分别编制财务收支计划，在审查汇编时如何具体进行综合平衡；

3. 资金如何安排的，生产资金和基本建设资金的安排是否符合"一盘棋"的精神；

4. 为了保证财务计划的贯彻执行，采取了什么措施，初步效果如何。

（四）社办企业的财务管理工作

1. 社办企业的财务管理情况，有哪些财务制度，执行如何？在整社中间暴露了哪些薄弱环节，是怎样进行整顿、加强的；

2. 社办企业的成本管理情况，对原料、材料、燃料、工时及管理费用如何加强定额管理的，推行经济核算情况，专业核算及群众核算的情况和问题、经验，有无进行经济活动分析。在正确核算成本，降低成本方面采取了哪些有效的作法；

3.目前应当如何进一步加强社办企业的财务管理和经济核算,以有利于小商品生产和修理服务事业的发展。

(五)正确贯彻新的财政和公社财务体制

1.国营企业和公社之间相互支援的财产、物资的情况,存在的问题,处理办法;

2.公社财政收支管理情况,存在的问题和处理办法。

对以上内容的调查研究,各地财政(税务)部门必须事先向当地党委请示同意,在党委统一领导下和公社财务部门共同进行。在进行工作中必须本着一切从实际出发的精神,重点深入,扎扎实实地解剖两只麻雀摸清问题,总结经验,兼顾到点面结合,以便于分析核对,对比研究,各地并可适当召开一些调查会和公社的财务干部座谈,边调查边研究,力求解决办法切实可行。

中华人民共和国财政部税务总局

一九六一年二月二十八日

关于当前城市人民公社工作中
若干问题的调查研究提纲 *

（一九六一年四月八日）

三年来,特别是 1960 年以来,城市人民公社运动的发展,总的来说是迅速的、健康的,成绩是伟大的。但是,由于城市情况复杂,经验还不足,在城市人民公社的巩固发展中,还存在着许多问题;这些问题包括公社与国家之间的关系,公社与工农商学兵之间的关系,公社各级之间的关系,公社各级组织与社员之间的关系等等社内社外关系问题。这就需要我们实事求是地进行调查研究,总结经验,逐步加以调整和解决,不断地巩固、充实、提高和健全城市人民公社。

关于调查研究的内容,我们根据各地和各方面的意见和反映,初步归纳为以下几个问题,供大家参考。

一、关于现阶段城市人民公社的性质和任务

目前城市人民公社是否已成为政社合一的社会基层组织? 在各种形式的公社和公社的各级组织中,又是怎样具体体现的? 它同农村公社有什么相同和不同的地方?

目前各种形式的城市人民公社是什么经济性质? 有几种所有制? （包括

---

*　原件现存于杭州市档案馆。

现在城市人民公社中分散的生产小组和家庭副业是什么经济性质的问题）怎样正确处理各种所有制之间的关系？怎样具体贯彻各尽所能按劳分配、多劳多得的原则？

目前城市人民公社的主要任务是什么？怎样发挥它在改造旧城市建设社会主义新城市、在组织生产、交换、分配和人民生活福利等方面的作用？在它的各级组织中如何具体实现？有哪些主要经验，存在什么问题？

二、关于城市人民公社的组织形式、规模和体制

目前在不同的城市（大、中、小）和在一个城市内不同的地区（工业区、居民区、机关、学校），采用怎样的形式比较合适？现在各地所采取的以大厂矿、以街道、以机关学校为中心的等形式，各有哪些优越性和存在哪些问题？怎样使各种形式的公社更能适合不同城市的特点，更好地发挥出它的作用？

在不同的城市中，公社的规模怎样规定比较合适？是大一点好，还是小一点好？现有不同规模的公社（一市一社、一区一社、一街或数街一社），各有哪些优缺点？

在什么条件下，可以划入一部分郊区农业？划多大合适？同农业的关系应该怎样正确处理？对农业的要求是什么？

在不同形式和不同规模的公社中，设立几级组织比较合适？它同原有政权组织如何结合？各级组织的职权应该怎样规定？应当实行几级管理、几级核算？以哪一级为基础？

是否还要居民委员会？如果要算不算公社的一级？它的任务又是什么？

公社的各级组织如何贯彻执行民主集中制的原则？

公社内部应设哪些机构，社办企业采取哪种组织形式，把积极分子组织起来，联系群众为群众服务。

三、关于生产

目前社办工业的性质是什么？它的生产方向应该怎样确定？在贯彻"四服务"的方针方面有哪些经验和问题？如何既以小商品生产为中心，又能继续为大工业生产服务？如何根据调整、巩固、充实、提高的原则，安排社办工业的生产？目前，在大力发展小商品生产和修理服务业中，取得了哪些主要经验和存在哪些主要问题，需要采取哪些具体的政策和措施，加以解决。

如何使社办工业的供产销逐级逐步地纳入国家计划，服从国家管理，同时，更好地发挥城市人民公社各级在组织和管理生产上的积极性？

目前城市人民公社在组织工业生产上，如何按照不同的情况和条件，确定哪些应该集中，哪些应该分散？

社办工业怎样实现民主管理？需要建立哪些必要的管理制度？怎样加强经济核算？

社办工业同国营厂矿的生产协作，有哪些主要经验，在今后进一步发展这种协作时，应当注意哪些问题，作出哪些必要的规定？在同国营商业的挂钩上，有哪些主要经验，今后发展中应该注意哪些问题？

目前应怎样处理积累与分配的关系？比例应如何确定合适？除向国家缴纳税收外，市和区是否还要提取公社的利润？如果要提，多大比例合适？公社的提成和企业留用部分应当如何使用？

四、关于生活福利

城市人民公社举办的公共食堂和托儿所的方向应该如何进一步明确？目前主要应吸收什么人入伙入托？挑选什么人来办？是作为公社的集体福利事业来办还是采取自给自足的办法来办？

公社在举办公共食堂时，如何坚持"积极办好，自愿参加""大集体，小自由"的原则,防止强迫命令的现象发生? 如何适应不同季节,不同对象的要求? 怎样从便利生产、便利群众出发,来确定食堂和托儿所的规模和布点? 对那些子女多、收入少、生活困难的劳动人民,如何给以适当的照顾? 如何加强民主管理,建立和健全必要的管理制度,防止贪污浪费,营私舞弊,多占私分,体罚和虐待儿童等不良现象的发生?

公社的公共食堂如何发展副食品和代食品的生产,建立家底,贯彻低标准、瓜菜代、勤俭节约的原则,以尽可能保证群众吃饱吃好吃得干净卫生? 商业部门在主食品供应上如何给以必要的方便? 对托儿所的食堂如何给予必要的照顾?

公社如何在积极办好食堂和托儿所的同时,对那些尚未参加集体生活的劳动人民的生活,给以必要的关怀,帮助他们安排生活和解决生活上的特殊困难?

公社举办的服务站的性质和发展方向,应当怎样确定? 目前它的主要服务内容应当包括哪些方面? 网点分布、管理制度和收费标准,怎样确定比较合适? 如何注意骨干配备和人员挑选,不断提高服务质量? 它同国营商业、服务部门的关系,应该如何确定?

公社试办的敬老院的情况如何? 有哪些经验? 需要怎样整顿和改进?

五、关于劳动工资

城市人民公社组织城市居民参加社会劳动,现已组织到什么程度? 整半劳动力,男女劳动力各占多大比重? 分布的状况怎样? 输送给国营企业的有多少? 在劳动力调配和使用上,应该规定哪些必要的办法?

从社办企业、事业的特点和家庭妇女劳动力占绝大多数的具体情况出发,目前在社办企业事业中,实行怎样的工时制度比较适当? 怎样具体贯彻劳逸结合的原则,加强对妇女的劳动保护?

在调整社办工业时,对多余出来的劳动力应当怎样妥善安排和处理?

怎样根据目前社办企业的特点和生产水平,采取适当的工资制度和奖励制度,规定适当的工资水平,就能正确地贯彻各尽所能、按劳分配、多劳多得的原则,防止和纠正平均主义?

六、关于阶级关系

建社过程中,在贯彻阶级路线方面的情况怎样? 如何确定劳动人民的优势? 目前城市人民公社的干部和从业人员队伍的阶级状况怎样,职工及其家属(职工家属成分也要有分析)和其他劳动人民占多少? 资产阶级分子,小业主及他们的家属和小商小贩占多少? 五类分子占多少?

目前公社内各个阶级、阶层的政治思想动向如何? 他们和公社的关系怎样? 在劳动(工作)中表现如何?

如何加强公社内部的治安保卫工作? 怎样加强对五类分子的专政和监督改造?

对于已经参加城市人民公社劳动(工作)的资产阶级分子、小业主和他们的家属以及小商贩如何进行教育改造?

对于未参加城市人民公社劳动的资产阶级分子及其家属和小业主,如何进行工作? 对他们的教育改造应该由谁负责?

对于城市人民公社社员的条件,目前是否应当作出明确的规定? 如果应当,怎样规定合适?

七、关于整社

城市人民公社的整社工作进展情况怎样,暴露出哪些主要问题,解决到什么程度,取得了哪些主要经验? 按原单位、按人员分类排队的情况怎样? 各占多大比例?

在整顿队伍,解决领导权问题上,是采取什么方针步骤的? 对于混入公社内部,窃取了领导权,进行破坏活动的五类分子及其它坏分子是怎样开展斗争和具体处理的？对于没有破坏活动或做其他犯罪行为以及少数悔改较好的五类分子，又是怎样根据不同情况进行处理的？

对于少数篡夺了领导权和有破坏活动的资产阶级分子，应当如何处理？对于在劳动（工作）中表现一般的和少数表现较好的，又应如何对待？对于少数资产阶级分子和他们的家属，已经担任了干部职务，而又未发现什么坏事的，应当如何对待？对于小业主及其家属和小商贩，又如何根据他们的不同表现，在使用上加以区别对待？

城市人民公社各级干部的政治思想状况怎样？他们在思想作风上主要存在着哪些问题？如何结合整社进行整风？农村人民公社中的"五风"，在城市人民公社中有哪些相同和不同的表现？在城市人民公社中进行整风的内容和要求上以及在具体做法和有关政策上应当怎样加以规定才比较合适？

在整风过程中，如何加强思想建设和组织建设？在这些方面有哪些问题需要解决？应该怎样解决？

八、党的领导和党的建设

目前城市人民公社中，党员的数量和分布状况怎样？他们的政治思想状况怎样？在结合整社进行党的工作方面，有些什么经验和问题？有多少坏分子和其他阶级异己分子混入党内和团内？他们的活动情况怎样？是怎样处理的？

目前城市人民公社党的领导和党的建设的情况怎样？如何进一步建立和健全公社中党的各级组织（党委、总支、支部），加强党对公社的绝对领导？

如何加强党的政治思想工作，加强对党员、团员和群众的总路线教育、社会主义教育、共产主义教育、时事政策教育和阶级教育，提高他们的觉悟程度和革命警惕性，从思想上、政治上和组织上巩固城市人民公社？

如何进一步健全党的组织生活，加强党的组织性和纪律性，发挥党员在群众中的模范作用？

如何按照民主集中制的原则，实行集体领导和分工负责相结合的制度，改进领导作风和工作方法,充分发挥党的各级组织的战斗堡垒作用?

在党的领导下,如何发挥城市人民公社各级组织机构、共青团和妇联组织的作用?

如何加强对城市人民公社中职工群众和其他劳动人民中的积极分子的培养训练,有计划、有准备地吸收他们当中一些优秀的具备了共产党员条件的分子入党,发展壮大城市人民公社中党的力量? 同时,又怎样加强对党员的审查,严密党的组织,防止坏分子和阶级异己分子混入党内?

全总党组城市人民公社工作办公室

一九六一年四月八日

全总副主席李颉伯同志
谈城市人民公社问题*

（一九六一年四月十五日）

城市人民公社从一九五八年出现，经过一九六〇年上半年大发展，去年八月以后的整顿巩固，总的情况来看，成绩是很大的，经验是很丰富的。但是问题也不少。城市人民公社看起来也像主席在一九五九年所讲的那样："成绩伟大，问题不少、前途光明"。城市公社发展的方向肯定是对的，这一点丝毫不容动摇，一方面是试，这很重要，一方面有点问题。但从总的方面看也还不算太多，也不算太严重。一个新鲜的事物，在开始发展当中，没有缺点，一开始就很完整，那才是奇怪的呢！我们应当以满腔热情来扶植新鲜的事物，促进新鲜事物的发展。应该在肯定成绩的基础上，认真总结经验，找出问题，解决问题，使它更健全，更为完善地向前发展。城市人民公社的成绩是巨大的。根据全总掌握的材料看，突出表现在生产上。一九五九年社办工业和街办工业的生产总值二十亿，这是同志们都知道的。二十亿是最小的数了，共有二十亿、二十五亿、二十八亿、三十六亿四个数，我们选出二十亿这个数。是不是二十亿还有水分？可能，但不大。一九六〇年，去年一年我们手头材料还不全（全国缺五个省），社街工业的产值是一百零五亿，还没最后核实。当然要说清楚，不能单纯的追产值，去年五月以前有些追产值，这是我们的缺点，尤其是我个人，头脑有些热，去年五月会议以后，这个问题改了，不能过分强调产值，过分地强调产值会产生不良的后果，但产值依然还是估计成绩的一个标志，是成绩的标志之一。不强调产值，但是也不能不重视产值，还得恰当。从全国来说

---

* 原件现存于哈尔滨市档案馆。

去年社街工业的产值缺五个省是一百零五亿，一百零五亿看来还有若干水分，希望大家继续认真核实一下，做到实事求是，不要怕少。从全国说是这样，从各个地方来说，北京市是五个亿，前年是一亿多，去年搞了五亿，虽然已核实两次，还请他们再核实一下，五亿这数目就算打去一半吧，还有二亿五。可是一九四九年北京解放的时候，北京市的全部工业总产值不到两亿，是一亿七。经过几十年，到一九四九年才一亿七，而社街工业去年一年就搞了五亿，好！去掉一半，还有二亿五，也比多少年北京的工业总产值还高得多，这件事情不含糊。除此之外，社办工业在国民经济中的作用与地位也在日益增加，社办工业小商品生产一般的占各地方城市小商品生产的 50%—70%，这是我们手头材料，大体如此。同时，根据最近的观察，为大工业生产服务的也不能放弃，我们强调搞小商品生产，但是也不要忽视为大工业生产服务。要有个适当的摆法，究竟如何摆法，可以考虑。我们初步意见不要硬砍，而要在发展生产的基础上加以调整，加强小商品生产，同时也为大厂服务。应该提高劳动生产率，用提高劳动生产率的方法来满足这两方面的要求。这个问题究竟如何提法好，大家可以考虑，我们初步的观点是，以发展生产力来满足这两方面的需要，这样比较好，劳动生产率是可以提高的，据说沈阳市的社办工业，一九六○年的劳动生产率比一九五九年提高了二点九倍，是不是事实，还要请沈阳的同志核实一下，但是总是增加了，这就是说可以增加的，通过提高生产率满足各方面的要求更好一些。一个发展了生产力，创造了社会财富，养活了这么多人，这是人民公社的优越性。人民公社只要在生产这方面搞得好，就站得住，生产搞不好，那是站不住的。而现在来看，哪个地方生产抓得紧，搞得好，哪个地方在城市公社的问题上就少，在这方面抓得不紧，抓得不够好，克服困难不够快和不够踏实，哪个地方问题就多，因而怀疑的意见，犹豫的意见就多了，当然还有其他原因，不只是这一方面的问题，但这是其中的一个问题。发展了生产力，创造了社会财富，能够养活这么多人，再加上其他优越性，这就是城市人民公社当前充分表现了它的生命力。生命力再强，但由于这方面缺乏经验，总难免在理论上、认识上、政策上和具体工作当中有些问题，也会提出一些问题来，这就要很好地总结经验，认真地从理论认识上、从政策上、从具体工作上来解决些问题。我们考虑最近这样研究问题：先抓安排生产问题。最近在北京和有关方面研究,也和有些地方研究,能不能比较早地,在五月上旬或五月中旬,就能够对安排生产的各种问题,经过调查研究,提出一些建议。希望对这个问题能够比较早一点解决。因为生产安排不好是一切问题的根本,都要受影响,力求在这方面比较早一点。同时,在研究生产问题的同时调查研究各种政策问题。我们最近搞了个提纲,这个提纲没有观点,就是肯定城市人民公社成绩是伟大的,城市人民公社方向是正确的,除了这个观点之外,其他是提问题,昨天已经发给各省市了,供大家参考,这个提纲是不够完善的,不够具体的,光有题目,请大家共同研究就是了,希望各地同志很好地调查研究。城市人民公社从去年三月九号中央批示以后到现在已经一年多了,很多方面确实存在问题,去年全总在这方面做的是很少的,算起来做了三个事情,第一件去年调查了香坊人民公社;第二件是我们在五月中旬开了个会,交流一些经验,同时提出了一个文件,给中央写了报告,中心是解决纯洁干部队伍掌握领导权问题,还有其他一些问题;第三件是关于整社的问题。在城市人民公社里边,国有制、社有制、社以下所有制同时存在,是不可避免的,也是很好的。这是从所有制方面提出的问题,但是由于所有制产生各方面的关系问题,如公社和人的关系,公社内部各企业、事业单位之间的关系,公社各种所有制之间的关系,公社之间的关系,公社和国家之间的关系以至这些关系所产生的问题,有这么多方面的关系问题。这些关系的状况是什么?如何解决这些关系问题?采取什么政策?这些方面有不少已经解决了,有不少还没有解决,总之还没有系统解决。关系如此复杂,那么就不能简单从事。在去年三月九号中央的批示里边最后有这么一段,"现在还没经验,等到几个月有了经验之后,再作若干政策规定",中央没时间来抓这件事情,有的地方搞了,还是初步的东西,看起来根据各种关系产生的各种政策以至于公社体制问题、经营管理问题、组织建设问题等等,这些问题都需要实事求是地从实际出发,认真地做调查研究,加以总结,搞出一系列解决问题的文件。首先是安排生产问题,这也涉及到各种关系问题,如何解决这些关系问题。另一个是解决那些带政治性、思想性的问题,全面地解决政策性的问题,是需要一个时间,更难一点,但是现在就得动手干,现在不着手也不行。听说各地同志都在准备这个东西,农村人民公社的十二条、六十条,有很多方面的问题和城市人民公社有共性,从解决农村人民公社问题中使我们考虑更多的问题。在公社这个问题上,我们只提一个提纲送给各省市研究,希望在一个什么时间大家再共同研究一下,从时间说要抓得紧一些,五月里要抓出一些道道来。生产问题都要抓紧点。总之城市人民公社,经过一九五八年的试办,经过一九六〇年的大办,已经可以看出它的优越性,看出它的生命力。

一九六一年四月十五日

中华人民共和国财政部
关于城市人民公社资金管理的
几个问题的通报[*]

（一九六一年五月十一日）

各直辖市、省、自治区财政厅（局）：

现下发"关于城市人民公社资金管理的几个问题"的材料一份，供你们参考。

自从中央颁发关于缩短基本建设战线和压缩社会集团购买力的各项规定以后，不少地区根据规定的精神对城市人民公社也同样加强了资金管理，如北京、上海等地。但有的地区对城市人民公社的资金管理还未引起足够的重视，如附件材料中，有的公社基本建设和行政经费支出 1961 年计划安排比 1960 年有很大的增长，企业留成比例有偏高和用得不当的地方。为了使城市人民公社更好地贯彻中央勤俭办社的方针以及节约国家的基建物资，城市人民公社也应贯彻中央关于缩短基本建设战线和压缩社会集团购买力的有关规定。我们意见，各地应对城市人民公社目前的资金运用情况，选择重点进行一次检查，并将你们根据中央规定的精神所采取的具体措施，在六月上旬向我部作一次报告。

附件：如文。

中华人民共和国财政部

一九六一年五月十一日

附：关于城市人民公社资金管理的几个问题

（一九六一年五月）

最近,税务总局派出工作组和福建省财政厅税务局在福州市、厦门市,会同当地财政部门,对城市人民公社 1960 年财务收支决算和 1961 年财务收支预算的编制情况进行了一次调查。这两个市的公社财务管理工作是有很大成绩的,制度比较健全,执行得也比较好。但是,在财务工作上如何进一步坚持勤俭办社,加强资金管理,还存在着一些问题,这主要表现在缩短基本建设战线、压缩社会集团购买力和企业利润留成三个方面。这些问题已引起福建省财政厅的重视,已根据调查结果通报各市财政部门迅速采取措施,适当解决。现在将他们所发现的问题简要摘录如下:

（一） 缩短基本建设战线问题

由于城市公社的基本建设没有纳入区和市的计划之内,公社 1961 年度预算的基建支出成倍增长。福州茶亭公社今年基建支出计划达 179,900 元,为 1960 年实际支出数 46,300 元的 388%。有些单位还计划搞非生产性的基本建设,如这个社的翻砂原料厂今年除了计划以 9,000 元修建仓库外,并计划用 15,000 元修建会场、食堂和办公室。厦门市城市公社 1961 年工业基建支出计划 12 万元,为 1960 年实际数 69,300 元的 173%;福利事业基建支出计划 46,200 元,为 1960 年实际数 18,400 元的 251%。1960 年全市人民公社的基建拨款 55,000 元,而实际支出 100,405 元,超支部分是占用了国家财政下拨的"台风救灾"专项拨款。

（二） 压缩社会集团购买力问题

福州市财政部门对城市人民公社还没有布置压缩社会集团购买力指标。仓山区的四个公社在 1961 年财务预算中安排了行政经费支出 50,000 元,比 1960 年增长 43%。台江区茶亭公社斗中大队（相当于公社）今年还计划为幼儿园买风琴,为食堂添置铁柜等。

(三) 社办企业利润留成问题

福州市公社企业的利润留成比例为30%,厦门市是21%—25%。1960年社办企业财务决算的结果表明,这两个比例都高了一些。福州市茶亭公社社办企业1960年的利润留成共计71,800元,根据市的规定,应当再按"三、七"比例分别作为企业的福利基金和生产基金。生产基金5万元因"四项费用"的支出不大,同时又大部分打入了成本,年终决算只开支4,800元,所以大部分结余下来了;而福利基金2万元因企业按10%提取的附加工资19,000元,基本上已够所有的福利开支,也都结余下来了。厦门全市社办企业1960年利润829,000元,交了所得税28,700元后,企业利润留成应为172,500元,而"四项费用"奖励金及福利支出仅15,000元左右,结余很多。

企业利润留成过多的结果,一方面用来大量采购原材料和搞计划外的基本建设。如厦门市厦港公社社办企业1960年利润留成25,000元,到年终除还有银行存款7,000元之外,其余都购存了原材料。这个社的机修厂1960年利润留成2,600元全部搞了基本建设。另一方面是扩大了福利支出。如福州茶亭公社社办企业的附加工资,最近市里规定从10%降为7.5%,但由于社办企业利润留成比例高,提取额大,目前职工的福利支出仍比较高,一般掌握在平均每人4.7元的水平(其中包括看戏、理发、炖饭即伙食燃料费、免费医疗、免费入托等项)。

一九六一年五月

对天津市几个城市公社
食堂情况的调查*

（一九六一年五月十三日）

我们这次在天津，同省、市、区和兴安路公社的几位管生活工作的同志一起，重点调查了几个食堂，并召开了一些座谈会。在调查和座谈中，我们着重地对城市公社食堂过去曾经发生的和目前存在的主要问题是什么？是否需要继续办下去？如果要办，应当为谁办？怎样才能办好？等几个问题，进行了了解和研究。现简报如下：

从调查和座谈中了解的情况看，城市公社兴办食堂的成绩是肯定的，许多经验是宝贵的，但是，有些教训是深刻的，有些问题也是突出的。就已经掌握的情况看，在城市公社食堂中，过去曾经发生的和当前存在的主要问题，大体上可以归纳为以下几方面：

首先，是经营管理不善，浪费现象严重。这个问题，自城市公社举办食堂以来，虽然逐步有所改进，但仍然是当前食堂工作中的一个最突出的问题。主要表现在：第一，人力浪费很大。根据和平区对一百六十六个食堂的调查，入伙人员共有一万七千七百九十九人（其中入半伙的五千一百三十二人），而炊管人员共有一千三百零六人，炊管人员数同入伙人数的比例，最高是一比二十六，最低是一比二，平均是一比十三点六。如果把半伙折成整伙计算，平均则是一比十一点七。按照天津市一比二十的要求来推算，约浪费四百一十多人，约占现有炊管人员总数的32%。如果按照每人每月平均工资二十四元来推算，仅工资一项，每月约多开支一万元。造成这种情况的最主要的原因，是在

＊　原件现存于上海市档案馆。

入伙数大幅度下降以后，没有及时地对现有的食堂进行合理地调整、合并，调出多余的炊管人员。第二，物力浪费也很大。仅从食堂的煤耗来看，浪费确实是惊人的。据兴安路公社调查，在四十八个食堂中，共五千零九十八人入伙（其中入半伙的一千九百六十六人），四月份用煤十六万一千二百多斤，平均每天每人用煤一斤半，按实际用粮数计算，平均每斤粮食用煤三斤二两，而金星食堂每人每天耗煤量则高达二斤半，每斤粮食的耗煤量则是七斤二两。如果按照个别用煤较省的食堂每人每天用煤一斤推算，这四十八个食堂，每月就浪费煤约七万六千多斤。食堂耗煤量大的原因：一是入伙人数减少之后，原来的炉灶设备没变；二是炉灶的构造和烧煤的方法不好；三是有些干部和炊管人员对节煤的重要意义认识不足。上述这些问题，不仅给国家、公社造成了一些损失，也给个人增加了一定的经济负担。

其次，是当前少数食堂的服务方向不够明确。在1960年城市公社化运动的高潮时期，食堂的服务方向不够明确，盲目追求"高指标"的现象相当普遍。当时，曾采用了以下各种办法，扩大入伙人数：第一，采用大会、小会、挨门挨户动员，或用大字报表扬入伙人等方式，动员居民入伙；第二，商业部门在主食品种和副食品供应上，对食堂和对分散起伙的居民不一视同仁，优待食堂；第三，少数公社食堂，还实行了"三本归食堂"（即将购粮本、购煤本、购副食品本都交给食堂）。所有这些方式，实际上是强迫性的或人为的使那些没有入伙要求的人入了伙。这样做的结果，不仅使公社花费了很大精力，增加了很多开支，而且引起群众不满，有些不愿入伙的人勉强入食堂后，意见很多，特别是那些"三本归食堂"的群众，牢骚满腹，有的就当面问党委书记"入伙、退伙有没有自由？"弄得书记无言答对，有的甚至公开谩骂。一部分需要入伙的人，入伙后，因食堂的摊子摆得大，管理不善，饭菜质量不好，也是意见纷纷。同时给一些游手好闲的懒汉开了投机取巧的方便之门，他们看到食堂有好饭好菜，就抢先排队，看到食堂饭菜不好时，就溜之大吉。在座谈会中，大家一致感觉到，这个教训是深刻的。

就天津的情况看，目前，这些问题在绝大多数食堂中，经过整顿之后，已经得到解决，但在少数食堂中有的还未完全纠正过来，如有的食堂没有改变"三本归食堂"的作法，这是因为有些公社干部对"积极办好，自愿参加"的原则认识不够,他们既怕不退"三本"群众不满意,又怕退了"三本"食堂垮台,犹豫不定,左右为难。

再次,在食堂炊管人员中,曾混进了一批坏人,不少食堂的领导权被他们篡夺。据兴安路公社1960年7月份的调查,在原来九十六个食堂中,混进的坏人有三十八人,占六百一十八名炊管人员的6%左右;领导权被坏人篡夺的有九个,占9%以上。而兴安路公社的食堂,一般办得较早,基础较好,比较起来还好一些,有些公社的食堂,办得较晚,基础较差,混进的坏人和领导权被篡夺的情况就更严重一些。

坏人混进炊管人员队伍,特别是篡夺了领导权以后,就互相结成一伙,通同作弊,干出各种各样的坏事。他们利用职权,逞凶霸道,欺压群众,不择手段地贪污和克扣群众的口粮,副食和定量供应的食品,并利用食堂的名义,招摇撞骗,多报冒领主、副食品。由于坏人当道,使党的供应政策不能顺利贯彻,群众切身利益遭受侵犯,群众说:"到食堂不是吃饭、是吃'气'是'找病'"。并且给党和公社造成了不良影响。

在处理这方面的问题上,天津市是抓得紧、抓得狠、解决得也是比较彻底的。他们在去年的几次整顿中,共清除了坏人九百零八人,占全部炊管人员的12%,同时选派了一千一百二十四人(其中党员三百一十二人,团员一百五十九人),充实了食堂的骨干力量。目前,天津市公社食堂炊管人员队伍,总的来说是很好的,"勺把子"已经掌握在革命派手里。当前需要解决的问题是,如何进一步提高炊管人员的政治思想觉悟,不断地提高他们的业务能力和管理水平,使食堂工作在现有的基础上,进一步巩固提高。

从上述情况看,城市公社办的食堂中,虽然有些问题已经得到了解决,但是,当前存在的问题,也还不少,那么,是否需要继续办下去? 在座谈会中,大家一致认为,目前城市中确有一部分人需要入伙,因此,城市公社办一些食堂是必要的。这些需要入伙的人员中,有参加社办工业、事业劳动的、家里无人作饭的社员和他们的家属;有国营企业、事业和机关的部分职工,他们因本单位未办食堂;有部分无人照管的双职工的子女(包括一部分小学生)和少数孤、老、病、残户。这几部分人在入伙人数中各占多大比重呢? 从兴安路公社对五千多名入伙人的分析看:其中参加社办工业、事业劳动的社员二千三百多人,约占46%(占社员总人数的29%);社员家属六百余人,约占12%;国营企业、事业、机关的职工共一千五百多人,约占30%;双职工子女和小学生二百六十多人,占6%左右;孤、老、病、残一百多人,占2%左右;还有双职工家属和一般居民二百多人,约占4%,这部分人一般可以不吸收。入伙人员虽然对食堂都或多或少地有些意见,但他们的基本要求还是希望把食堂办好。他们说:"不办食堂,就要吃饭馆,又费钱,又得挨个排队,那可不行。"

根据对三个公社的调查,目前,城市公社食堂的入伙人数,占总人口的比重是:兴安路公社为3.9%,体育馆公社为3.3%,大营门公社为3.8%。在座谈中,经过大家分析,认为上述比例,在社办工业、事业的工时没有大变动(天津市目前有80%的人实行六小时工作)和食堂工作逐步有所改进的情况下,即便到夏天还可能增加一些,到冬天也可能减少一些外,估计一般的不会有很大的影响。

既然群众需要公社办食堂,那么,怎样才能办好?根据天津市人民公社食堂的经验:

首先,应当"省"字当头,力争做到经济实惠。第一,适当地调整食堂的布局,可以把入伙人数较少,距离较近的食堂合并起来,也可以根据社办工厂的具体条件,按生产系统建立食堂。同时,合理地调整劳动组织,以便节省炊管人员,扩大入伙人员同炊管人员的比例,争取逐步达到一比二十左右。第二,充分发动群众,积极改进炉灶,改进烧煤方法,合理安排用火时间,充分利用灰渣中的可燃物,大力节约食堂用煤,力争每人每天煤耗在一斤以内。同时,积极创造条件,供应入伙人员的开水,尽量减少"两头冒烟"的现象。第三,根据食堂规模大小、房屋、设备条件的不同,在经常费用开支上,制定补贴标准,实行定额补贴。对于节约人力、物力、财力有成绩的食堂,给予一定的奖励。第四,向入伙人员收取适当的管理费用,减少公社的补贴。凡是参加公社工业、事业的社员入伙,管理费由所在的单位开支;社员家属的管理费,如因生活困难,可由公社酌情补助。第五,加强食堂的成本核算,降低饭菜成本,做到饭菜分量足、质量好、价钱便宜,真正给劳动人民精打细算。

其次,应当经常了解入伙人员的意见和要求,做到方便群众,照顾困难。第一,根据入伙人的不同要求,可以入整伙,可以入半伙,也可以固定地只买主食不买副食。第二，一般的除了现买现吃以外，还可以根据入伙人的要求，实行吃包饭（如有些双职工子女，把主副食供应和伙食费交给食堂，由食堂安排饭菜）、吃份饭（如一个人或者一家吃一份饭，在份饭内有饭有菜，有干有稀）。第三，开饭时间，应当适应入伙人的劳动时间，对于因公晚到的人，应当给予方便。第四，对病人、孕产妇、老人，在饭菜方面，应当给予照顾。

再次，要贯彻群众路线，加强民主管理。目前应把重点放在健全食堂管理委员会的组织，适当扩大入伙人员代表的比重，充实管理委员会的工作内容，发挥管理委员会的作用上面。管委会应该定期听取食堂工作报告；检查和监督食堂主、副食的收、管、用的情况和经费开支的情况；研究和决定食堂的管理制度和改进措施；根据炊管人员的表现，及时提出奖惩的建议。通过这些措施，一方面调动炊管人员的积极性，发挥他们的集体智慧，搞好食堂工作；另一方面，密切食堂同入伙人员的关系，达到大家关心，大家管理，大家满意的要求。

最后，必须加强党的领导，坚决贯彻"积极办好，自愿参加"和"勤俭办食堂"的原则。第一，加强对炊管人员的政治思想工作，不断提高他们的政治觉悟，确立以食堂为家、服务为荣的思想，发扬大公无私、勤俭节约的优良作风。第二，在炊管人员中，需要积极谨慎地培养入党对象，有计划有步骤地把那些具备党员条件的优秀分子吸收入党，壮大党的力量，在有条件的食堂，可以建立党的支部或小组，发挥党的核心堡垒作用。第三，继续注意对炊管人员政治历史情况的审查，对有政治历史问题的人，要及时进行处理，保证把"勺把子"掌握在革命派手里。第四，坚决实行入伙自愿，退伙自由的原则。经常防止和克服任何形式的强迫命令的现象。

全总党组城市人民公社工作办公室天津工作组

一九六一年五月十三日

沈阳市城市人民公社的发展情况[*]

——6月3日宋振远同志在座谈会上的发言（摘要）

（一九六一年六月九日）

我市城市人民公社从建立到现在，两年多了，经过整顿、巩固和提高，城市人民公社在各个战线上已经取得了巨大的成就。据 1960 年统计，参加生产劳动的闲散劳动人力已达十七万多，有社办工厂三百九十七个，生产点一千一百多个，年总产值八亿多元，相当于 1959 年的四倍，产品品种达四千七百多种，较 1959 年增加了 62%。今年 1—4 月份产品品种已达三千一百九十二种，产值为六千多万元，其中：为工业服务的占 30%，为生活服务的占 50%，为农业服务的占 15%，为出口服务的占 5%。全市社办企业劳动生产率，年度平均为九千八百零七元，每月平均八百一十九元，比 1959 年月平均数提高四倍多。市内短途运输事业也有了很大发展，有汽车二十七台，人力车八千五百八十三台，电瓶车二百三十九台，手推车一千二百一十台，月运量四十八万一千吨，占全市短途运输总量的 21.3%，并且还经常以部分有余之运力支援市、区运输部门和国营厂矿的运输，每月大约有二万三千吨左右。为支援农业生产，生产了四百二十五种农机具等产品，抽调了大批劳动力（约合二百多万个劳动日），和从社办企业利润中提取了一千四百多万元资金支援了农业生产。

在集体福利事业方面，今年 3 月以前，食堂就餐人数达三十万人，经过调整现有就餐人员七万三千人。托儿所、幼儿园 3 月以前收容儿童六万零五百一十三名，现收托五万零三百三十九名。服务网点现有二千五百二十四个，从业人员一万三千九百零九人。敬老院十九处，收容无依无靠的老人二百五十

＊　原件现存于上海市档案馆。

九人。此外,还兴办了大量的文化教育和卫生事业,有七万四千人参加了各种业余学习;现有中小学校一百六十九所,在校学生十四万多名;大力推行了"三统一,五结合"卫生保健工作经验,这对提高人民群众的政治觉悟、文化、技术和健康水平都起到了积极作用。

通过大办城市人民公社,特别是经过集体劳动和集体生活的锻炼,广大群众的精神面貌也发生深刻的变化,因而热爱党、热爱公社、劳动光荣、勤俭节约、团结互助的思想风尚大为发扬。

但是,由于我们对城市的复杂性认识不足,对现阶段的城市公社的任务和作用不够明确,因而,在实际工作中提出了某些过高、过急、过多、过快的要求,尤其是在组织群众生活上表现更为突出。如提出的公社"十网""一龙"的要求:市区有些部门则将一些事业(业务)过多地下放给公社,把公社当成了"万能服务部"。因而,增加了公社负担,不利于公社的发展、巩固和提高。

在工业生产中的主要问题是:由于原料、燃料供应不足,产品价格不尽合理,致使有30%的单位,陷于停产或半停产的状态,1、2月的产值仅完成四万零二百三十元,为去年11—12月份的40%。自年初以来,生产水平大幅度地下降,收入减少;另一方面,生活福利服务事业的方向不明确,管理不善,浪费很大。如有的大院办的食堂有80%是不参加生产的居民群众,真正需要入食堂的仅占20%左右。过去用于这方面的补贴费很大,如华山公社2月份补贴了一万多元,占当月的纯利润的56.7%。因此,在上述情况下,全市有三分之一的公社,曾一度出现了赤字。

在财务工作上,手续制度不严,缺乏经济核算观点,如有些本来曾由国家或地方财政开支的经费而都由公社负担,公社应该征收的某些款项而没有收上来。根据红旗、站前、大西等八个公社去年下半年的不完全统计,这方面的开支即达一百一十五万元。概括起来有三个方面:(一)市、区有关部门下放企业、事业和工作任务不拨或少拨经费,这方面有四十一万八千四百元;(二)委托公社代管、代办的各项事业,不给或少给公社报酬的有五十五万三千七百多元;(三)属于公社自己承揽的开支,有十七万七千一百零二元。在财务管理体制上,集中过多,致使社办企业、事业产生了供给制思想,如有的群众反映说:"花钱公社要,亏损公社报,要问谁当家? 谁也不知道。"

在"人人忙生产，户户无闲人"的口号下，曾经出现过为组织而组织的偏向。据对三个公社的调查，把7%左右的人不应该组织的也动员出来了。劳动力的使用和分布也不够合理，非生产人员过多。全市社办企、事业人员共十七万八千四百四十八人，非生产人员（包括管理干部、勤杂人员、炊事员、保育员等）占40%。个别的社办工厂管理干部和业务人员竟占33.7%。有的社办托儿组织，一名保育员平均看五、六个孩子，一名炊事员平均只作十几个人的饭。华山公社平安大院托儿所，三个保育员只看九个孩子，其中还有三个孩子是保育员自己的。

在体制存在的问题是：(1)党、社不分，党的事务主义很多；(2)管理机构庞大，编制偏多，一般的都在六十人左右，有的社还有黑干部多达二十人左右；(3)过去管理区的书记、主任，也是社办工厂的书记和厂长，政权工作和生产工作相互影响；(4)市、区各业务部门对公社如何进行领导还没有经验。

两年来，我市的城市人民公社化运动，在中央和省市委的领导下，运动的开展是健康的，发展是迅速的，成绩是伟大的，上述的问题只不过是一个指头的问题，是我们前进中的暂时困难。目前，我市各个公社正在贯彻执行市委城市人民公社领导小组召开的三次工作会议精神。当前，已出现了一片大好形势。现将我市三种不同类型的公社情况，做如下汇报。

全市有区以下的基层城市人民公社三十五个，其中：以工厂、企业为中心的二十四个；以机关、学校为中心的九个（机关为中心的六个）；以街道为主体的二个。此外，以农业为主的郊区公社有七个，现已划归郊区，由县领导。我市城市公社的发展，都是在原有街道社的基础上，于去年"五一"节以前建立起来的。城市公社的组织规模，人口最多的兴工公社有十二万三千五百八十九人；最少的东塔公社有三万二千一百二十四人；一般的平均人口均在六万五千人左右。公社下设管理区，现行管理区最大的三千多户，一万九千多人；小的二百八十户左右，一千五百人左右；一般的一千七百多户，七千五百人左右。管理区下设居民委员会，一般有一百五十户左右，居民委中以三十户左右划分若干个居民小组。

公社的经济性质是以社办企业为主的社有集体制。全市公社资金去年初有二亿九千万元，其中固定资产一亿一千万元，流动资金一亿八千万元，资金来源主要是依靠自力更生,社办企业、事业的内部积累。以公社的固定资产为例:公社资金占 98.78%,国营工厂、企业、机关、学校支援的占 1.05%,群众集资仅占 0.17%(今年内全部偿还)。

其次,是社以下的集体所有制,即:管理区领导下的自负盈亏的分散生产点,全市共有自负盈亏的生产点三百二十六个,人员达八千八百八十四人,去年产值八千多万元。

两年来,三种不同类型的城市公社都有了很大的发展,如:以街道为主体的红旗公社,现有一万七千三百八十三户,八万四千三百一十人,划分为十个管理区,参加公社各项劳动的人员一万一千名,有社办工厂十三个,车间五十四个,小组二百六十九个。去年完成产值六千三百多万元,利润达一千一百万元。产品三百二十四种(小商品一百九十六种),为工业服务的一百一十二种,为农业服务的十六种。今年一季度完成产值七百七十万元,利润达一百零一万元,品种一百八十七种(小商品一百五十七种)。短途运输不仅完成了该社范围内的粮、煤、商品和社办企业所需的任务,而且还抽调出 35% 的力量支援了市、区重点运输。在生活服务方面,有服务总站一个,下设十个分站,有一百一十个网点,服务人员九百六十人。托儿所、幼儿园三十二个,收托儿童三千七百二十四名。社办食堂二十一个,有三千多人就餐。主食品加工站三个,每日加工主食品一千五百多斤。还有三个敬老院,有三十六人。

文教卫生事业方面,有中学校一所,小学校六所,学生八千九百八十七人。业余红专学校五十四所,在学人数四千四百六十二人。有医院、产院各一个,保健所十个,医务人员三百五十五名。

随着生产的发展和生活福利、文教卫生事业的兴办,职工的文化和物质生活有了很大的提高。该社去年用于半费医疗的金额达五万一千五百三十二元;用于食堂、托儿所的工作人员的工资达三十一万八千二百五十六元,文教费十五万八千零七十一元;职工生活困难补助费为一万八千零三十八元,总计五十四万五千八百九十七元,按全社参加劳动的职工一万一千七百四十八人计算平均每人每年享受的各种福利待遇金达十五元。

综上所述,这种以地区为主,按"块块"组织起来的城市人民公社,既保持了原有的政权体系,又便于密切联系群众。既便于组织群众发展生产,兴办集体福利事业,又便于组织群众生活、普及教育,提高居民的文化水平,加强行政管理和社会主义改造等工作。因此,它既是政权组织也是经济组织,是具有政社合一的性质。两年来的实践证明:这种形式的公社,在我市组织城市人民公社的组织形式上较其他形式有着更大的现实性。

以国营工厂、企业为中心的公社,又有二种情况,即一厂一社和多厂一社。实际情况证明:一厂一社较好,因为居民都是工厂的职工家属,厂、社关系密切。在组织机构上有政、社、企合一的前进公社;有社、企分开的塔湾公社。两种体制各有不同,但工作上却较主动,成绩显著。塔湾公社在主体单位的帮助下,办起十六个小型工厂,去年为大工厂生产钢铁件三千一百七十吨,钢锻件一千五百六十一吨,白泥粉六千三百一十五吨,焦炭三千一百七十一吨,车刀、垫肩、手闷子二十三万多把(双)。公社还组织了为大厂服务的短途运输或从事大厂需要的临时辅助劳动。此外,在组织群众生活工作上也取得了巨大的成效。

另外,铁西区的保工公社是多厂一社的,有一万四千四百九十三户,八万多人,职工及其家属占95%,但多数不是该公社范围内厂矿的职工和家属,加上国营企业隶属关系复杂,工作性质不一,任务重,因而,积极性不高,作用不够显著,至于以机关、学校为主组织的城市公社,它的作用更不明显。因此,以多厂一社或以机关学校为主组织的城市人民公社,从我市的实际情况看来,与街道公社的作用差别不大,由于客观形势的发展和变化,以及地区条件、工作(业务)性质的不同,有必要根据实际情况,经过调查研究,进一步明确现阶段城市人民公社的任务,在体制上做一些必要调整,将会更好地发挥城市人民公社的积极作用。据此,我们认为:现阶段城市公社的基本任务应是以下几方面:

1. 以组织生产为中心,认真贯彻执行调整、巩固、充实、提高的方针,积极发展社办工业生产,修理服务和短途运输事业,并加强经营管理;

2. 安排好人民经济生活,组织各种集体福利事业,办好食堂、托儿所、幼儿园;

3. 开展文化教育和卫生工作,办好职工的业余教育,做好家属工作,搞好

公共卫生和防治疾病工作;

4.贯彻执行党的方针政策和政府的法令,组织地区性的行政工作;

5.进一步加强社会主义改造,认真贯彻阶级路线,加强人民民主专政;

6.积极参加改造旧城市和建设社会主义新城市的工作;

7.加强政治思想工作,不断提高群众的思想觉悟。

关于体制问题:

1.凡是以一厂为中心的公社,社内居民大部是本单位的职工及其家属,仍以该单位为中心,组织形式不变(如陵北、塔湾、东塔等公社)。

2.对于多厂一社,首先调整公社党委和公社管委会兼职的主要成员,实践证明,大厂党委书记、厂长兼公社第一书记或社长,确有困难,自建社以来,兼职的第一书记,很少参加会议,有的甚至一次也没有参加;公社党委书记每次向他们汇报工作时,大厂书记常常检讨关心公社不够,而公社的专职书记,则检讨及时反映和汇报情况不够,这已形成相互之间的开头语,因此,我们认为公社党委第一书记,由公社专职干部担任,吸收有关单位管生活的党委书记、厂长或工会主席参加公社党委会、公社管委会为委员或兼任公社的书记、副社长。对主体单位迁出原有公社范围的和作用不大的其他形式公社,经过充分酝酿,可以改为以街道为主体的公社。

3.有农业生产队的城市公社,目前看来牵扯精力过大,如我市辽沈公社成年要以三分之二的领导力量抓农业生产,而且抽调城市工业生产资金五十多万元投资了农业生产,这就占用了城市公社过多的资金和人力。为此,应本着有利于巩固、提高城市公社,有利于发展农业生产为原则,将原来的农业生产队划归农村公社领导或单独建立公社。

4.公社对国营企业、事业单位的"双重领导"内容亦应进一步明确。在厂、社关系上,曾规定,国营企、事业单位入社后,"原管理体制不变,工资福利制度不变,业务领导关系不变,经济上实行两本账,与公社经济互不混淆。在行政工作上,除地区性的工作由公社统一领导外,其它各项工作仍受上级主管部门领导。党的关系除受基层公社统一领导外,同时受上级党委的双重领导。"并规定国营工厂对社办工业实行"四包":包技术业务培训;包供应边角废料;包支援设备;包企业管理指导。公社对国营工厂也要实行"四包":包组织职工生活;包运输与安排劳动力;包加工订货;包短途运输。现在看起来,有许多不够切合实际之点,口气大了一些。

现在看来公社对国营企业、事业单位,实行双重领导的基本内容是:组织公社范围内可能组织的生产协作;地区的行政工作和政治活动;以及市、区临时完成公社执行的工作任务。

根据便于领导,有利生产(工作)、方便群众的原则,适当调整下放给公社管理的企业、事业和下交给公社的任务。凡是由市、区管理方便,而由公社管理确有实际困难的,应予收回,由市、区有关部门管理。但有的党的关系仍可由公社党委领导,以利公社党委统一安排地区性的工作。例如商业网点问题,商业部门把商品分配交给公社管,公社工作很被动,我们认为:这一工作仍交回商业部门管为宜,公社组织群众性的监督,并积极协助有关部门把这一工作做好。为便于工作,有的商业单位党的关系还可以下放公社领导。

管理区是公社的派出机构。它的基本任务是:推行政府工作和贯彻执行党的方针政策;在公社的统一领导和规划下,组织小型、分散的和自负盈亏的生产、服务事业;组织群众的集体生活;指导居民委员会的工作;反映居民群众的意见和要求。它的规模范围,应根据便于领导,利于生产,利于组织生活,利于团结,不宜过大,一般以一千五百户左右为宜。

管理区下设居民委员会,它是群众性的自治组织。它的规模大小,应本着便于领导、方便群众的原则,照顾地区条件和历史关系,适当确定,一般在一百五十户左右为宜。居民委的基本任务是:办理有关居民的有关公共福利事项;向当地人委或公社反映居民的意见和要求;动员居民响应政府号召并遵守政府法令;领导群众性的治安保卫工作;调解居民间的纠纷。居民委应根据具体情况,划分若干个居民组。居民组的规模一般的以二十户左右为宜。

5.在财务体制上,据我市情况将逐步实行两级(公社、管理区)管理,两级核算。在收支管理上公社对直属企业实行利润、折旧上缴,企业按比例留成,核定资金定额,基建拨款的办法;对直属事业单位实行核定收支,以收抵支,结余留用的办法;对管理区逐步实行核定收支任务,收支相抵后,余额中的一部分上缴公社。管理区对直属的企、事业应参照上述办法处理，对自负盈亏的分散生产的小组加以领导和管理，提取一定比例的管理费，开始不提或少提为宜，以扶助其发展。

全总党组城市人民公社工作办公室

一九六一年六月九日

武汉市城市人民公社工作的基本情况[*]

——6月7日陈皙同志在座谈会上发言记录

（一九六一年六月十二日）

武汉市人口有二百四十多万人（市区有二百一十多万人，市郊有三十万人）。我市城市人民公社工作是 1958 年街道大办工业和集体生活福利事业的基础上发展起来的。当时在九条街先后试办了九个小型的人民公社。经过1958 年、1959 年两年持续大跃进和社会主义教育运动，在街道涌现了以生产为中心全面组织人民经济生活的新高潮，为普遍兴办城市人民公社创造了物质基础和思想基础。1960 年 4 月，根据中央的指示，在省委的正确领导下，我市全面开展了城市人民公社化运动。在公社化运动中，首先建立了各级党的领导机构，加强党对公社工作的领导。在实际建社工作中紧紧地抓住以思想运动为纲，以发展生产为中心，首先组织生产，紧跟组织生活，放手发动群众，多作实际工作，从而使公社化的群众运动既轰轰烈烈又扎扎实实地向前发展。全市以原有的市区和新工业区为单位，以大型工厂、企业、机关、学校为骨干，并从近郊划入若干农业区，筹建了九个大型的城市人民公社，其中以大厂为中心的二个，以机关学校为主的二个，以原来的市区街道为基础的五个，关山、洪山两个人民公社现已合并，目前全市实为八个人民公社（现仍未正式成立）。在公社以下，按照同样的原则，大体上以原来的街道范围或二条半街道合并设立分社，以两、三个居委会的范围设立管理区。全市共建立了五十八个分社（包括十一个农业分社）和二百九十二个管理区（不包括农业分社的管理区）。

城市人民公社和农村人民公社一样，是我国政治经济发展的必然产物，是

---

* 原件现存于上海市档案馆。

贯彻执行党的总路线的结果,在它的筹建和短短的发展过程中,已经显示出它的巨大作用。

从生产和生活上把城市居民进一步组织起来了,促进了生产力的迅速发展。全市民办工业已由 1958 年开办时一百一十三个小型厂(组),经几次整顿,发展到现在具有一定规模的社办工厂六百一十个,职工由开办时一千三百二十七人发展到现在有三万八千五百八十八人,资金由 1958 年底二百四十六万九千元,增长到现在二千零五十万元(固定资金七百零二万元,流动资金一千三百四十八万元),产品品种有很大增长,产值由 1958 年三千七百零八万元,增长到去年一年即达二亿六千五百一十万元,两年来为国家上缴利润共达六百二十七万三千元(1959 年二百六十一万三千元,1960 年三百六十六万元)。社办工业的发展,无论在支援工农业生产、满足城乡人民生活的需要,增长社会物资财富,解放妇女劳动力,改造个体经济,提高群众觉悟和人民生活水平等方面都起了很大的作用,特别是为今后发展城市日用工业品生产奠定了一支极重要的新生力量。

随着生产的发展,各项集体生活福利服务事业也有了迅速的发展。截至 1960 年底,全市街办公共食堂二千八百零一个,入伙人数五十五万多人,工作人员一万五千二百三十一人,托幼组织三千零十九个,保洁人员一万零一百九十九人,入托入园儿童七万余人。其他如服务站,文教卫生事业也有很大发展。目前,这些集体福利事业仍继续不断整顿,统计数字也在变化。集体福利事业的兴办为广大家庭妇女参加社会劳动创造了有利条件,同时也使社会闲散劳动力和辅助劳动力得到了就业的机会。三年来,我市共解放劳动力十九万八千四百六十二人,其中家庭妇女达十二万八千八百六十六人,这些人中:参加社办事业的九万一千四百二十四人;参加合作组织的二万零七百零八人,输送国、合营企业的七万五千九百五十六人,支援农业生产的一万零七百三十七人。这就充分挖掘和利用了城市中的各种潜力调动一切积极因素,为社会主义建设服务。

在公社化运动中,人们的精神面貌也发生了深刻的变化,觉悟程度有了很大的提高,团结互助,热爱集体的新风尚逐步形成。对于改造旧的城市和建设社会主义的新城市已经或将要发生深远的影响。

总的说来,城市公社工作成绩是巨大的,但也遇到一些问题,我们现在正继续深入发动群众,了解情况,研究解决问题,进行整改。现将当前工作中遇到的几个问题,汇报如下。

一、关于公社的体制规模问题

我市去年筹建的三级人民公社(公社、分社、管理区),经过一年的实践看来与现在实际情况不相适应,以区为单位建立公社,规模大,管辖范围广,难于管理。以厂矿或机关为主建立的公社更难于管理,大厂或机关的负责人分级参加公社、分社、管理区的领导,更是表现头绪多,研究街道工作,无有共同语言。去年5—6月份公社开党委会,有关单位参加的人员还到齐,以后人到不齐,会就不好开了。实际上发挥领导作用的是区委和人委,大厂的负责人只是管大厂,公社党委会和筹委会实效不大,工作不太顺当,大厂、机关领导人参加公社党委会感到会议多,有负担。当然,大厂参加公社也有好处,加强了区和大厂的联系,大厂支援公社边材废料,公社给大厂输送劳动力,组织人力为大厂服务。如紫阳分社为造船厂加工的产值有四十多万元,支援劳动力一万一千人次,大厂支援分社五万元的设备,供给边材二万多吨,海飞分社培训了技工,厂、社的协作大大发扬。但公社对造船厂的计划是包不了的,大厂的生产协作涉及全国各地,公社只是组织为大厂服务有一定效果。

公社的工作体现作用显明的是分社。分社是在 1958—1959 年合并大街的基础上建立的,最大约有七万人(二条半或三条街合并的),平均约有四万人。去年又下放一些副食品、饮食、服务等行业和文教事业,个别区属厂也下放给了分社。因而,分社除了领导民办工业,集体福利事业和街道办事处的工作外,又增加了不少的任务。这样分社任务繁重,管理面广,机构也就庞大了。1958 年办事处的干部平均有十三人,现在公社则有四十多个干部,如利济分社就有四十三人。办事处原设有党总支,而现在分社则有党委会,党委会除设立组织、宣传二部外,还设有工交、财贸、武装、副业、文教、卫生、公安(派出所兼)等办公室,干部编制远远超过规定的二十六人的数额,分社下的管理区机构也不小,管理区原编制规定设支书、主任和秘书各一人,而实有干部数有的已达十六人之多,他们的任务也是很繁重,忙于生产、生活、计划分配和票证工作,开了不少证明,打了不少介绍信。如去年 12 月有个管理区就接到上边布置的摸底任务十二个,干部和积极分子都忙于这些工作。管理区任务重、机构大,不但设办公室,而且有电话、自行车,办事也机关化了。抓了生产、生活工作,就丢掉或疏忽政权工作和对居民政治思想工作。如几年来,在广大居民妇女中起着积极作用的贯彻"五好",勤俭持家等教育工作有所放松。管理区建立后,居委会划大又未很好发挥其作用,群众感到很不方便。如物资供应分配和日常需要出具证明,均要通过两、三层手续,所以许多群众迫切需要解决的问题一时得不到解决。武昌有的群众说:"过去干部都是'活字典',说什么就解决什么,现在干部是'算盘子'(不拨不动)"。有的群众干部说"过去街办事处范围小,串门子就串到办事处了。每天总到办事处几次,现在分社范围大,机关化了,我们还有家务去了也解决不了问题。"上边千条线下边一根针,任务重头绪多,干部精力确有些顾不来。

因此必须调整公社体制,根据发动群众,揭开盖子提出的意见,从有利组织生产、生活,和方便群众出发,分社规模不宜过大。

对调整现在各级公社的体制和规模,我们的意见是:去年以区为单位筹建的城市人民公社,仍挂二个牌子,但实际仍恢复原区委和区人委的职能,按照这个职能进行工作;分社的体制规模、任务和职责范围加以缩小,基本上恢复到同 1957 年原街道办事处一样,分社的牌子不动,组织规模适当调整划分,一般按四、五千户,二、三万人组成,取消分社一级党委,成立总支委员会,成立团总支和妇联组织,撤销原建制管理区一级组织,恢复居民委员会。

调整后的分社,人员编制一般按十一至十五人配备,分社的办公费用和工作人员的工资由区人民委员会统一拨发。这样,城区原来的四十七个分社,调整后建立八十一个分社(不算农村分社)。把原下放的区属工厂、企业和合营企业,以及有关财贸,文教等单位,归口,交区领导,以利于对企业直接领导,专业管理,统筹规划,全面安排。今后分社的任务除应做好城市街道办事处组织条例所规定的几项任务外,根据几年来城市街道发展情况,还应做好以下七项工作:

（一）加强政治思想教育工作。

（二）加强市场管理。监督各级服务部门的工作人员改进经营作风，提高服务质量。

（三）加强对民办食堂、托幼等集体福利事业的领导，并积极组织居民群众搞好家庭副业生产。

（四）积极发动群众加强对小商小贩或其他个体劳动者的政治思想改造工作。

（五）组织和领导地区性和群众性的治安保卫工作和文教卫生工作。

（六）推行"五好"、贯彻"三勤"方针（五好即：政治挂帅思想好、勤劳生产工作好、勤俭生活安排好、学习和教育孩子好、团结互助安全卫生好，三勤即：勤俭建国、勤俭办一切事业、勤俭持家）。

（七）做好调解纠纷和社会救济等各项民政工作。

居委会规划为一百五十至五百户，下设若干居民小组（一般以三十至六十户组成），并与民警管理段对口。

分社与区的有关业务部门的关系是条条的业务领导关系，各项工作以分社块块领导为主，由分社统一安排，重大的中心工作由区人委统一布置，业务部门不能自行向分社及居委会布置工作，否则有权拒绝。

分社与辖区内的大厂、企业等全民所有制单位在组织上保持各自独立，有关系的会议可派代表参加，进行协作应本着自愿互利和等价交换的原则办事，但这些单位应遵守分社有关地区性的公共利益的决议和公约。

二、关于社办工业问题

社办工业在生产方向上，有些工厂由于不从实际出发，会一度盲目贪大求洋，片面追求产值，忽视小商品生产，因而大的搞不了，小的又丢掉了，以致目前有一部分工厂生产处于比较困难的状况，在全市六百一十个社办工厂中：生产正常和基本正常的四百三十个，占70.6%；生产不正常的一百三十二个，占21.6%；已经停工的四十七个，占7.7%。生产不正常和停工的工厂，虽然有多方面的原因,有一部分是原材料暂时困难和产品质量低劣,技术不能过关或因季节关系的影响,但不少工厂是生产方向经营管理有问题,如两口利济分社跃进化工厂,是由家庭妇女办起来的,原生产哈利油、冰片粉、雪花膏等简易日用化妆品,自产自销,生产正常,但后来却要大局大厂才能搞的"皂素"生产,结果制出成品市场没有人购买,仅原材料浪费四千多元,只好被迫停产。

过去由于贪大求洋,对居委会办起的工业大合大并有二次。1958 年一次,把"各负盈亏"的生产组提为街道工业"共负盈亏"。1960 年又合并一次,分社又提一部分管理区的工业。现在看有的合并是对的,有的不对,如制锁的与搞猪鬃的也合在一起。在小集体过渡到大集体,有些对所有制问题处理不够合适,特别是由于实行了"统一领导、分别核算、共负盈亏"的管理办法,管得过死,影响了群众和企业干部的积极性。

在积累与分配方面,积累多了,有些平均主义现象。

利济分社原规定的"三三两两"利润分配制度(上交手工业局 30%,用于企业扩大再生产 30%,上交税 20%,用于企业集体福利 20%),执行得不好,1960 年利润收入只有十五万八千三百九十二元,完全用于扩大再生产了,实际支出达六十八万六千八百一十四元,超过了四倍多,扩大再生产多了。在集体福利事业上,社办工业职工享受得少,国营和合营工厂的职工家属享受得多,集体的经济办了全民的事情。其他的分社也是积累多,除上交 20% 利润的所得税外,大部分利润上交公社和分社(70%—80%,有的规定 100% 或 90%上交)。但具体执行当中,企业实际并未按规定执行,普遍欠交。这样,一方面社办工业利润按规定是全部上交,使企业感到对利润使用既无权又无钱,甚至有的工厂厂长对五元以上的零星购置费也当不了家,大、小事要请示分社批准,但另一方面企业以大量欠交或打借条作抵交利润,从而将现金留于企业本身周转。武昌紫阳分社十七个社办工厂,1960 年利润三十万零一千七百四十三元,按规定 90% 上交,应为二十七万四千三百一十二元,实际收交了十四万六千九百一十九元,占应交数的 53.6%。有的根本未交,交了的说自己是"白干一场"。少交或不交的,有的是交不起,有的不愿交。工厂干部认为分社是"只收钱不管钱";在盈余分配上也不够合理,用于扩大再生产的部分,是按照各厂发展前途大小而不是按照各厂生产经营的好坏,由分社统一调配使用的,这样职工对工厂盈亏，成本核算不象1958年开办时那样关心了，有的工厂积累很多，得到投资很少，有的工厂亏本，而月月由分社照发工资。

社办工业的工资，当前总的水平是合理的（平均月工资约为三十三元），一般接近或略低于国营企业工资水平，也有的偏高，少数的偏低，但工资制度比较混乱，这是个长期没有解决的问题。根据民权、紫阳、利济三个分析典型调查，工资形式主要是月薪制，平均月工资水平为三十三到三十六元，但最高有一百四十元，最低只拿十六元，高低悬殊很不合理，没有贯彻"按劳分配，多劳多得"的原则。另外没有根据不同的工厂采取不同工资形式，有的工厂产品不能纳入国家计划，原材料没有保证，生产不稳定，主要靠手工操作，实行固定工资，活多时不能多劳多得，活少或无活时工资照发，造成企业亏本，不能充分调动职工积极性。还有为数不少的徒工工资，从进厂以来没有调整，现在还是十八至二十多元的工资，形成同工不同酬，不利于生产，不利于职工团结。有的徒工进厂二、三年，技术有很大提高，工资未调整，能做的活也不愿做，甚至有的说："我是青工做青工活"。

根据"调整、巩固、充实、提高"的八字方针，我们正在本着"三坚持四有利"（坚持社会主义、坚持总路线、坚持阶级路线，有利于生产、有利于国家、有利于集体、有利于个人）的原则，先放后管，狠抓政策，放手发动群众，必须要对社办企业进行大整大改，整改是按一个行业一个工厂具体分析进行调整，做法主要根据以下五点：（一）对有些工厂一时没有原材料生产的，就采取暂时关起来；（二）对原来大合大并合得不恰当的工厂分别拆开重新加以组织；（三）规模过大跑得太快的工厂把规模缩小；（四）对性质和品种基本相同的小型工厂适当地加以调整合并；（五）产品全部或大部定型，有一定技术力量和设备，已纳入国家计划，原材料基本有保证的厂，要保留。按照上述原则调整之后，社办企业除个别升为合作工厂或社办工厂外，一般都分别改为合作社或合作小组，实行统一领导，分散经营，独立核算，各负盈亏。为了适应社办工厂整改后的要求，各区在手管局下面成立若干个专业公司，以便加强对这些合作社、组的领导，调整归口管理后，分社再不管这方面工作。关于合作社、组职工工资支付形式，主要是贯彻"按劳付酬多劳多得"的政策。具体的说，要适合不同特点，多种多样，一般应采取计时为主，计件为辅，定额定时，超额加奖的办法,但对服务性的行业或生产技术简单的合作社、组或工种,也可以多搞些计件工资。总之要从实际情况出发,达到更有效地调动职工群众积极性,有利于发展生产和改善经营管理为目的。据最近在曙光分社白铁厂的整改试点情况看,改为合作社后,情况大变。整厂前上班铃响了半天,车间还听不到锤子声,下班铃未响工人就洗手吃饭,现在是上班时间未到,工人就到了车间,下班铃响了很久,工人还舍不得丢开锤子。这个厂王则发小组十人,过去每天只做四十个水溜子,现在做一百零一个,提高工效一倍半。整厂后群众的生产积极性被充分地调动起来,促进了生产的发展。

三、食堂问题

随着工业及各项事业跃进,劳动力大大解放。1958 年 5 月开始有民办食堂,从无到有,从小到大,从简到繁,逐步发展起来。农村公社贯彻六十条后,食堂与托幼工作问题,很快反映到城市来,城市的居民食堂还办不办? 成了人们议论的问题。根据调查,目前有一部分人是迫切需要入食堂的。这部分人是:双职工的家属(学生、老人);单身职工;家距工厂远或厂内无食堂的双职工;孤独病残人员;家中人口多或家庭不和,为了好控制定量、愿意个人吃个人的。从竹子厂管理区卧佛奄第九组居民入伙情况来看,入伙人数是有变化的。该组入食堂的达一百四十四人,占总人数的 70% 多(国营企、事业职工七人;集体所有制企、事业职工二十七人;大、中、小学生四十三人;学龄前儿童五十人;无固定职业的十八人;老弱病残六人)。入食堂的主要原因:一是无法自行开伙,需入食堂,自愿入食堂的有七十二人,占总入伙人数的 50%;一是自己可以开伙,也无入食堂的要求,但由于办食堂时有些强迫命令,他们怕不入食堂说他们落后,勉强入了食堂,这部分人也有七十二人,占 50%。1960 年 9、10 月,批判了强迫命令和所谓优厚供应食堂的现象,强调了"大集体小自由,自愿参加"的原则后,入伙人数开始下降,到 1961 年 3 月止,退出了一百一十七人,占当时入伙人数的 48%(其中,因食堂的定量不足和服务态度不好,退出十六人;压缩劳动力回家的二十八人;吃不起食堂的二十四人;过去勉强入食堂的四十九人）。现在，揭开了盖子，还剩下二十八人，占小组总人数二百零八人的 13.46%，其中，国营企、事业职工二人；集体所有制企、事业职工八人；大、中、小学生十三人；学龄前儿童四人；老人一人。

根据当前情况看来，过去在办食堂中是有些问题：（一）曾片面强调了生产集体，生活也要集体，将不需要入食堂的也组织进来，并采取一些优先集体的办法，个别地方还采取了"统"的办法，违背了自愿原则；（二）不从实际需要、当前经济基础和管理水平出发，有的搞得大了些，不方便群众；不切实际地搞机械化，搞了闲着，浪费了人力物力；由原来的自负盈亏，改成分社包办，共负盈亏，勤俭办事业的方针贯彻得不够了。干部下食堂，书记下伙房，费了很大力量，经过几次整顿，群众还是不称心。有些民办食堂，过去是很好的。如宝善分社安乐中心食堂是 1958 年 6 月由附近居民和几个小厂自愿结合办起来的。自吃自办，一切不离勤俭两字，一直保持自给自足，工作人员干劲越来越大，入伙人越来越多，一般的保持二百七十至二百八十人入伙，有时还达三百人。自 1960 年 6 月被管理区统起来后，从此食堂的性质变成了"官办"，分社共负盈亏；工作人员找到了"靠山"，服务质量降低了，服务态度变坏了，还月月亏本。从 1960 年 6 月至 1961 年 4 月，这 11 个月中，仅分社补贴他们的工资开支就有一千三百三十元；还添置设备花了一千多元。分社补了钱，入伙人又不满，炊管人员还觉得两头受气。从 1961 年 4 月底起，入伙人数下降到二百人左右。再办下去，不仅炊管人员不满，入伙人不满，分社也感到"包袱"越背越重。从今年 4 月底，分社党委初步提出，食堂要单独核算，自负盈亏。开始，炊管人员不同意，经过鸣放，打通了思想，确定办下去，改进方法，提高服务质量，实行"自愿参加，自由结合，单独核算，自负盈亏"的原则，现在，有很大变化：

1. 真正做到了群众吃食堂、群众办食堂、群众管食堂。过去，一切由管理区包办，现在是民主管理。饭钵子，过去是月月买，月月差，四月份买了三百多个，不到几天丢光了，现在是通过民主管理委员会组织群众在食堂值班，再也不丢了。过去，食堂不问成本，不管核算，不计盈亏，现在建立了物资收发与保管制度，加强了成本核算，实现了粮、票、钱三对口。五月份不仅能自给自足，还有结余。

2.人人当家,个个作主,事事关心,处处节约。炊管人员都关心入伙人数的增加,过去,入伙人少,正好,人少了可以少干事。现在在开支上也能千方百计地节约,过去买菜不管贵贱好坏,现在起早到菜场勤跑多问,价高了,大家都有意见。采购员买完了东西,还干别的事。现在比过去每天节煤一百多斤,用水和用电也节约了。

3.团结一致,积极主动,以前十一人十一条心,现在八人一条心,改变了有事无人做的局面。一人多艺,活儿不落地的局面已开始形成。

4.热心诚恳,方便群众。做到了饭菜到口,随到随吃,自由选购。以前卖饭到六点止,现在到八点后也可以吃饭。入伙人数由二百二十人,又逐步增加到三百多人,超过了原来的最高水平。炊管人员更是越干越带劲,搭伙人员也越来越满意,分社丢了"包袱"一身轻,使"三不满"变成了三满意!

从过去办食堂的经验教训来看,过去有三种情况:分社共负盈亏;差额补助;自给自足。从效果来看,自给自足的受群众欢迎。如国庆第二食堂,是1960年3月办起来的,它是竹子厂管理区六个食堂中较好的一个。最初六十人入伙,到8月份发展为七百多人,到年底一直稳定在五百多人。在这个时期内,收支一直平衡,月月稍有结余,到年底结余七百多元。从1961年以来,集市开放,压缩了一些劳动力,到今年4月底,还剩一百六十七人入伙,还能自给自足。

今后如何办好食堂,有以下意见:

1.坚持"自愿参加,自由结合,灵活多样,方便群众,单独核算,加强领导"的原则。

2.食堂的规模,应从方便群众、便于管理出发,以小型、简易为主,不宜过大,搭伙人员必须固定。

3.食堂的形式可以多种多样,根据具体情况和居民要求,可办小型的、简易的或主副食加工站等。居民可搭全伙或者半伙,也可吃饭不吃菜或者吃菜不吃饭等。无论何种形式,均由群众自己决定,入伙手续必须简便。

4.按照"单独核算,自负盈亏"的原则,谁吃谁办,经营管理费由搭伙人负担,收费标准由群众讨论决定。民办食堂不得对外营业。

5.坚持勤俭办一切事业的方针,因陋就简、因地制宜,力求降低成本,节约开支。民办食堂不得向群众派款或发动群众捐献炊具等物资。

6.实行民主管理,建立民主管理委员会,由搭伙人与食堂工作人员推选代表若干人组成,定期向群众公布账目,严格执行各项财务制度,拒绝污染浪费现象。

7.食堂工作人员,必由历史清楚、政治可靠、大公无私、热爱食堂工作、无传染病的职工家属及其他劳动人民担任。他们的工资待遇,实行"按劳分配,多劳多得"的原则,工资形式和标准,由民主管理委员会或搭伙人评鉴。

8.应当因地制宜,尽可能搞好副业生产,力求改善群众生活,副业生产的产品,均由食堂自己支配,归搭伙人享受。

9.民办食堂由分社和居民委员会加强领导。

四、托幼工作问题

托幼园所,根据调查,当前是急需调整办好的问题。有些急需入托的人尚未入托,要求入托的比要求入食堂的更迫切。不解决将直接关系职工生产及身体健康和托幼的保教问题。

过去,在托幼工作方面,也有三种情况:一是分社共负盈亏;二是差额补助;三是自给自足。从当前的经济基础和群众觉悟水平来看,特别是根据当前经济情况,不应当包得过多。如黄鹤楼分社跃进幼儿园,由1953年成立儿童会,1956年建立简易幼儿园,开始工作人员三个月不要工资,到年底才拿八至十元的工资。工作人员积极性很高,收托的孩子不断增加,因而工作人员的工资也相应地增加到十五元。1959年改为较正规的幼儿园,工作人员的积极性更高,经常听取家长意见,不断改进园内工作,工作人员的工资逐渐增加到三十元,还添置了不少设备,如桌、椅、床、风琴以及其他用具共达八百多元。入托儿童由二十个增加到七十个,由1960年4月改为社办了,一切由分社包下来,工作人员的思想也随着起了变化,认为"反正到时候拿工资",工作责任心减低,以致发生一些责任事故,工作人员的劳动纪律松懈了,经常迟到早退,有的经常不上班,人力浪费很大。原来两个工作人员带四十八个孩子,后来七个工作人员带六十多个孩子。从改为社办后,不但无分文积累,而且每月分社还要补贴四十多元工资。从社办到现在,分社共补贴了八百九十六元。该园从今年4月起又改为公社领导,群众自办,工作人员由10人减去3人,基本上可以自给,保教水平及服务质量也都有好转,开支也能精打细算了。现在五个工作人员带六十一个孩子,每月可收入一百八十多元,除存备用金三十元和房租、水电费外,还剩一百五十元。每人每月平均可得工资三十元左右。达到了有利于国家,有利于群众,有利于个人。一贯由群众自办,坚持勤俭办园的方针,自给自足的也有。如营房街幼儿园,从1955年开办以来,已七年多了,一直是勤俭办园。1960年分社想接过来,人家不同意,未接过来,该园附近,有大厂的职工家属,大厂及职工家属,对它有些帮助,目前已将简易幼儿园变成了较正规的幼儿园,在群众中扎下了根,要求送子女入托的人很多,七年来一直自给自足,这次通过整改,该园的积极性更高了。正在想方设法方便群众,支援生产。分社对它加强政治思想和业务指导,组织学习党的政策和毛主席著作,学习先进园所经验,开展评比竞赛等。坚持依靠她们自办、自筹、自负盈亏,在增加收入的基础上提高工资。她们的工资水平,由尽义务到有工资,由五元、十元逐步增加到二十四元。

今后如何办好托幼园所?我们酝酿的意见如下:

(一)本着"自愿参加,自由结合,灵活多样,方便群众,单独核算,加强领导"的原则,办好园所。

(二)园所的规模,要根据便利群众的原则和具体条件决定。一般宜小不宜大,形式可以多种多样:有大的高标准的,有中、小的低标准的,也可以有分散的包托;有全托的,半托的,也有常年的,临时的;有搭全伙、半伙、早点的,也有不搭伙的;有各单位自办的,联合办的,也有居民群众自愿结合起来办的;或单位与街道居民合办的。

(三)必须坚持勤俭办园所的方针,坚持"自筹、自办、自劳、自得"的原则,实行单独核算,自负盈亏,分社不提成,也不补贴。

(四)根据园所的条件好坏,保教水平高低,服务质量的优劣,制定不同的收费标准,但不宜悬殊过大。园所应当努力提高服务质量,扩大定额,改善管理方法,力求节约开支与降低收费标准。

（五）保教人员的工资，根据政治挂帅与物资鼓励相结合的原则，按照不同分工、业务水平、服务质量与服务态度评定工资，克服工资上的平均主义。

（六）必须坚持民主管理制度。建立保教委员会，由分社、居民委员会、家长、保教人员等有关方面的人员组成，负责领导园所工作。

（七）加强政治思想领导，组织经验交流、开展评比竞赛，园所的领导权必须掌握在职工家属和其他劳动人民手中。

当前整改中存在的几个问题：

（一）有些分社干部不安心工作，这些同志是在成立公社时调来的。有的认为"街道工作婆婆妈妈，搞不出名堂"留在分社，心情还不够舒畅。

（二）调整社办企业中，有随意增加工资的现象。江岸红旗分社红星机械厂有职工一百二十一人，在调整工资形式时，就有六十二人增加了工资，其中五个行政管理人员，最多的增加了十九元，最少的增加了十五元。增加部分占本人工资的31.4%到39.5%。

（三）关于居民委员会的人选及待遇问题。

1957年以前搞居委会工作的，多是青壮年妇女，这些人差不多都参加了工作。现在是老人多，或者是年青的家务重的基本群众，而且不少人已参加了工作，有了收入，如果居委会人员是纯粹尽义务，有的人就不愿做这项工作。据桥口区调整的十四个分社一百五十八个居委会的调查，有正副主任一千零三人，其中原来拿工资的有三百七十七人，平均工资是十八元九角九分，最高的六十元，最低的五元。从这一千零三人的生活水平来看，平均生活费十元以下的二百四十四人，占24.33%；十一元至十五元的三百一十五人，占31.41%，十六元以上的四百四十四人，占44.26%。1958年前，八元以下的户，享受职工补助，现在十元以下的生活比较困难。关于居民委员会主任脱产与不脱产的问题，有二种意见，一是纯粹义务，兼顾家务；一是半脱产，因实际工作形成了半脱产。对这些人员的补贴问题尚在研究。

在健全居委会选举委员时，有个别不纯分子当选为委员，因此必须要坚持阶级路线。

（四）在集体福利事业单位中，特别是民办食堂，对于做到自给自足，有的还信心不足。有的抱试一试的态度；有的怕拿不到工资，有的怕出力不讨好；

个别的想另找门路,如想对外供早点、开茶馆、卖冰棒,以增加食堂收入。这样做,实质上改变了食堂的性质,不能办好食堂。有些生活困难的工作人员想干下去,生活好的想走;年老体弱的想干下去,年轻力壮的想走,但又怕走了以后降低粮食定量标准,又怕以后不好找工作。

(五)财产清理工作还相当复杂,既有共产风问题,也有其他问题,涉及国家、集体、个人几个方面,如何赔退现在正在调查研究中。

全总党组城市人民公社工作办公室

一九六一年六月十二日

各组座谈纪要（一）[*]

（一九六一年六月十三日）

华北、西南组

关于"政社合一"问题的讨论

北京市王瑛璞同志：

公社的性质是什么呢？我们认为在很长的历史时期内，它是社会主义的集体经济组织，不能代替政权职能。但目前可以叫做公社。它是组织生产的一个步骤，一个过渡阶段，是公社的低级形式。

当前公社的主要任务有以下几点：搞好生产、办好集体福利事业；加强对生产人员的教育工作，提高他们的政治、文化、技术水平，提高他们的觉悟程度与组织程度。当前还必须根据党的"八字"方针，对公社的各项事业进行调整、巩固，为将来的公社打基础。

这是从北京的实践中认识到的。北京市共有四十八个公社，其中：街道公社三十五个，以大厂为中心的三个，在工矿区建立的职工家属为主的十个。根据二龙路公社（街道公社）的调查，共组织了四千多街道闲散劳动力，90%是妇女。建社以前，有一部分资产阶级分子及其家属参加了街道生产组织，建社时，没有吸收他们参加。

在组织公社时，没有打乱或取消公安派出所、街道办事处和居委会，公社

＊ 原件现存于上海市档案馆。

是按街道办事处管理范围建立的。公社地区内的国营工厂、企业、机关、学校没有入社。

公社与街道办事处是一套干部、两块牌子，工作是有分工、有结合。办事处主任兼任公社主任，社管委会下设几个组（部），有一个办公室，配备了十来个干部专管原街道办事处的一套工作。党委是一个，统一领导公社工作和街道办事处工作。

就以生产情况看，不是政社合一，也没有办法合一。这是由于：

一、城市中的政权组织必须依靠国家机关、企业、学校，但这些单位却没有入社；公社组织的只是街道中的一部分居民。从二龙路公社看，他们仅占闲散劳动力的53%，占管内居民总数的5.5%。如果说公社起着政权作用，那么由谁当政，应依靠谁，这是个大问题。

二、街道办事处不是一级政权组织。因此不能说二龙路公社实际上是政社合一了。它只是工作上的合一，也不能说街道办事处主任兼公社主任就是政社合一，象彭真市长也兼市委第一书记，这能说市委与市人委合一吗？当然也不能。

公社是否是社会基层单位，我们弄不大清楚，问到一些同志，说没有建立公社时，工厂、医院、大商店等都可算作社会基层单位，如果这样解释，公社也是社会基层单位。

大家对王瑛璞同志的发言很感兴趣，提出了一些问题。诸如：如果说公社是集体经济组织，它与生产合作社有何不同？二龙路公社有无政社合一的因素？吸收大厂、机关、学校入社有何不利？二龙路公社是在过去的生产服务社的基础上发展起来的。那么，公社同它有何不同？等等。北京市的同志对这些问题都说明情况，作了解答。

太原市骆奎英同志：

政社合一，即政权与公社合一。"政"必须是一级政权（如区或市），才叫政社合一。太原市在刚建社时，曾撤销了区，实行一套机构、一套人马。最近又恢复了区，并在比办事处较大的范围内建立了公社，执行了街道办事处赋予的职能，这样的公社，还是属于政社合一性质的，但不完备。

过去以区建社并撤销区之后，产生了一些问题：一、摊子大，地面广，领导不便，群众也不方便；二、工农商学兵，农林牧副渔无所不包，因此，分散了领导精力，顾此失彼；三、阶级关系复杂，统战政策不好贯彻；四、由社员选举人民代表的做法有问题，特别由于社员资格和公民资格不一致（年龄相差两岁），选举时很被动。今年改为"小社"之后，看来上述问题可以解决。

（四川省江思源同志就公社的工作对象、政社不合一能否叫公社和公社是否是社会基层组织等问题发了言。）

华中、中南组

关于"政社合一"问题的讨论

上海汤桂芬同志：

从上海情况看，街道委员会的任务比原来街道办事处加重了，但是，不是"政社合一"。因为：第一，上海还未成立公社。第二，街道里弄组织起来的只是少数人。根据典型调查，参加到街道里弄生产福利组织的居民只占城市居民的15.28%。第三，街道居委会虽然代替了原街道办事处的任务，但它不是一级政权。城市是高度集中的。社会基层组织摆在哪一级，值得研究。

浙江徐剑、陈祥兴同志：

政社合一应理解为公社与基层政权的合一，浙江的情况，虽然以区建社，但公社的实际工作在街道办事处为范围的分社。街道办事处不是一级政权，因此，分社不能算政社合一，只能认为有政社合一的因素。目前分社不仅担负了经济工作，还担负了部分社会工作和政权工作，因此，虽不政社合一，也可叫做公社。

江苏省陈毓同志：

江苏小组对现阶段公社是不是政社合一的，有两种意见。一种意见认为现在是政社合一的，但不完备。"合一"表现在：大多数地区把街道办事处的牌子摘掉了，它的工作被分社所代替。有的公社或分社的规模和职能实际上已超越了原来的街道办事处。如南通市的公社不仅管街道上已组织起来的闲散劳动力,并且已经面向全民,因为公社成立后,不少工厂、企业、商业、学校等全民所有制单位下放给公社管理。这些单位的职工均入了公社。说它不完备,因为:一、公社最高权力机关即社员代表大会同政权最高权力机关即人民代表大会未合一;二、在组织机构上也还不完备,如公社没有设人民法院。

另一种意见,认为现阶段城市公社还不是政社合一。因为,一、从一区一社来说,公社是虚的,区一级公社没有具体内容,区的全部工作还以区委和区人委的名义进行,分社虽与街道办事处结合了,但街道办事处是政权的派出机构,因公社未政社合一,分社也不可能合一。二、分社与街道办事处的结合,只能说经济工作与社会工作的结合。办事机构的结合,并不能决定公社具有政社合一的性质。三、街道办事处不是一级政权,社员代表大会不能代替人代会行使一级政权的职能。

湖北省刘国珍同志:

湖北省城市公社是政社合一,但很不完备,非常初级。政社合一应是组织上和工作上的完全合一。组织上合一,一方面是人民代表大会和社员代表大会合一;另一方面是机构上合一。工作上合一即公社行使政权职能,而当前湖北省城市公社有几种情况:一、组织上合一,工作上未合一;二、工作上合一,组织上未合一;三、工作上、组织上部分合一;四、公社行使政权职能,但还很不完善。

郑州王一涵同志:

郑州市以区建社,已经政社合一了。公社的任务是:一、政权工作;二、管理已经办起的公社企业、事业;三、公社范围内的大部分商品分配和副食品供应工作;四、市下放的工业、商业和文教事业。在公社的组织对象里不包括集中居住的国营大厂职工家属。这项工作由大厂管,公社只作配合。目前还有两个问题需要进一步明确:一、不政社合一叫不叫公社?公社是不是担任基层政权单位和社会基层单位的两重任务?如果是这样,现有好多都不能算公社。二、社会基层单位是不是必须包括政权?

大家对政权合一及吸收资产阶级入社的利弊问题,进行了讨论。

王一涵同志说,河南省城市公社建立在1958年,当时资产阶级分子一律入了社。但他们入社要贯彻"三不变"（定息不变、改造不变、安排不变）和"戴帽入社"。吸收资产阶级分子主要缺点是：模糊了社员的阶级界限。但也有好处，即有些资产阶级参加劳动后，得到了教育改造，有的开始勉强参加，现在却当了三八红旗手。总的看来，吸收他们参加，我们会更主动些。

上海汤桂芬同志认为，过早吸收资产阶级分子入社，主要缺点是他们容易钻空子，篡夺领导权，不利于公社的巩固发展。

东北、西北组

关于"政社合一"与社员问题的讨论

黑龙江省李琛光同志：

根据黑龙江省的实际情况，我们省的城市人民公社都已政社合一了。黑龙江省十个城市都建立了城市公社，其中三个市（鹤岗、双鸭、北安）是一市一社；有一个市（安达）未定型，其余各市基本上都是在原来区的基础上建立起来的，实行了政社合一。以区建社的公社党委相当于区委；公社管委会相当于区人委。实际上，公社不仅承担了区政权的工作，而且增加了组织生产、协作、生活以及农业等方面的工作。公社工作的内容比区人委的工作更充实、更丰富了。政权工作也加强了。

陕西省褚国华同志对琛光同志发言提出了一些问题：

黑龙江省实行政社合一，对民主人士如何安排？把他们安排到公社，实际上是否承认他们已入了社？这涉及到公社的性质问题。

李琛光、许凤图同志答复：

从我国的政权看，是无产阶级专政，因此公社实行政社合一当然不是各阶级的联合组织，更不会由于在公社内安排了民主人士使公社性质发生变化。把资产阶级分子放在社内改造，比放在外边好。北京市二龙路公社的工作对象，实际上只是参加社办企业、事业的四千多人，绝大多数劳动人民还未入社，这种情况也值得研究。对于社员问题,我们过去没有细致研究过,可是在"农村人民公社工作条例"中也没有提到社员的条件。

陕西省任自新同志:

从西安市来看,公社建立在区与街道办事处之间,比原有的政权机构多了一层组织。政权在区一级,而公社不是一级政权的组织,这是不完全的政社合一,但这样做的好处是:不必考虑如何安排资产阶级分子的问题。

辽宁省金硬同志:

从沈阳市万泉公社一个管理区的调查资料来看,居民中的成年人有17.9%是非劳动人民和不纯分子。这些人散居在街道中,公社不管他们是不行的。

许多同志都谈到,资产阶级分子即或不参加公社,也要组织他们参加劳动,对他们进行工作考核,公社得过问这些事。辽宁省宋振远同志、陕西省褚国华都认为:把一些资产阶级分子吸收到公社便于改造他们。

关于所有制问题的讨论

金硬同志:

以区建社,公社经济中既然全民所有制占主要的,那么,公社就不一定是集体经济的联合组织;公社工作的重点是否就放在全民所有制经济上?

褚国华同志:

说公社是全民所有制的,社办工厂职工要向全民所有制企业看齐,公社包不下来。

许凤图同志:

黑龙江省公社七种经济关系(国营、地方国营、社有全民的、社有集体的、社以下集体所有、企业集体所有)都存在着。至于哪种占的比重大,要具体分析。

黑龙江省李乃同志:

哈尔滨市各公社社直营(包括原区营的)的工厂,去年完成的产值(三亿三千元)占全市社办工业总产值(六亿六千元)的一半。这一部分社办工业应该说是全民所有制的。

李琛光同志：

就社办工业是全民所有制的，并不是说它和国营企业没有差别。而且国营企业之间也是存在着差别的。

全总城市人民公社工作座谈会简报组

一九六一年六月十四日

各组座谈纪要（二）*

（一九六一年六月十四日）

今天上下午各组都继续以政社合一问题为中心，讨论了现阶段城市人民公社的性质、作用和组织对象等问题。

华北、西南组

河北郭茂桐同志：

河北省从组织城市人民公社一开始就是政社合一的。首先，它都是在街道办事处办工业、生活服务事业的基础上建立起来的。如天津市从1958年下半年开始组织街道生产、生活之后，建立了生产服务合作社，统一领导这些集体事业。街道办事处在实际工作上就领导了居民的集体事业，领导了生活服务合作社。其他城市虽然没有组织生产服务合作社，但是街道的生产和生活服务事业也都是在街道办事处的组织领导下兴办起来的。因此，在那时街道办事处已经作了政权工作、社会工作、经济工作，性质上有了变化。公社（或分社）在政权工作方面，承担了区人委（或街道办事处）的任务。由此可见，城市公社在组织上实行了区人委或街道办事处同公社的合一，在工作内容上实行了政权工作、社会工作、经济工作的结合。它是社会主义社会结构的基层组织，又是政权基层组织。

我们认为，虽然它是政社合一的，但也有不完备的地方：从组织上看，以区

---

* 原件现存于上海市档案馆。

建社的,人代会与社代会还是两套组织(唐山市是一套半),权力机关还没合一;区下社,因它不是一级政权,没有人代会,只有社代会,也还不能完全行使一级政权的职能;从工作内容上看,区下社由于不是一级政权,它还不能担负起一级政权的任务。但是,这只能说不完备,不能因此就失去了政社合一的性质而不叫政社合一。

我们在工作中,体会到政社合一有许多好处:

一、便于统一安排地区性的工作,统一步调,加强领导,克服分散多头和互相"扯皮"的现象。二、加强了政权工作。如贯彻政策法令,一方面可通过社办单位的系统进行,另方面可通过居民系统(居委会、小组)进行;公社建立后,有了社代会、社管会、社办单位的民主管委会、居民中的居委会,使居民有了更多的机会充分表达自己的意见,对改进工作和干部作风进行群众监督也都有利。三、进一步发挥了专政的职能。如把分散的五类分子安排在社办工厂劳动,实行监督改造,比过去由派出所实行专门集训效果好。

我们实行政社合一虽然加强了政权工作,但也带来一些新问题,主要是上级政府及其所属业务部门,将不应交下的任务交给了公社,使公社负担过重;在经济上应由政府开支的也由公社开支了。全民所有与集体所有也有混淆不清的地方,如社会救济等费由公社开支等等。

四川省江思源同志:

考虑政社合一问题,首先要弄清公社工作对象。当前组织在公社里的主要是职工家属及其他劳动人民,机关、企业、学校的广大职工没有参加公社。有的资产阶级分子及其家属虽然参加了,但也有很多顾虑。这就是说,劳动阶级和剥削阶级这两个阶级的主要部分都没有入社。因此,社员代表会同人代会合不起来,社管委会同政权机构合不起来。当前也就不能政社合一。但是,叫公社还是可以的,因它已经不是单纯的经济组织了,但它的组织范围很大,也是社会基层组织,不过不完备而已。

北京市李景芬同志:

以区建社如果实行政社合一,应该是社员代表大会与人民代表大会合一。我认为:人民代表大会和社员代表大会对不上口,合不起来,好像两个母亲生了一个儿子。另一方面,政权的实质是专政,但现在公社代替不了公安局和法院的工作。

山西省赵拓同志：

参加会议以来，给我印象最深刻的是：

一、香坊人民公社是政社合一的组织，统一组织生产、生活，又担负了政权的职能，取得了很大成绩；二、天津、沈阳等地，是区以下建社，按办事处组织公社，有很多好处；三、北京是区以下建社，没打乱原来的政权机构，这样做很稳重；四、上海不挂牌子，组织里弄居民搞生产、生活，做的也是公社工作。我认为这些城市实际上都实行了不同程度的政社合一。

政社合一的标准是什么？

八届六中全会指出，城市中的人民公社，将来也会以适合城市特点的形式，成为工农商学兵相结合和政社合一的社会组织。

怎么理解这个指示呢？我认为政社合一的标准，不仅是政权组织和公社组织的合一，更重要的是实际工作上的合一。过去我们脑子里有个圈圈，觉得政权组织和公社组织不合一，就不能体现工农商学兵相结合。这主要是没有经验。要想达到政社合一的标准，必须有步骤、有重点、有阶段。

如何理解政社合一？

从城市来看，区是城市政权的基层单位，但是，不能说只有区一级，应该把办事处、居民委员会的工作都包括进去才行。

北京市委去年四月二十日向中央的报告说："我们决定暂时仍按街道办事处的范围组织街道公社，建立党委统一领导，并且在行政上实际建立政社合一的领导。"同样，上海市委在去年三月二十四日向中央的报告也说了："里弄委员会已经成为里弄居民的经济生活、政治生活和文化生活的统一组织者，看起来，它在实质上已开始形成为城市人民公社的一种基础组织。"可见，北京、上海实际上都有政社合一的因素。

山西省翟传楼同志：

研究政社合一的问题，必须首先明确"人民公社"这一概念。如果城市公社与农村公社概念一致，那么城市公社的工作对象应该是全民性的。

太原市去年以区建社是政社合一的。人民代表会、组织机构都是一套，牌子也是一个。目前区下的社与办事处也合起来了，也是政社合一的。公社不单是经济组织,它已经将办事处的工作完全担负起来了,是面向全民的。虽然企业、机关、学校未参加公社,但这些单位的民政、文教、卫生等工作公社已全管起来了,他们的人有的也参加社办的食堂、托幼组织。

这样做有以下好处:

一、减少层次,减少人员,减少开支,克服多头领导的缺点;二、便于集中领导,统一组织生产、生活,安排各项工作;三、加强了政权工作,有利于对五类分子的改造;四、便于统一贯彻党和政府的政策法令;五、便于充分发扬民主,树立劳动人民当家作主的思想。但在工作中也出现了一些缺点,如在经济关系、干部作风等方面产生了一些问题,不过这涉及不到该不该合一的问题。

说"合一"也不是就很完善:街道办事处一级还不算一级政权,还不能召开人民代表大会;公安派出所还是单独一套;民兵还由区领导;商品分配也未直接管。总之还没有实现五位统一。

四川省季振华同志:

关于政社合一,首先要弄清什么叫政社合一。我认为:一、公社管理委员会在行政上相当于原来的街道政权组织,也就是要具有派出所和街道办事处的职能。假如只担负起街道办事处的部分职能就不能算政社合一;二、社代会与人代会还没有合起来。我们是两套组织、两套机构、一套人马、两个牌子。实际上是一个人通过两种不同的组织做两种性质不同的工作,而不是两套组织两套机构办一样事情。这不叫政社合一。

其次,政社合一是有个发展过程的。现阶段,在某些工作上是政社结合起来了,但它没有发展到质的变化,如果混淆(指政社合一)起来是对专政不利的。过去的工作无论在城市或农村,不是没有教训的。农村的三类社发生强迫命令违法乱纪就与政社合一有关。六十条内容很多是针对这方面存在的问题提出来的。政社合一对贯彻执行民主集中制也不利。公社、街道办事处、派出所三套组织统一在党委的领导下,是相互制约的;如果合起来,对工作不利。既然现在仍是两本账、两套组织、两套机构、两个牌子就不能叫政社合一。

华东、中南组

上海市佘英同志：

上海市建立的街道委员会，既是区人委的派出机关，又带有很大的群众性。其任务是：一、承担原街道办事处的工作；二、领导和管理街道、里弄各项企业、事业；三、安排群众的生活，分配商品，等等。

街道委员会工作的主要对象，是已组织起来的和未组织起来的街道居民。街道举办的生产以及生活福利服务事业，只是起辅助作用，不能包揽太多，更不能、也不应都包下来。

浙江陈祥兴同志：

目前实行政社合一利少弊多。

现阶段公社工作对象，一是已组织起来的街道居民，二是尚未组织起来的街道居民，这一部分人的组织程度与觉悟程度较之全民所有制的职工要低得多，只有做好他们的工作，提高他们，才能够使我国社会向全面全民所有制过渡。因此，现阶段公社的任务，主要是：加强街道居民的社会主义教育；组织街道闲散劳动力，发展生产；举办集体福利事业，解决部分居民生活集体化；安排好闲散居民的生活；加强资产阶级的教育改造；加强对五类分子的监督改造。

从浙江情况看，凡以区或市为基础建社的，目前如果政社合一，有以下弊病：一、影响公社集中力量搞好基础工作——组织好阶级队伍；二、容易模糊群众和干部的阶级观点；三、资产阶级容易"翘尾巴"，不利于对他们改造；四、资产阶级分子入了社以后，容易同我们争夺领导权。

绍兴魏以善同志：

以街道为范围的公社，实际工作要求政社合一，而且已经合一。如恢复两套机构，会增加干部，而且工作上会带来许多不必要的矛盾。街道虽然不是政权基层单位，但我们可以根据工作发展的需要，建立街道一级政权，为了做好基础工作，目前可以暂不宣布政社合一。

南通朱剑同志：

同意绍兴的意见。街道办事处虽不是一级政权，但有一定权力，所以，可以认为是政社合一，但不完备。从公社的建立和发展过程看，公社各项事业是街道办事处组织领导下建立起来的，除了全民所有制的单位外，公社主要工作是原街道办事处的任务和组织起来的街道居民的生产、生活工作。虽然公社较原来街道办事处任务加重了，但因为领导加强了，群众组织程度与觉悟程度较前提高了，合一是可能的，适合的。

南京市周兆瑜同志：

政社合一首先是指代表政权的权力机关合一，其次是办事处机构的合一。如果只是办事处机构合一了，不能叫"实际"合一。

从南京情况看，政社合一没有需要和可能。公社主要工作对象是组织起来的街道居民，即使扩大到未组织起来的居民，也只是辖区内的一部分人，少数人怎能代表多数人？我们的政权是依靠工人阶级的，国营工厂、机关、学校的职工没有入社，街道居民组织起来就叫政社合一，难道叫职工家属去领导职工，叫其他劳动人民去领导工人阶级？

全民所有制的各单位组织程度都已很高，并且各有所属，他们的领导比公社要强得多，没有需要入社。即使入了社，也是"入而不归，体制不变"；公社也没有可能把这部分工作包起来。因此，全民所有制单位及其职工不入社，政社也就不可能合一。

资产阶级分子及其家属入社问题要有前提，有些生活不富裕的资本家家属要求参加劳动的，可以入社，有些是 1958 年前已参加生产的，表现确实好的，不能叫他们再退出去。至于未参加公社劳动的资本家家属，目前一般不必吸收。

河北省王一涵、陈明龙同志说：街道办事处虽然不是一级政权，但它在街道范围内代表区政权，也有权力。办事处与公社合一，也可以说是政社合一。至于权力大小，那是量的问题，不影响质(合一)。当然，政社合一是由低级到高级的发展过程。目前是初级阶段，所以说它还不完善。

杭州市徐剑同志：政社合一是需要的，但大厂是否入社要看各地的条件。有的地方大厂有入社的要求，公社也需要大厂入社，以增加公社内的全民所有制因素和起骨干作用。河南陈明龙同志：大厂入社的好处是：便于全民带集体，组织协作；便于社办工业更好地为大厂服务。因此，不存在"不需要"参加公社问题。问题是公社工作重心放在哪里，我们认为全民所有制单位可以成为集体社员，但他们不是公社的工作重点，公社应侧重抓街道居民工作。

王一涵同志：

河南省区人委和公社合一，十六岁以上公民都是社员，吸收全民所有制单位作为集体社员，主要是为了便于选举区人民代表和社员代表相结合，大厂入社后，体制不变，党的关系和其他工作不一定都下放，公社对大厂只是管理政权性工作和组织协作。

东北、西北组

辽宁省的几个同志认为：

沈阳市各区虽然都挂了公社牌子，但在公社作用主要是在基层社，基层社相当于三个原街道办事处的范围，分社下的管理区比原来的居民委大些。沈阳万泉分社在调查体制的试点中，撤销了管理区和居民委，改设居住区。由原来的居民委干部和有关部门的干部担任居住区的正副主任。这种在区下建立两级管理的公社，一般是与原来的街道办事处和居民委对口了，使街道办事处的政权性工作和公社工作，从组织上和内容上合起来，更能体现政社合一，虽然这样的"合一"还是不完整的。

对此宋振远同志作了进一步的分析：

有政社合一才叫公社，如果公社只主持经济工作，它就只是经济联合组织，和手工业合作社没有什么区别了。政社合一，主要表现在：在组织上公社已与街道办事处合一；公社不仅已经承担了办事处的工作，而且大大超过了，特别是在专政和社会主义改造等工作方面；现阶段公社已开始起着六中全会决议中指出的，三个"成为"的作用，特别是改造旧城市建设新城市的作用。它已经成为社会基层单位，统一了地区性的统一活动。公社是政社合一的，但又不完整，表现在：公社不是一级完整的政权组织，目前工作的主要对象是职工家属和其他劳动人民，还不能把辖区内所有的居民全部组织起来；三个"成为"的作用还没有完全实现。实行政社合一有以下几点好处：一、通过公社把分散的居民群众组织起来，加强居民的组织性，有利于贯彻党的方针政策，和组织各项政治运动；二、有利于城市的社会主义改造和人民民主专政；三、有利于调动各方面积极因素，发展生产；四、便于组织人民经济生活；五、便于开展扫盲和普及教育工作。

黑龙江和辽宁省的同志对北京市的同志所说的"二龙路公社不是政社合一"，有不同的看法。几个同志发言认为：既然是一套人马，就已经从组织上"合一"了，不能从分工上来看政社合一，至于公社是谁当政？依靠谁？这只能是工人阶级当政，依靠工人阶级，依靠党的领导，不能理解为公社组织的百分之五点五的居民当权，否则就乱了。比如，我们把城市中的五类分子都纳入公社是为了监督改造他们，不能理解为这些人也当了政。因此，应当把组织公社所依靠的主体、谁领导和公社的工作对象区别开。有的同志说，公社是社会主义基层单位而不能仅仅是集体经济的联合组织，如果只是经济联合，就把公社的作用估计过低了。

（这个组下午结合所有制问题进行了讨论，内容另刊。）

全总城市人民公社工作座谈会简报组

一九六一年六月十五日

各组座谈纪要（六）[*]

（一九六一年六月十九日）

目录：一、关于工资问题的讨论。

二、关于供产销问题的讨论。

三、关于生活福利问题的讨论。

四、华北、西南组关于所有制问题的归纳。

五、盈亏问题。

一、关于工资问题的讨论

河北省张耕田同志：

（一）工资概况

据河北省 1960 年统计，全省城市人民公社企、事业职工的平均工资水平为 24.80 元，其中：公社工业 24.90 元，运输业 50.08 元，建筑业 60.02 元，食堂 22.60 元，托儿所 22.40 元，服务站 27.80 元（省统计局统计）。

几个市的平均工资比较：较高的如唐山 32.50 元；较低的如天津 22.87 元。

从几个公社的调查材料看，工资水平并不低，因为公社工业生产水平低，而且每年都有所增加。如兴安路的社办工业，1958 年平均工资 19.47 元，

＊ 原件现存于上海市档案馆。

1959 年 24 元,1960 年 27.71 元。

(二) 存在的问题

①关于工资形式问题。

从河北省的情况看来,计时工资加奖励是基本的,计件工资是少数的小量的。据天津市在 1960 年 10 月底的统计,在集中生产的九万人中,仅有 1,259 人实行计件,占 1.3%。石家庄的桥东公社,1960 年年底实行计时工资加奖励的人,占全社总人数的 88.5%。兴安路公社今年实行计件工资的,只占全社人数的 12.8%。

②社办工业的工资,一般坚持了低于国营企业工资水平的原则,但究竟应低多少合适? 没有弄清。

从唐山市的调查看,公社的平均工资水平与地方国营企业的绝对工资数比较低 40%—50%。如区营农业机械厂职工平均工资为 53.13 元,而和它生产同样农具的陆南公社光明铁工厂职工的平均工资却是 33 元。唐山市同志认为:社办工业职工的工资高了一些,但与地方国营工厂的职工相比,不是"略低",而是差别很大。

③关于工资管理的问题。

各公社还没有一套管理制度,工资等级多且杂,有的 1—4 级,有的 1—8 级,有的 1—16 级,有的 1—18 级,高低相差很大。如秦皇岛公社直属工业的工资,高的 91.40 元,低的仅 16 元。分社属企业最高的为 66 元,最低 16 元。公社与公社、公社内部各企业之间的工资水平也有高低相差悬殊和轻重倒置的现象。

④社办工业的工资需要作些调整,但调整以后,必然使工资水平普遍提高,提多少合适? 这个问题是否需要加以控制。

石家庄桥西公社农具厂试行了计时定额加奖励的工资制度,具体办法是:采用平均加先进的平均额,奖励率掌握在产品出厂价格的 4.5%;次品不计数不给奖;产生废品给予批评,严重的经过群众讨论可以降级;能制定个人定额的尽量制定个人定额,对多人小组实行包工,这些办法是经过群众讨论制定的,而且先试点后推广。试行以来算了一笔账:

1. 生产效率大大提高了。原来每人每天打不到 15 把锄头，开始时，规定每人每天打 15 把锄，超一把奖 1 角 5 分，效率提高了，又改为每人每天打 28 把锄，超一把奖 9 分，还是超过了定额，最高的达到 60 多把。

2. 节省了劳动力。这个厂共有职工 280 人，根据任务量，厂长原来要求增加 30 人，实行这个办法之后，不但没增人，还减了 30 人，现在各车间还要求再减 40 人，这样可以省 70 人，占职工总数的 25%。

3. 开支节省了，工人工资提高了。按节省 70 人计算，5 月份比 4 月份节省工资 1,528 元，节省其他费用 1,346 元，因为产品质量提高节约材料费 235 元，共节约 3,410 元。工资总额 5 月份比 4 月份提高了 18.6%，多支出 453 元，工人平均工资提高了 18.69%，两者相抵尚节省 2.951 元。看来，实行这个办法的好处很多，但也有值得注意的问题：

1. 从这一个单位看合算，可是大家都搞起来社办工业工人工资会普遍提高。

2. 在工人中出现了早来晚走和拼体力的现象。

3. 管理人员、炊事员、勤杂人员没有奖励，他们也要求有奖励。

天津市郭茂桐同志：

天津市公社人员的平均工资是 24.3 元，其中：分散生产人员为 13.4 元，集中生产的为 24.3 元，技工为 58.28 元，管理人员为 28.5 元。生活服务人员为 22 元。

从劳动生产率看，1960 年公社是 3,800 元，国营企业是 14,000 元，只低国营的 25%。即四个人才顶一个人。而国营企业的平均工资为 65 元，公社为 24.3 元，而且公社工业又实行了六小时工作制。

看来，公社人员的工资水平不低。今年不打算变，平均 25 元是可以的，但最好高低有一个幅度。

石家庄桥西公社董福申同志：

我们在服务业的修自行车工人中试行了"纯收入分成"的办法，即上交 20%，分 80%，效果不错。过去平均营业额每人每天为 1.6 元，实行这个办法后，已达 3 元多，原来工人工资为 40 元至 50 元，估计可提高 30%。工人说："过去你们不算大账"。

唐山市焦光荣同志：

有的社办工厂的生产效率不比国营大厂低。如西山公社一个焦厂每人每天出焦 0.4 至 0.5 吨，平均工资为 34.47 元，而国营焦厂每人每天出焦 0.2 至 0.3 吨，平均工资为 44 元，他们所以出焦少，主要是管理上乱，用人多。

抚顺市姜克成同志：

全国一律控制在 25 元以下有问题。抚顺市公社人员的平均工资是 28 元，中央批转全总的文件说控制在 25 元以下是难办的。①压到 25 元以下，会有 60%—70% 的人降低了工资，同时还有 20% 的人是依靠本人工资生活的。②矿区的平均工资是 70 多元，而公社人员是 28 元还无福利待遇。同时，矿区又经常要人，公社的人员去了，起码一个月 50 元，粮食定量还可由 30 斤左右提到 50—69 斤。③社办企业的工资水平已比地方国营企业低了。根据以上情况，感到再降公社人员的工资有困难，当时我们请示市委，暂时未动。今后，准备将部分工资高的降下来，部分低的增加一些，总的算来不超过 28 元。把奖励搞得好一些。

李琛光、李乃、宋振远等同志：

公社人员的工资水平不应该混同起来谈，公社中有工业、服务事业、交通运输，等等，不能全国一律控制在 25 元以下。交通运输不应列入公社工业中，应当分行业区别对待。

沈阳市宋振远同志：

从沈阳来看，社办工业的工资是不够合理的。①高低悬殊过大，从三个公社调查，在技工中有 22.4% 是工资偏高的。这些人多是大厂开除、跳厂的，冒名顶替的，刑满释放分子，还有互相抬高的。②有平均主义，三年来社办企业的人员，在劳动与技术上有变化，但工资未及时调整。今后打算，把高工资降下来，将手工业工人、运输队和基建队人员的工资划出去。将降下来高工资这部分用来增加低工资的部分。

曹维周同志：

西安市公社的平均工资是 25 元，新城公社是 23 元，一个人每月的伙食是 12—13 元。而抚顺的工资是 28 元，伙食是 7—8 元，看来西安市工资水平是不高的。

金硬同志：

为在工资方面反对平均主义而加以调整，工资水平必然上升。上升到什么程度，上升的原则是什么？增加工资时，必须考虑货币回笼和市场供应问题，同时还要考虑上下左右的关系。从社办企事业人员增加工资的情况来看，为大厂服务的人员，增加了工资是增加了货币发行量；生产小商品的部分，通过小商品还可以回收货币，因为它也增加市场上的物资供应，服务事业人员的工资是取自消费者。我意总的算下账来，如基本上差不多，就可以增加一点工资。

李乃同志：

从哈尔滨市来看，当前是调整不合理的工资，不是提高的问题。工资形式应当多种多样，实行计时工资加奖励的，应搞好奖励。有的还可以实行计件工资。

任自新同志：

当前主要是调整问题，不是增加工资的问题，但调整就必然要增加工资，要算一下整个社会的经济账。

李琛光同志：

全国范围内划出绝对数字的水平不好办，划出几条原则性政策界限还是可以的。

二、关于供产销问题的讨论

汤桂芬同志：

在原材料不足的情况下，上海市街道工业有以下几条出路：1.维持必要的加工生产和一些小商品生产；2.进一步开展服务性事业，如缝补拆洗业务；3.进行农副业生产，如养猪、种蘑菇、培植小球藻、人造肉精等；4.搞孕妇尿制药；5.突击性任务。

郑州市王一涵同志：

商业部门的商品流转环节多，而公社不能直接到市场销售商品，这是个问题。如社办工业生产的小凳子商业部门收购后运入 15 里外的仓库，要通过六道手续再运到门市部，既增加了成本，又不能及时与消费者见面。还有一些产品，季节性强，商业部门常是临时抓，有的产品生产出来后，季节已过，商业部门就不要了，但又不让公社自销，公社就只好积压资金。

郑州市于靖同志：

商业部门拨料和收购价格有不合理的地方，拨给红旗公社管城分社棉织厂的纱每件比原价贵 5 元，收购产品的价格又贱 5 元。他们认为社办工业福利少，不应与国营相同。

河南省陈明龙同志：

安阳市商业部门自己办有工厂，国家调拨下来的原料先供应自己的鞋厂，而公社的鞋厂只分配一些积压物资充当原料。如用床单、排球网线绳、桃胶分别代替白布、线绳、皮胶，价格仍按原价批发，结果加大了产品的成本。如灯塔公社鞋厂原来生产一双鞋的成本是 2.71 元，采用积压物资为原料后，成本增至 3.67 元，而商业部门按 2.72 元收购，按 3.08 元出售，这样做，商业部门处理了积压物资，又赚了钱，而公社却赔了钱。

金硬同志：

提个意见：废品收购应由公社再搞一条线。公社收购的废品，可优先使用，然后上缴。或者将公社的废品收购工作作为国营商业的一部分也可以。这可以有利于废品收购。（全组同志差不多都同意这个意见）。

鹤岗市李桂森同志：

国家对回收的一、二类废旧物资应开个口，按一定比例拨给公社用，至于三类物质，可由市里调剂。

三、关于生活福利问题的讨论

浙江陈祥兴等同志：

从浙江来看，食堂、托儿所主要有以下几个问题：

（一）服务方针问题。宁波、温州两市在入伙人员中，社办的企业、事业人员只占 15% 左右,其他是各单位的职工、学生,其中学生就占 40%—50%。杭州市社办企事业人员占 30% 左右。由于学生占的比重大,就餐的人数不稳定,中午人多,早、晚人少;开学时期人多,放假期间人少。对其他单位的职工、学生服务,也是需要的,但主要对象应该是社办的企、事业人员。

(二)食堂、托儿所究竟是服务的性质,还是福利性质? 我们那有三种意见:①社会福利事业。因此,对有需要的人就应当包下来。②是集体福利事业,对其他单位的职工、学生、居民等不应包下来。③认为既是服务性质又是福利性质。对社办企、事业人员是服务性质、福利性质的,对其他就不是。在宁波、温州由于采取第一种看法,包了下来,在今年一季度,企业的利润贴到食堂的就有七万七千多元,收入只占总开支的 82%。

(三)福利事业,集中过多,规模过大。在宁波、温州两市,将原来 60 多个托、幼组织,集中为 8 个,都改成幼儿园,实行长托、日托,取消了临时托的办法,既不便于群众,也增加了社的开支。

(四)今后准备这样办:1. 办这些事业,主要是解决参加社办企、事业人员的需要,减轻她们家务负担。2. 应由群众自己办,单独核算,自负盈亏,这是基本的原则。但在可能范围内,公社也要给以适当的补助。自负盈亏,主要是用收管理费的办法,不能提高饭菜价格。3. 食堂规模一般二、三百人为宜。

上海佘英等同志:

(一)食堂要办下去。但现在入伙的人是否都完全需要? 不一定。有的食堂在入伙人员当中,不需要入伙的人大体上占 40% 左右。据了解需要入伙的人员大体上有这些人:①组织起来后的家庭妇女,在家中无人做饭的;②1958 年以来新建的而生活工作又跟不上去的单位的职工;③家里无人做饭,需要入食堂的职工。

(二)里弄食堂包得太多了。过去有些单位自办食堂,群众也满意,但参加了里弄食堂后有好多意见。今后,对有条件办食堂的单位,就提倡他们自办。现在有的工厂要求退出里弄食堂。想办法,但有的里弄干部还不愿叫他们退出,怕"影响大局"。

(三)食堂的盈亏,由里弄包下来的办法,是害多利少。这使工作人员产生不计成本,吃大锅饭的思想。如丽园街道 31 个里弄食堂中有 26 个食堂从去年一月到今年三月共亏了四万八千多元，人力物力损耗很大。今后准备实行独立核算，自负盈亏。

（四）还有部分食堂工作人员不纯，这就是，依靠什么人办的问题。有的坏人当道，把食堂烂掉了。看来食堂必须掌握在劳动人民手里，食堂工作人员用民主选举产生。

食堂、托儿所，对参加劳动的家庭妇女是需要的。我们认为，对食堂的大型设备，都叫食堂自负盈亏恐怕有问题。应按收入、入托人员的多少，由有关单位提交些补助费，一般经常费可自负盈亏。

河南王一涵同志：

对炊管人员应由选举产生。群众办的食堂一切费用包括设备等，均由食堂自负盈亏，公社基本上不补助。对有困难的个别工作人员可适当补助。我们正在试验中。公社食堂为谁服务？一是为生产人员服务，二是部分地为社会服务，不这样不行。

陈毓、汤桂芬、陈暂等同志：

一部分国营工厂的职工入食堂，确实需要，特别是小工厂的低薪职工，本单位没食堂，家里又没人做饭，这部分人最需要入伙。从为生产服务和为群众生活服务出发，社办食堂的服务对象，不能局限于企业、事业人员，应该向国营工厂职工开放。如果按规定向他们收管理费并不增加公社的经济负担。

大家认为：社办生活福利事业是服务性的，不是营业性的。为了发挥各食堂的积极性，使他们精打细算，勤俭办事业，还是采取自力更生、独立核算、自负盈亏的办法好。因此，不应该有利润，要公社补贴，也不行。食堂不应该有利润，公社也不补贴，不赔不赚。由于入伙人员情况不同，管理费的形式也应该灵活多样，可以按月收，也可按日、按顿收，或者按实吃粮食数量收费（如南京每斤粮食收三分钱管理费）。社办工业职工的管理费，自负盈亏的企业或分社补贴一部分或全部。

至于食堂添置设备和炊事员的劳动保护等费用，可由公社与国营工厂共同负担。

华东、中南组的一些同志认为托儿所、幼儿园的服务对象与经营原则应与食堂相同。但目前托幼事业的主要问题不是包多了，而是还没有完全满足群众需要。

汤桂芬、徐剑同志：

目前国营大厂一般都有哺乳室，解决 18 个月以下的孩子哺乳问题。有的工厂也有条件较好的幼儿园，但有的工厂却没有。所以街道还是应该帮助工厂解决一部分儿童入托问题。国营工厂职工孩子入托可以采取几种方式解决：①国营工厂自办；②几个工厂合办；③街道办，工厂补贴一部分经费。上海有的国营工厂与街道关系很好，社办幼儿园吸收国营工厂职工的孩子；工厂出开办费，每个孩子每月补贴 2 元钱的管理费，负责社办幼儿园孩子的医疗问题。

金硬同志：

很多社办企业办的食堂，完全为本厂职工服务，形式上收管理费，但个人付出后又到公社或企业报销。这种食堂，实际上是集体福利事业。另外，社办的街道公共食堂的搭伙人，多是国营企业职工、学生等，而社办企业的人员不多。有些食堂收管理费，当企业经营。有些人付出管理费后，到本单位报销了，有些人不能报销。实际上是半福利性半服务性的。如作为服务性企业去办，就得考虑缴税，这又有问题。

抚顺市姜克成同志：

抚顺市厂矿食堂满足不了需要，因而，许多大厂矿的职工及其家属到社办食堂搭伙。去年曾从大厂矿中提出公会经费 5%—10%、企业福利费 25%、企业留成 2%—3%，共一万多元，办公社食堂。目前，只是炊管人员的工资打入了成本中，想收管理费还未收。从过去看，基本上是福利性质的。今后，总的打算是积极办好，自愿参加，提高炊管人数与就餐人数的比例（目前全市平均是 1 比 18），使食堂不赔不赚。如开支不够，公社可从其他单位结余的福利费补助一些，再不够，就收一点管理费。

陕西省任自新、褚国华同志：

西安市的社办食堂是自负盈亏，除了食堂的固定资产是公社付出的以外，其他开支均由搭伙人负担。今后，食堂不盈利，管理费由搭伙人负担。对于困难户由公社补助一点。食堂仍是自负盈亏。

李琛光同志：

集体生活福利事业要建立在生产发展的基础上，否则是搞不好的。过去黑龙江省的食堂也发展得较快,经过过冬有些不巩固的散掉了,剩下的一般是密切为生产服务的已巩固下来。食堂要完全自负盈亏需要考虑,但实行经济核算是需要的。

陕西省莫英贤同志:

初办食堂时,对自愿参加强调得不够,有些食堂将入伙人的购货本收来了,有的地方把收几种证作为"经验",群众是不满意的。

姜克成同志:

抚顺的社办食堂中,有固定搭伙的也有不固定的,存在入伙容易,退伙难的现象。今后,准备增加固定入伙的人员,但对不固定入伙的也不歧视,取消不合理的要求。

四、华北、西南组关于所有制问题的归纳

华北、西南组,将北京、河北、四川、山西等四个地方的公社所有制情况,作了如下归纳。

(一) 所有制的现状

四个地区的公社内部有以下几种所有制,即国有,公社集体所有,公社以下集体所有,个体所有。其中,公社集体所有是主要的。对公社集体所有制,有两种说法:一种是指公社一级所有;另一种是包括公社分社、地段等各级所有。国有包括地方国营下放,由公社代管的生产单位,和国社合营单位。此外,国营企业支援的设备带有全民因素的。小集体所有,是指自负盈亏的小组、单位,个体所有主要是指分散生产,和公社工业有关系的家庭副业。

(二) 所有制关系中几个问题

(1)国、社、个人经济关系界限不够清。如国营与公社的财产虽然作了些清理,但还有的应折价,该还钱的未还钱。

(2)集中的多了些。该分社管的公社管了,该自负盈亏的也统负盈亏了。

（3）利润处理上不大合理，大部分上缴 70%—80%，看来是多了些，影响下面的积极性。

（4）工资上有平均主义现象。

（三）怎样调整所有制的关系

总的调整原则为两条：一条是根据有利于生产，有利于调动积极性出发；一条是根据工厂、企业的技术水平、管理水平的不同情况。

调整的具体意见有以下几点：

（1）机械化程度较高，产供销较稳定，积累较多的，这类企业是公社工业巩固和发展的骨干力量，不宜下放。

（2）设备简单，手工操作，积累不多的，这类企业适宜下放给公社。

（3）适宜分散的生产小组和修配服务行业，一般可采取分散生产，独立经营，自负盈亏。

（4）手工业转来的，办得好的不动；办得不好的，适当地改变其经营方法。

（5）原来建立的综合厂，产品互不相关的生产单位，尽量把它分开。

（6）原来公社、分社上调的单位，适合公社经营，并已成龙配套的可不动，但要按等价交换原则处理。没有配套成龙又适合分社经营的应退回去。

（7）规模比较小，不适宜公社经营，而适合分社经营，最好交分社经营。

（8）所谓公社所有，由分社代管的，交分社经营。

（9）分社领导地段的加工小组，一律交地段。

（10）管理权下放的，提成应适当减少，给下面多留一些。

全民、集体、社员的关系：属于社员带来的生产资料折价分期付款，生活资料都要退还个人，或折价付款，坚持自愿，属国家、集体的财产要等价交换，能还则还，不能还的要记账逐步偿还。

五、盈亏问题

大体分为两种情况，三种意见。

两种情况:一种是统一领导,独立经营,分别核算,统负盈亏(现北京二龙路公社改为共负盈亏);另一种是自负盈亏,为数很少。

三种意见:第一种是由公社统负盈亏;第二种是公社一级所有制企业,采取独立经营,分别核算,社与厂共负盈亏;第三种是分别核算,自负盈亏,所有制不变。

第一种意见是原有的,后两种意见是设想的,但可以试验。为了慎重起见,最好在生产上比较正常,利润不太多的企业单位试验较为适宜。

(城市公社工作座谈会简报组整理)

一九六一年六月二十日

财政部税务总局转发河南省对城市人民公社贯彻缩短基本建设战线和压缩集团购买力的调查情况的通知[*]

（一九六一年八月七日）

各省、市、自治区税务局：

关于在城市人民公社中贯彻中央缩短基本建设战线和压缩集团购买力的执行情况，目前已有河北、河南、上海、广西等省、市、自治区报来了材料。从报来的材料来看，城市人民公社一般都贯彻了中央关于缩短基本建设战线、压缩集团购买力的指示精神，有的地区根据公社具体情况采取了有效措施，效果比较显著；但也有的公社对这个指示贯彻得不够好，到现在仍然存在着乱搞基本建设，乱购置非生产设备，乱花钱的严重现象，应当引起足够的重视。现将河南省对两个公社的调查情况摘要于后，供你们参考。还没有进行调查的地区，请根据财政部财税字第 21 号通报的精神迅速选择重点进行一次调查，帮助城市人民公社切实认真地贯彻缩短基本建设战线、压缩集团购买力的指示，管好用好资金，发挥资金效能。并请将贯彻执行情况及时报给我们。

一九六一年八月七日

---

[*] 原件现存于宁夏回族自治区档案馆。

附：河南省关于城市人民公社资金
使用情况的调查(摘要)

(一九六一年七月四日)

我省城市人民公社自从贯彻中央关于缩短基本建设战线和压缩社会集团购买力的指示以来,取得了一定成绩。但是,根据我们对郑州市的红旗公社,新乡市的新华公社的重点调查,还比较普遍地存在着乱花钱的现象。兹将主要问题摘要于后:

(一) 乱搞基本建设

郑州市红旗公社今年1—5月份总收入647,623元,总支出734,042元,超支了66,419元,在收不敷出的情况下,借商业局、服务局、运输公司、清洁队四个单位62,000元。支出中:基本建设投资485,287元,占总支出66.11%。其中非生产性基建投资270,249元,占55.7%。公社塑料厂计划投资328,340元,已投资70,418元,计划购置15台压力机,已购9台,原有2台共11台,如投入生产每台每月需原料1吨,每月共需11吨,而省每季仅分给1吨。胶木粉原料,仅能满足1台1个月的生产,因而占压大量资金。另外,该厂还购置桌子、板凳、柜子、写字台、架子车等112件,1,810元。该公社今年5月份借省、市开会和参观没房住为名,将红旗医院改成红旗旅社,仅增加内部设备购置,截至5月底就花了62,280元,购置了大批商品性的物资,计有棕床95个,3,315.04元,椅子175把,1,337.63元,自行车2辆,328元,毛毯70条,2,064.80元,电扇1个,166元,被褥310条(其中:缎子被面50个)5,078.92元,枕头302个,902.80元,木柜、桌单、沙发垫子、茶壶、茶碗等1,103.25元。而且,还往江西汇款购买成套瓷器7,000元,往开封汇款买桌、椅、板凳、木料13,032.80元。此外该社今年3月份整修党委书记住院共支出3,780元。书记原有房住,为了集中住宿,把干部宿舍腾出,又重新进行了修建,原围墙加高,新修大门和新油漆了门窗,院内建了花池,原来窗纱布,又全换成铁纱,门上原来的一般锁改换成手把门锁,每把五、六元。还修建了一个红旗公园(现改为生产公园),已投资 105,200 元,因离市较远,又偏僻,游园人数很少。

(二) 行政经费开支有很大浪费

新乡市新华公社 38 个行政事业单位,今年 1—4 月份行政经费按标准应为 6,933.03 元,实支 10,208.80 元,超支 3,275.32 元,其中用于奖模 918.51 元,修大门 489.95 元;公社行政科,按经费标准为 4,030 元,实支 5,162 元,超支 1,112 元,其中:用于修大礼堂 81 元,欢送社长、部长 37 元,夜餐费不按标准而超支 92.9 元,买棕床 1 张 84.5 元,合计 295.40 元。郑州市红旗公社今年 1—3 月份行政经费计划数为 2,537 元,实支 5,559 元,超计划 1.1 倍。公社本身仅夜餐费一项就开支 681.20 元,计 3,406 人次。

一九六一年七月四日

中共中央统战部转发重庆市委批转市委统战部"关于在城市人民公社中对资产阶级分子（包括小业主）及其家属的安排使用问题的意见"*

（一九六一年十一月十三日）

各省、市、自治区党委统战部：

重庆市委根据中央批转中央统战部"关于继续贯彻对资产阶级人员安排政策的意见"，及时地对该市城市人民公社在清理要害时撤换了的资产阶级人员进行了典型调查，把一些不应该撤换（即表现好的和一般的）而撤换了的重新进行了安排，恢复了他们原来的职务或安排其他相应的职务。现将重庆市委批转市委统战部"关于在城市人民公社中对资产阶级分子（包括小业主）及其家属的安排使用问题的意见"转发给你们参考。并望将你们那里的贯彻情况告诉我们。

中共中央统一战线工作部

一九六一年十一月十三日

---

* 原件现存于甘肃省档案馆。

附一：市委批转市委统战部关于在城市人民公社中对资产阶级分子（包括小业主）及其家属的安排使用问题的意见

（一九六一年九月十六日）

各区、县委，各城市人民公社党委：

市委同意市委统战部这个报告。现转发给你们遵照执行。

中共重庆市委
一九六一年九月十六日

附二：关于在城市人民公社中对资产阶级分子（包括小业主）及其家属的安排使用问题的意见

（一九六一年九月六日）

关于城市人民公社中，对资产阶级分子（包括小业主）及其家属的安排使用问题，我们在七星岗人民公社作了调查，现将调查的情况、问题和意见报告如下：

七星岗人民公社于1958年9月成立，现有社员9,475人，其中资产阶级分子（包括小业主）及其家属共334人。去年4、5月间，在全市城市人民公社清理要害的时候，七星岗人民公社把48个担任"五权、八员"工作职务的资产阶级分子（包括小业主）及其家属，也作了清理，先后撤销职务，调动工作的共35人。

七星岗人民公社在清理要害中，坚决撤换了窃踞领导职务的五类分子，撤调有违法乱纪行为和严重错误的资产阶级分子（包括小业主）及其家属的职

务,是正确的和必要的,有利于进一步加强党对公社的领导,促进公社的巩固
和发展。但是在清理中没有贯彻区别对待的精神,清理面□宽,把不应该撤调
的,即表现好的和表现一般的资产阶级人们也撤调了;工作方法简单粗糙,撤
调时,既不向本人说明调离原因,说调就调,调离后也没有妥善安排他们的工
作。去年七月,虽然根据白戈同志的指示进行了复查,但是重新作了安排的仅
8人,而且一般都低于原来的职务。这种做法,已经影响了这些资产阶级人们
继续接受改造和为社会主义服务的积极性,增加了他们对党的政策的怀疑和
不满,对自己的前途失去了信心。他们反映:"千年修道,一声雷响就什么都
打垮了","苦干一场,结果落得这个下场",认为"是工商家属,成分不好,早晚
要被清洗出去",他们担心现在的职务也保不住,"要越调越低,最后还是要搞
生产",感到"党已经不相信了,今后没有前途、没有希望了"。同时,由于他们
当中不少人很早就走出家门,是在街道工作多年的积极分子,在大办工业、兴
办托儿所等工作中也做出了一定成绩。城市人民公社建立以后,部分人担任
了各种领导职务,有的还被评为先进工作者、治安模范、巧姑娘,是在资产阶级
人们中有一定影响的人物。这些人被撤调,也就引起了他们所属阶级、阶层的
疑虑、波动和不满。一些上层资产阶级代表人物表示:"工作上称职,没有犯
原则性的错误,就不应当随便撤职","调离时未宣布理由,调离后也未适当安
排,是不符合党的政策的"。总之,这样做,对于资产阶级人们的改造和调动
一切积极因素、团结一切可以团结的力量建设社会主义都是不利的。

产生这些问题的原因,一方面是由于清理要害的任务紧、工作经验不够,
但主要的方面则是由于对党的统一战线政策的重大意义认识不足,从唯成分
论的观点出发,片面地机械地理解党的阶级路线,把阶级政策同统一战线政策
对立起来。

党的统一战线政策就是阶级政策。党的阶级路线,就是要加强党的领导,
巩固工人阶级同农民和其他劳动人民的联盟,团结教育改造其他阶级、阶层中
一切可以争取的人们,为社会主义事业服务,孤立和打击敌人,达到消灭阶级,
建成社会主义,进而实现共产主义。在城市人民公社中,必须加强党的领导,
树立劳动人民的优势,同时也必须团结一切可以团结的非劳动人民同我们一
道进行社会主义建设和实现社会主义改造。对于已经参加了人民公社的资产

阶级人们,除了进行现行破坏活动的极少数敌对分子以外,对他们中的绝大多数人,都应当坚持团结教育改造的政策,把他们逐步改造成为自觉的社会主义劳动者。

为了正确贯彻党对资产阶级人们的政策,团结一切可以团结的人为社会主义事业服务,在城市人民公社中对资产阶级分子(包括小业主)及其家属的安排和使用,应当坚决贯彻中央批转中央统战部"关于在机关、企业和城市人民公社等方面继续贯彻对资产阶级人们安排政策的意见"中的有关原则,即:几年来表现较好、工作上有一定能力的,应该酌情提拔;已经安排了的,只要工作上、政治上表现一般,没有违法乱纪和严重的错误,一律不应降低或撤调他们的职务;对上述二种人,如果过去把职务降下来了或者挤掉了,应该安排其他相应的职务或者恢复原来的职务,对于有破坏、复辟活动的分子,应按其情节,该撤的撤,该降的降,该法办的法办。

根据上述精神,我们认为,七星岗人民公社在清理要害时被撤调的资产阶级分子(包括小业主)及其家属 35 人中,除原来表现坏的,即应该撤调的 10 人和自行离职回家的 1 人以外,对原来没有担任领导职务、表现一般的 6 人和原来表现好的,目前安排比较恰当的 2 人(祝秀英、张兴珍),可以维持现在的职务,暂不重新安排。对于 16 个原来表现好的和一般的而被撤调领导职务或者虽经安排但仍低于原来职务的资产阶级分子(包括小业主)及其家属,应当重新进行安排。恢复他们原来的职务或者安排其他相应的职务。经与市中区委、七星岗人民公社党委等有关部门研究,提出具体安排意见如下:

一、原来表现好的和一般的、担任分社副社长职务的共 4 人,应当恢复原职或安排相应的职务。李桂兰,安排为中一分社副社长;罗元英,安排为德兴里分社副社长;江流珍,目前先安排为公社直属厂副厂长或分社厂长;王懿霞,可先安排为中一分社卫生所正所长(现为副所长)。

二、原来表现好的和一般的,担任厂长、车间主任、托儿所所长、伙食团长等各种领导职务的共 12 人,应该恢复原职或安排相应的职务。原托儿所所长王在华、周□林、邵天清,恢复正所长职务;原厂长黄景文、蔡金球,原伙食团长宋祝平、龙惠清、杨丽秋,原托儿所所长谢大贵,原车间主任吴家慧、孙玉、柳淑良,可以在生产事业单位中安排相应的职务。

三、以上两种人及其他表现好的和表现一般的资产阶级人们,原来是公社
或分社管理委员会委员或社员代表的,也应继续安排。

四、今后对一贯表现比较好,有工作能力的,可以根据需要酌情提拔。已
经安排的不要轻易变动,除有违法乱纪行为和严重错误的分子外,一律不应撤
调或降低他们的职务。

七星岗人民公社党委应在区委领导下,认真做好党内外思想工作,坚决
地、有计划有步骤地做好以上工作。

其他城市人民公社如有类似情况,亦应根据以上原则妥善处理。

以上意见,如无不妥,请批转各区、县委,城市人民公社党委遵照执行。

中共重庆市委统战部

一九六一年九月六日

中共全总党组城市人民公社工作办公室给中共上海市委城市人民公社办公室的函*

（一九六二年三月十二日）

上海市委城市人民公社办公室：

为了了解截止到一九六一年底城市人民公社调整后的状况，如果可能，希望你们将如下一些基本资料告诉我们，以供研究参考。

一、经过调整后，目前有多少公社？各种形式的各占多少？

二、社办工业共有多少生产单位？人数有多少？其中工厂、集中生产组和分散生产小组各有多少？各有多少人？

三、社办工业一九六一年全年核实后的总产值是多少？上缴国家税收多少？纯利润多少？

四、食堂、托儿所、服务站各有多少？其中服务人员各有多少？入伙入托人数各有多少？

以上四方面的情况与一九六〇年底比较，各增加或减少了多少？占多大比例？

五、全部社办企业、事业单位中的劳动力共还有多少？比一九六〇年底各减少了多少？减下来的人到哪些方面去了？去到各方面的人比例如何？

如果目前你们已经掌握了上述资料时，希望于四月初函告我们，如果你们还掌握得不完全，就已有的材料先寄给我们一些也好。

---

*　此标题系编者加注。原件现存于上海市档案馆。

中共全总党组城市人民公社工作办公室给中共上海市委城市人民公社办公室的函

此外，你们制定的有关政策条例性的规定（包括草案）和去年以来有关城市公社调整工作情况的总结或典型调查及今年工作安排意见的材料，亦望能寄给我们一份参考。

中共全总党组城市人民公社工作办公室

一九六二年三月十二日